财务报表分析

张雪芳　编著

ZHEJIANG UNIVERSITY PRESS
浙江大学出版社
·杭州·

图书在版编目(CIP)数据

财务报表分析 / 张雪芳编著. —杭州:浙江大学
出版社,2024.3
ISBN 978-7-308-24538-8

Ⅰ.①财… Ⅱ.①张… Ⅲ.①会计报表-会计分析-
高等学校-教材 Ⅳ.①F231.5

中国国家版本馆 CIP 数据核字(2024)第 002782 号

财务报表分析

张雪芳 编著

责任编辑	傅百荣
责任校对	徐素君
封面设计	周 灵
出版发行	浙江大学出版社
	(杭州市天目山路 148 号 邮政编码 310007)
	(网址:http://www.zjupress.com)
排 版	杭州隆盛图文制作有限公司
印 刷	杭州高腾印务有限公司
开 本	710mm×1000mm 1/16
印 张	17
字 数	314 千
版 印 次	2024 年 3 月第 1 版 2024 年 3 月第 1 次印刷
书 号	ISBN 978-7-308-24538-8
定 价	60.00 元

本教材入选浙江大学经济学院研究生系列优秀教材编著与出版计划

前　言

　　财务报表分析是一门基于财务学和管理学等学科知识的应用型学科,旨在为报表使用者提供切实的理论指导,帮助其从繁杂的财务报表数据中提炼有价值的信息,使其对公司整体的财务状况、经营成果和现金流量状况进行综合判断和评价,并对公司未来发展趋势进行预测,在此基础上可以进一步对公司竞争优势、发展战略、发展前景以及证券价值等方面进行分析和评价。财务报表分析是经济管理类专业的一门核心课程,也是金融专业硕士培养的核心专业课程之一。自2012年起,我在浙江大学经济学院金融专硕教学中开设了《财务报表分析》这一课程,在教学过程中,积累了丰富的教学讲义和案例素材,因此萌生了编写一本教材的想法。

　　本教材系统介绍了财务报表分析的基本理论,讨论了财务报表分析的主要方法和逻辑框架。主要内容包括对资产负债表、利润表、现金流量表、负债与股东权益变动表与合并财务报表的分析、对财务报告其他重要信息的分析、对财务报表的综合分析以及商业银行对公司的信用评价等内容。本书的鲜明特点是理论与实践结合,引入大量丰富的基于中国上市公司财务报表的案例分析,加深读者对财务报表分析理论与方法的理解,提高其实践应用水平。本书可以作为高年级本科生和研究生的教材使用。

　　先后参与教材书稿整理和校对工作的有卢巧巧、俞钰婷、郭伊凡、张碧天、方英、赵悦涵、徐琳、张晨飞、潘佳辉、李博、余繁、李晓倩、钱菁菁、梁晓露、陈正阳、韩洪一、吴李群等同学(排名不分先后),感谢各位同学的付出;同时也特别感谢为本教材提供丰富案例素材的同学。最后由我统稿,文稿由我个人负责。

　　本教材在编写过程中,参考了国内已有教材和相关文献。特别是对外经济贸易大学张新民教授、钱爱民博士、南开大学何青博士，他们主编的财务报表分析相关教材一直是我们教学中重要的参考书，在此向作者表示衷心感谢！同时，本书的出版得到了浙江大学研究生院和经济学院的资助，浙江大学出版社傅百荣编辑为本书出版做了很多细致的工作，在此一并表示感谢！

疏漏之处，敬请读者指正。

张雪芳

2023 年 12 月

目　录

|第一章|
财务报表分析的基本框架

引导案例:可口可乐收购 Costa

2018 年 8 月 31 日,可口可乐宣布将以 51 亿美元(约合人民币 348 亿元)收购惠特贝瑞(Whitbread PLC)旗下英国最大的咖啡连锁店 Costa,目前已达成收购的最终协议。可口可乐在公告中表示,收购 Costa 将为其在欧洲、亚太地区、中东和非洲的部分地区提供强大的咖啡平台,并且有机会进一步扩张。消息一经发布,惠特贝瑞股价飙升超过 17%。

另据《金融时报》2018 年 4 月份报道,2006 年 Costa 的营业利润为 900 万英镑,而在最新一个财年,其营业利润增长达到 1.58 亿英镑,这家连锁咖啡店的资本回报率高达 46%。Costa 的目标是到 2020 年实现年销售额 25 亿英镑(约合人民币 222 亿元),其中 1/3 来自海外市场。

对于可口可乐为何对 Costa 情有独钟,可口可乐公司表示,与其说 Costa 是一个"品牌",不如说它更像是一个"平台",因为它集咖啡供应链、烘焙场所、零售业务和自动售货机系统于一身。可口可乐表示,Costa 在许多国家都有优势,在咖啡业务的许多关键分销渠道也享有优势。

被收购的 Costa,原本也是被其母公司 Whitbread 于 1995 年收购而来,当时的收购价格是 1900 万英镑。2018 年初,Whitbread 曾提出为了释放品牌价值、回馈股东,准备将 Costa 从上市公司主体中拆分出来,以此解决公司业务的"混搭"局面,之后专注于经济型酒店 Premier Inn 的扩张发展。当时,Costa 拟被 Whitbread 分拆时估值不过 20 亿英镑(约合 26 亿美元),但等到 8 月可口可乐收购时,收购价涨到 51 亿美元,基本上翻了 1 倍。另根据可口可乐公司最新财报,51 亿美元相当于可口可乐目前现金流的 1/4。

◎思考：

1.有人认为"可口可乐为这笔交易支付的收购价格过高"，对此，你认为收购价格的确定应考虑哪些因素？

2.在收购过程中，你认为出价方应该关注被收购公司财务报表中哪些方面？

财务报表是反映公司财务状况、经营成果和现金流量等会计信息的文件。不同使用者根据自身需求对财务报表进行分析，可以得到有助于决策的信息。哈佛分析框架为财务报表分析提供了逻辑框架，分别从公司经营战略分析、会计分析、财务分析和前景预测的角度来掌握公司当前财务状况和未来发展趋势。财务报表分析的基本方法包括结构分析法、趋势分析法、比率分析法和比较分析法等。

■本章框架

➤ 财务报表分析的基本内容
➤ 财务报表分析的框架和路径
➤ 财务报表分析的基本方法

第一节　财务报表分析的基本内容

一、财务报告和财务报表的含义

2014年7月23日财政部修订的《企业会计准则——基本准则》指出，财务会计报告是指公司对外提供的反映公司某一特定日期的财务状况和某一会计期间的经营成果、现金流量等会计信息的文件。财务会计报告包括会计报表及其附注和其他应当在财务会计报告中披露的相关信息和资料。其中，资产负债表是指反映公司在某一特定日期的财务状况的会计报表。利润表是指反映公司在一定会计期间的经营成果的会计报表。现金流量表是指反映公司在一定会计期间的现金和现金等价物流入和流出的会计报表。附注是指对在会计报表中列示项目所作的进一步说明，以及对未能在这些报表中列示项目的说明等。

同时《企业会计准则第30号——财务报表列报》指出，财务报表是对公司财务状况、经营成果和现金流量的结构性表述。财务报表至少应当包括下列组成部分:资产负债表、利润表、现金流量表、所有者权益(或股东权益,下同)变动表和附注。财务报表的上述组成部分具有同等重要程度。

可见,财务报告包括会计报表、附注和其他应当披露的相关信息资料。而财务报表至少应当包括基本的会计报表和附注。两者之间有差别,但是在实践中,我们经常将财务报告和财务报表混用,并不对两者做严格区分,因此,本书如无特别说明,也不对两者做严格区分。

二、财务报表分析

公司财务报表分析的概念有狭义与广义之分。狭义的财务报表分析是指以公司财务报表和其他相关经济资料为主要依据,对公司整体的财务状况、经营成果和现金流量状况进行综合判断和评价,并对其未来发展趋势进行预测,为报表使用者的经济决策提供重要信息支持的一种分析活动。广义的概念是在此基础上进一步对公司概况、公司的竞争优势(如地域、资源、政策、行业、人才、管理等)、发展战略、发展前景以及证券价值等进行分析和评价。

财务报表分析可以为投资者和债权人进行投资和信贷决策提供有用的信息;可以为公司管理者进行经营决策提供有用的信息;还可以为投资者评价公司管理层受托责任的履行情况提供重要的信息。

传统财务报表分析的主要内容可以归纳为三个方面:偿债能力分析、营运能力分析和盈利能力分析。其中偿债能力是公司实现稳健财务目标的保证条件,营运能力是公司实现财务目标的途径,而盈利能力是两者共同作用的结果,同时又反过来对两者的增强起着推动作用。三者相辅相成,共同构成了传统公司财务报表分析的基本内容。

财务报表分析按照分析的具体对象,又可以分为资产负债表分析、利润表分析、现金流量表分析、负债与股东权益变动表分析、合并报表分析、财务报告的其他重要信息分析以及对财务报表的综合分析。资产负债表分析的核心是资产质量和资本结构的质量;利润表分析的核心是利润质量;股东权益变动表分析的核心是所有者权益各个组成部分的增减变动情况;现金流量表分析的核心是现金流量的状况和质量;合并报表分析的重点是合并报表与母公司报表之间的差异。

三、不同使用者对财务报表分析关注的重点

从财务报表的使用主体来看,财务报表分析的使用者多种多样,有来自公司外部的投资者、债权人、商品和劳务供应商、顾客、证券分析师、政府经济管理机构、竞争对手和社会公众,也有来自公司内部的管理者和雇员。不同的财务报表

使用者会根据自己的决策目标和需求有选择、有重点地对财务报表加以分析,得到适合自己决策的评价和估值信息。

1.投资者

公司投资者是指公司的股权所有者(例如控股股东、风投公司、基金和中小投资者等),包括公司的现有投资者和未来潜在的投资者。一般投资者需要做出的决策在于是否投资,或者是否退出投资。由于投资的最终目的是获取投资收益,实现投资回报,因此,投资者会关注公司的未来收益、风险水平、公司的成长性和公司的估值等。尤其是对公司价值的准确估计是做出聪明的投资决策的重要前提。不过不同类型的投资者关注的重点仍然会有差异。

公司的投资者可以分为短期投资者和长期投资者。短期投资者通常是指持有被投资公司股权时间不准备超过1年的投资者。短期投资者通常不是为了长期持有公司股权,或对公司实施控制,或对公司施加重大影响等长期目的而进行投资,可能仅仅是为了获得投资收益而进行投资。

长期投资者可以分为对公司无重大影响的投资者、有重大影响的投资者和控股股东三种类型。无重大影响的投资者一般直接拥有被投资公司20%以下的表决权股份;有重大影响的投资者一般直接拥有被投资公司20%~50%的表决权股份;控股股东直接拥有被投资公司50%以上的表决权股份,或者虽然直接拥有被投资公司50%或以下的表决权股份,但具有实质控制权。

不同类型的投资者对公司财务报表分析关注的重点不同。一般而言,控股股东和有重大影响的股东对公司财务报表的关注最为全面,特别是与公司未来发展战略、发展前景有关的财务信息,例如公司的资产质量、市场占有率、创造收益和现金流的能力、竞争实力和发展潜力等;而无重大影响的投资者和短期投资者主要关注公司近期的盈利水平、现金流状况、公司股票的市场价值或股利分配等。

2.债权人

公司最主要的债权人有银行等金融机构和供应商。债权人首先关心的是其债权的安全性,即能否按时收取贷款本息或者能否收到货款。债权人通过公司的财务报表分析公司财务状况的健康程度,评价公司财务风险的大小,决定是否给公司提供贷款或者为公司提供商业信用。

由于公司的债务期限不同,债权人对长期债权和短期债权关注的重点并不完全相同。其中短期贷款者(提供的贷款期限在12个月以内)主要关注公司短期(通常一年以内)的支付能力,因此主要考察公司的流动资产和流动负债,通过分析流动比率、速动比率和现金比率等指标,判断公司短期偿债能力的强弱。商品和劳务供应商向公司提供商品或劳务后即成为公司的债权人,因此,他们最关心公司能否按时支付商品或劳务的价款。

对于长期负债,公司现时的流动资产并不能作为未来的偿债保障,必须依靠公司的不动产和未来的盈利作为偿债保障。因此,长期贷款者(提供的贷款期限在一年以上)为了保证公司将来有能力偿还债务本息,必须分析公司长期的盈利能力,公司长期盈利能力较强,才能最终保障长期债务的偿还。

3.公司内部管理者

公司内部的管理人员受公司业主或股东的委托,对公司业主或股东投入公司资本的保值与增值负有责任。较低管理层次的管理者一般只关注与自己决策范围有关的财务状况。较高层次的公司管理部门必须全面关注公司的财务状况,其至少包括以下几点:(1)资产质量。保持合理的资产结构,提高资产周转速度等。(2)资本结构。负债与所有者权益之间、长短期债务之间保持合理的比例,控制财务风险和资金成本等。(3)盈利状况。公司的产品成本和销售数量,销售收入的资金回笼情况等。

4.政府管理部门

有关的政府管理部门包括工商管理部门、税务部门和相关监管部门。例如税务部门会关注公司的获利能力、偿债能力以及持续经营能力等。

5.顾客

公司可能成为某个顾客重要的商品或劳务的供应商。某些顾客需要关注公司的长期发展前景,根据其获利能力指标与财务杠杆指标判断公司的财务健康情况,以及公司连续提供商品或劳务的能力。例如顾客在购买汽车时,需要关心以后是否能够继续买到汽车修理所需的零配件。顾客在购买期房时,同样需要关心房地产公司是否能够如期交房,以及未来售后服务如何等问题。

6.公司雇员

公司雇员会关心与自己职业发展有关的信息,如工作环境、劳动报酬、工作岗位的稳定性和发展前景等,因此雇员一般会关心公司的长期发展前景以及未来获得稳定的劳动报酬的前景。

7.竞争对手

竞争对手一般想了解公司的产品销售价格、成本水平、经营效率,判断公司间相对效率和竞争优势的高低,甚至获得有关并购方面的信息等。

8.证券分析师

在欧美等成熟的资本市场上,证券分析师作为信息中介的重要组成部分,其增进市场运行效率的作用得到普遍的认同。在我国,证券分析师队伍的建设和发展也在不断得到重视。证券分析师会全面关注公司的财务状况、发展战略和发展前景,对公司的行业地位、竞争优势、未来增长前景和估值情况进行深度挖掘和全面分析,为投资决策者提供有价值的信息。

9.社会公众

由于一家公司可能会影响当地的环境、社会公益和就业等情况,因此社会公众可能会关心公司的就业政策、环境政策和产品政策等方面的信息。

可见,大部分报表使用者都会关心有关公司未来发展的信息。不过,不同类型的财务报表使用者分析财务报表的目的不同,所关心的信息各有侧重,所需信息的深度和广度也各有不同。但是,公司财务报表中并不天然包含报表使用者所需要的所有信息,甚至有些公司为了达到特定目的,还有可能对财务报表进行粉饰甚至舞弊,使财务报表中包含虚假信息。因此,财务报表分析对不同报表使用者来说都是非常必要的。

专栏 1-1

为什么某些公司不放弃做假账?

首先,公司可以在不违反公认会计原则的前提下对会计数据进行一些操控,因为这种舞弊而被处罚的可能性相对较小。例如某些公司经常肆无忌惮地对利润进行平滑,制造一种利润按一定比例稳定增长的假象;其他做法还有最大化增长预期、掩饰或有事项(或有负债)等。

通用电气公司的管理人员曾经表示,当某个分部可能达不到年度目标利润时,选择在衰退期进行并购活动是可以接受的做法。因为被并购方整个季度的利润都可以合并到通用电气的财务报表上,从而使利润保持稳定增长,并获得投资者的赞赏。

第二,公司的管理层有自己的利益取向,管理层和投资者一样追求自身价值的最大化。有时候他们可能通过一些财务报告技巧来利用公司的薪酬政策,从而获得更高的私人收益,例如通过高估利润来增加自身报酬。即便是管理层和股东的利益相一致的做法也有其消极作用,管理层可能设计出更加隐蔽的做法来欺骗市场,人为地抬高股价。

所以,作为财务报表的使用者和分析师,对公司的财务报表保持一定的怀疑态度是非常重要的。

(来源:马丁·弗里德森,等.财务报表分析(第四版)[M].北京:中国人民大学出版社,2016)

第二节　财务报表分析的逻辑框架

哈佛分析框架是由哈佛三位学者佩普(K. G. Palepu)、希利(P. M. Healy)和伯纳德(V. L. Bernard)于 2000 年提出的财务分析框架,主要包括公司经营战略分析、会计分析、财务分析和前景预测四部分。

哈佛分析框架首先对公司的经营环境和发展战略进行分析,了解公司所处的经营背景,这是财务报表分析的基础和先行条件;其次,借助财务报告中注册会计师出具的审计报告,对公司财务报表的会计质量做出总体评价,这是保证财务报表分析客观性的必要条件;再次,围绕公司的资产质量、资本结构质量、利润质量以及现金流量质量等方面展开全面分析,这是财务报表分析体系中的核心内容,也是对公司进行管理质量透视的基础;最终,对公司发展前景和公司价值做出预测与推断。

哈佛分析框架将定量分析与定性分析相结合,运用"战略分析、会计分析、财务分析和前景分析"这一逻辑主线,来把握公司当前财务状况和未来发展趋势,为财务报表的各类使用者提供决策信息。

一、经营战略分析

公司的财务报表是对公司经营活动的反映,公司的经营活动受到经营环境和自身经营战略的影响。经营环境是直接或间接影响公司经营活动的外部因素,包括宏观经济环境、公司所处行业、投入要素市场和产品市场的因素、规范公司经营活动的相关政策法规等。公司的经营战略是公司为适应经营环境,特别是市场环境,谋求长期生存与发展,保持竞争优势而做出的长远的、总体性规划。只有对公司所处的经营环境和经营战略加以深入分析,才能更加深入地分析公司的财务报表,也只有这样,才能从公司财务报表回归公司经营活动,从公司的财务状况质量透视公司的经营战略和管理质量,并预测公司未来发展前景。

因此,经营战略分析是哈佛分析框架中财务报表分析的起点,为后续分析提供重要的基础和背景。分析的目的在于确定主要的利润动因和经营风险,并定性评估公司的盈利能力,从而评估公司当期业绩的可持续性并对未来业绩做出预测。战略分析包括分析公司所处行业(行业分析)、公司在行业中所处竞争地位、竞争优势的可持续性以及公司战略等。

（一）行业分析

财务报表的行业分析主要关注以下四点：行业市场结构、行业的周期性、行业的生命周期、行业的成长性。

1. 行业市场结构

根据行业内部的企业数目、各企业产品的差异程度、新企业进入障碍的大小等因素，可以将不同行业市场划分为完全竞争、垄断竞争、寡头垄断、完全垄断四种基本类型。

完全竞争市场中存在着数目众多的生产厂商，新企业进入和退出市场十分自由，每个厂商所能提供的产品差异程度很小，且其产量相对于市场总规模而言很小，因此每个厂商面临着既定的市场价格。垄断竞争市场中虽然也存在着诸多厂商，但各家企业可以通过使其产品具有某种独特属性来吸引消费者并获得竞争优势，因此企业要在一定程度上接受市场价格，但又可以对市场价格施加影响。寡头垄断市场中，市场份额的绝大部分由少数几家大企业控制，每家企业对市场的影响都举足轻重，市场价格由这些企业通过协议或默契形成，行业的进入壁垒很高。完全垄断市场中仅存在一个供给者，其生产的商品没有任何接近的替代品，其他厂商进入该行业极为困难，因此垄断者可以操纵市场价格。

2. 行业的周期性

根据行业景气度是否与宏观经济环境相关，可以划分为周期性行业和防御性行业。

周期性行业的景气度随经济发展周期呈现出周期性循环的特征，例如汽车、钢铁、水泥、有色金属、石油化工等。当经济快速发展时，社会需求迅速上升，产品价格突然膨胀，企业产能大幅扩张，行业进入繁荣时期，而在经济萧条期则刚好相反。防御性行业则受宏观经济的影响较小，这些行业的产品需求相对稳定，往往集中于提供人们日常消费的生活必需品的行业，例如食品、医药、服装、交通运输等。

3. 行业的生命周期

每个行业都要经历一个发展演变过程，以产业销售额增长率 S 形曲线的拐点作为依据，可以将行业的生命周期划分为导入期、成长期、成熟期、衰退期四个阶段。

行业导入期中新产品的质量较低，市场尚缺乏对该产品的了解而需求狭小，创业公司的销售利润较低，甚至存在着亏损的可能，具有非常高的经营风险。随着技术的飞速发展，成长期的产品销量快速增长，各厂商的产品性能存在着较大的差异，此时单位产品的价格和净利润最高。进入成熟期的行业技术改进开始缓慢，产品逐步趋向标准化，市场基本出现饱和现象，为获得竞争优势时常发生挑衅性的价格战。衰退期时由于产品性能的改进已经较为困难,各厂商只得通过降低成本来获取利润,因而导致产品质量出现下降,而对该产品较为熟悉的客户则更加精明和挑剔,最终产品因不再满足需求而退出市场。

4.行业的成长性

行业的成长性指受政策、经济、社会、技术等因素影响导致行业规模增加或减少的变化幅度,即行业增长率。根据增长速度,可以将行业成长性分为爆发式增长(50%以上)、高速增长(25%~50%)、快速增长(10%~25%)、缓慢增长(0~10%)、下滑(−10%~0)、急剧下滑(−10%以下)。

(二)竞争优势分析

在研究公司所处的外部行业环境后,还应对公司在行业竞争中所处的位置进行分析,公司的竞争优势关键在于所拥有的独特资源与能力。

1.企业资源分析

企业资源指企业所拥有或控制的有效因素的总和,包括资产组合、品牌形象、员工队伍、管理人才、知识产权等,可将其分为有形资源、无形资源和人力资源三类。分析某种资源是否具有价值的判断标准包括资源的稀缺性、不可模仿性、不可替代性、持久性等。

2.企业能力分析

企业能力指企业配置和整合所拥有的资源,并发挥其生产和竞争作用的能力。企业能力主要有研发能力、生产管理能力、营销能力、财务能力、组织管理能力等。

(三)竞争战略分析

美国战略学家迈克尔·波特在其著作《竞争战略》中提出了著名的五力模型,即每种产业中都存在着来自行业潜在进入者和替代产品制造商的威胁、原材料供应商和产品购买者的议价能力、行业内现有企业的竞争这五种基本竞争力量。为了应对这些力量并获得竞争优势,波特提出了三大基本竞争战略。

1.成本领先战略

采用成本领先战略的企业将重点放在加强产品成本控制方面,通过降低生产要素成本、利用规模经济、改进产品工艺设计、提高生产能力利用程度、选择适宜的交易组织形式等途径,研究如何在开发、生产、销售、服务和广告等领域将成本降低到最低程度,从而获得高于行业平均水平的利润。

2.差异化战略

差异化战略强调企业应向顾客提供因独具特色而能带来额外加价的产品和服务,当其溢出价格超过因独特性所增加的成本时,这种战略便可以取得一定成功。在顾客需求多样化且产品能充分实现差异化的市场上,培养客户对品牌的忠诚度、降低消费者对产品价格的敏感性对于实施差异化战略至关重要。

3.集中化战略

集中化战略一般是中小企业所采用的战略,当企业没有资源和能力在成本或质量上与实力雄厚的大公司相抗衡时,可以选择转向某一特定购买群体、产品细分市场或区域市场,聚焦于该特定目标市场上进行深耕,并可进一步分为集中成本领先战略和集中差异化战略两类。

二、会计分析

会计分析建立在战略分析的基础上,目的在于评价公司会计报表反映基本经营现实的程度,确保企业编制财务报表时遵循了会计原则和会计政策,财务数据能够完整、准确地反映企业经营状况,是进行财务分析的前提。

三、财务分析

财务分析的目标是以会计报表及其他相关财务资料为依据,对公司当前和过去的筹资活动、投资活动、经营活动、分配活动等相关的盈利能力、营运能力、偿债能力和增长能力等状况进行分析和评价的经济管理活动,包括各种财务比率的计算和评价等,这是本书的主要内容。

四、前景分析

前景分析侧重于预测公司的未来,在战略分析、会计分析和财务分析的基础上对公司的未来做出科学预测,为公司发展指出方向,为战略决策者提供决策支持。公司的发展前景可以通过分析募集资金的投资项目、经营产品的更新换代、业务经营和发展情况等方面进行判断。

案例 1-1:基于哈佛分析框架的杭州银行财务报表分析[①]

杭州银行自成立以来,始终坚持服务区域经济、中小企业和城乡居民的市场定位,业务聚焦浙江杭州,依托经济总量领先、民营经济活跃的浙江省,植根于经济金融高速发展的长三角地区,持续受益于长江经济带国家战略,在"2019 年中国银行业 100 强榜单"中位列第 29 位,在 2020 年度"全球银行品牌价值 500 强

---

① 来源:浙江大学经济学院 2020 级研究生沈钶娜"财务报表分析"课程作业。

排行榜"中位列第 179 位。

1. 战略分析

银行业是现代金融业的主体,其中大型商业银行占据主导地位,而股份制商业银行、城市商业银行(简称为"城商行")则逐渐扮演着越来越重要的角色。城商行通常在特定的区域从事商业银行业务,由于具备地域及客户关系优势,其更容易适应区域性市场对金融产品和服务需求的变化。由于城商行在化解地方金融风险、促进地方经济发展中发挥着重要支撑作用,一般都有地方财政投资入股。例如,杭州市财政局直接及间接持有杭州银行 18.74% 股权,为公司实际控制人,使公司天然拥有雄厚的资金实力和坚实的政府支持。

相比其他城商行,杭州银行的竞争优势主要包括:精准把握杭州市特色科技文创产业,2015 年成立科技文创金融事业部以来,逐渐打造出针对科技文创企业的"风险池贷款""选择权贷款""新三板起飞贷"等产品服务体系,品牌影响力逐步扩大;依托杭州互联网产业发达的优势,与阿里云计算有限公司、杭州城市大数据运营公司共同出资打造金融科技创新实验室,基于金融云、区块链、人工智能等新技术大力促进杭州银行数字化转型;灵活创新满足客户个性需求的差异化产品,例如面向公积金缴存人群推出的"公鸡贷"、面向拥有优质住房或自建房群体推出的"云小贷"和"农户贷"、面向具有良好纳税记录的小微企业推出的"税金贷"等产品,同时应用金融科技提升客户体验感等。

截至 2019 年末,公司共设立分支机构 213 家,其中 150 家位于浙江省,资产规模占比 77.83%,其余 63 家主要分布于北京、深圳、上海、南京及合肥,有 101 家(含总行营业部)则位于杭州地区,打造"做精杭州,做强省内,做深长三角,做专北上深"的区域化特色银行。

2. 会计分析

杭州银行成立以来,秉承"诚信、创新、效率、尊重、责任"的核心价值观,逐渐发展为一家资产质量较好、经营业绩优良、综合实力跻身全国城商行前列的区域性商业银行。2016 年 10 月 27 日,杭州银行在上交所发行上市,股票代码 600926,接受监管机构、审计机构、社会公众的监督。上市以来,杭州银行的财务报表均由注册会计师进行审计,从未发生过隐瞒造假等丑闻,基本遵循了会计原则和会计政策,财务数据能够完整、准确地反映企业经营状况。

3. 财务分析

通过对杭州银行 2016 年 1 月—2020 年 6 月多项财务指标的分析,可以发现:

公司流动性比率平稳,流动性覆盖率在 100% 以上,存贷比和拆出资金比例远低于 75% 和 8% 的监管指标,具有较强的抗流动风险能力;然而,杭州银行拆入资金比例相对较高，在 2016—2018 年已经超出 4% 的规定比例，表明短期支付能力较差，应当引起管理层重视。

公司各项盈利性指标都较好，2017 年以来资产收益率呈上升趋势，成本收入占比逐步下降，表明杭州银行收入获取能力增强；然而，销售净利率和营业收入占比出现下滑趋势，表明公司运营效率还有进一步提升的空间。

公司资产质量持续向好，一是不良贷款率企稳趋降，自 2016 年 1.62% 的阶段性高点以来，通过优化客户结构、加强流程管控等逐步压降贷款风险，在同行业中位居前列；二是拨备覆盖率高位提升，2017 年开始高于 200%，明显高于上市城商行平均水平，表明杭州银行风险抵御能力较强。

资本充足性方面，自 2016 年 IPO 以来，公司通过发行优先股、二级资本债、永续债补充资本，资本充足率、一级资本充足率、核心一级资本充足率维持在相对充裕的水平。然而横向对比看，杭州银行在同业中指标都比较靠后，需要进一步补充资本实力、扩大资本规模。

从杜邦综合分析框架看，杭州银行的净资产收益率总体呈下降趋势，其中销售净利率总体呈先上升后下降趋势，而权益乘数呈现下降趋势。杭州银行的 ROE(return on equity, 净资产收益率)在城商行中排名靠后，主要原因是销售净利率较低，未来应进一步提高资产定价能力，积极吸收稳定低成本存款，减少同业和货币市场高成本存款，大力发展财富管理和资产管理业务等。

净资产收益率(ROE)(%)
5.76
6.21

= **销售净利率*(%)** 31.65 / 34.69 × **资产周转率(次)** 0.01 / 0.01 × **权益乘数*** 14.84 / 15.98

销售净利率(%) 31.65 / 34.69 × **归属母公司股东的净利润占比(%)** 100.00 / 100.00

营业总收入 1,285,389.40 / 1,045,963.40 ÷ **平均总资产** 104,782,004.85 / 93,388,982.75

平均总资产 104,782,004.85 / 93,388,982.75 / 93,388,982.75

平均归属母公司股东的权益 7,060,165.10 / 5,845,105.35

经营利润率(%) — / — × **考虑税负因素** 86.06 / 87.99 × **考虑利息负担(%)** — / —

归属母公司股东净利润 406,820.10 / 362,880.60 ÷ **净利润** 406,820.10 / 362,880.60

期末总资产 107,156,999.00 / 94,672,355.10
期末归属母公司股东的权益 7,865,870.50 / 5,973,752.40

EBIT — / —
净利润 406,820.10 / 362,880.60
利润总额 472,731.10 / 412,403.20

期初总资产 102,407,010.70 / 92,105,610.40
期初归属母公司股东的权益 6,254,459.70 / 5,716,458.30

÷ **营业总收入** 1,285,389.40 / 1,045,963.40
÷ **利润总额** 472,731.10 / 412,403.20
÷ **EBIT** — / —

4.前景分析

当前国际金融市场震荡,经贸摩擦加剧,前几年的新冠疫情进一步加剧了世界经济的不确定性。一方面,我国金融供给侧结构性改革和利率市场化改革深入推行,银行业面临监管政策趋紧、金融脱媒、互联网金融冲击的挑战。另一方面,传统商业银行也在加大对金融技术的研发创新,积极与互联网金融技术企业合作,逐步向数字化、智慧化方向转型,将挑战转换为机会,在银行进一步分化和重新洗牌的趋势中抢占先机。

杭州银行的业务重点聚焦在浙江省,这里民营经济活跃,小微业务发达,优质项目贷款需求不断增长,拥有相对较大的市场空间。同时随着杭州银行积极拥抱金融技术,将其成功应用于满足客户个性化需求、控制不良贷款率等方面,预计其未来发展前景广阔。

第三节　财务报表分析的基本方法

进行财务报表分析的主要方法有结构分析法、趋势分析法、比率分析法和比较分析法。

一、结构分析法

结构分析法用以考察某个项目在所属的大类项目中所占的比重,并分析该项目在企业经营中的重要性以及对公司总体的影响程度。

二、趋势分析法

趋势分析法是一种长期分析,即将两期或连续数期的相同指标进行对比,确定其增减变动的趋势,并作为预测未来长期发展趋势的依据之一。

三、比率分析法

此章分析是根据财务报表两个项目数据相除得出的相对比率,分析两个项目之间的关联关系,揭示财务报告内有关项目之间的相关性,将复杂的信息简化,并产生许多新的更为有用的信息。财务比率一般包括盈利能力比率、营运能力比率、偿债能力比率、增长能力比率等。

四、比较分析法

比较分析法可以是将项目数据与同行业先进水平、平均水平甚至竞争对手的相关数据进行比较，用以判断公司在行业内的竞争优势和相对地位。

五、项目质量分析法

项目质量分析法主要对公司的相关财务状况质量进行分析，包括资产质量分析、资本结构分析、利润质量分析和现金流量质量分析等。

（一）项目质量分析法的界定

根据报表中各项目自身特征和管理要求，在结合公司具体经营环境和经营战略的基础上对其质量进行评价与判断，并进一步对公司的资产质量、资本结构质量、利润质量以及现金流量质量加以判断，最终对公司财务状况的整体质量进行评价，从而预测公司的发展前景（给出具体的描述而不是单一的数据）。

（二）项目质量分析法的特点

（1）针对重大项目和异动项目制定个性化的分析方案；

（2）还原项目背后的经济活动；

（3）透视财务质量背后的管理质量；

（4）强调报表分析的会计色彩，挖掘项目的会计含义。

财务报告的决策有用观强调，财务报告的目标是提供与企业财务状况、经营成果和现金流量等有关的会计信息，以助于完善，使信息使用者更好地作出经济决策。财务报告应当遵循会计准则的有关规定，提升会计信息的相关性，调整报表分析方法和分析工具，更好地满足信息使用者需求。

参考文献

[1]Palepu K G，Healy P M，Beinard V L，et al. Bradbury，M. & Lee，P. Business Analysis & Valuation：Using Financial Statement［M］. 2nd Ed. Chongqing：South Wentern College Pubishing ，2000.

[2]Michael E P. Competitive Strategy[M]. Simon & Schuster，2006.

思考题

1.财务报表在金融管理、市场投资、经济运转等方面起到什么样的作用？

2.财务报表反映了企业在过去和现在的经营成果和财务状况，如何通过财务报表分析得出企业未来的发展前景？

第二章
财务理论基础

引导案例:碧桂园控股有限公司

2017年9月11日,碧桂园控股有限公司发布了披露2017年上半年业绩的中期报告。这份报表提前采用新收入会计准则——香港财务报表准则第15号,成为新准则推行以来首份房地产企业财务报表。根据碧桂园披露的数据估算,提前适用新准则带来的影响是期初留存收益调增31.5亿元、本期收入调增147.5亿元、本期净利润调增33.3亿元,这种"惊人变现"立刻引来了各界的广泛关注。

香港财务报表准则第15号由香港会计师公会于2014年发布,其内容与当年国际会计准则理事会与美国财务会计准则委员会联合发布的新收入准则的实质内容保持一致。新准则规定,如果满足以下标准之一,则属于企业在某一时段内履行约定义务,企业应按时间推移来确认收入:

(a)企业在执行合同时客户同时接收并消费所提供的利益;

(b)客户能够控制企业履约过程中在建的商品;

(c)企业履约过程中所产出的商品具有不可替代用途,并且该企业拥有迄今为止已完成的履约付款的强制执行权。

根据中期报告的附注,碧桂园认为自身满足上述(c)的条件,因此按投入法计量的履约进度确定了收入。而在以往的年度报告期间内,旧准则对收入确认的判断标准是销售合同的重要风险和报酬是否转移给客户,即应当在房产交付给客户的特定时点才能确认收入。碧桂园在2017年选择了提前适用新会计准则,便相当于提前确认了收入,不免有操纵利润之嫌。然而,在案例本身之外,房地产企业是否满足该按时期确认收入的条件,才是社会各界关注和讨论的重点。

◎思考：

1.何时确认会计要素,应当遵循什么原则?

2.如何理解会计政策对财务信息的影响?

与经济收益不同,财务报表体现的会计收益更加追求客观性和可验证性。财务报表应当具有标准化和可比性的特点,而不能掺杂过于主观和随意的判断,因此,国家为财务报表的编制制定了完整而详细的法规体系,规定了报表编制应当遵循的四项会计假设和九条会计原则,并对其计量方法进行了统一。

本章框架

➤ 基本的财务报表

➤ 会计假设与会计原则

➤ 财务报表中的计量问题

➤ 与财务报表编制相关的法规体系

第一节　基本的财务报表

一、经济收益

经济收益是一个经济学的概念。在经济学中占主导地位的经济收益是指一个主体在保持期末与期初同样富有的情况下,可能消费的最大金额,包括已实现的收益和未实现的收益。

公司在生产经营过程中,保持所有者投入的实际生产能力即原始资本的价值不变,超过所有者投入的实际生产能力的部分形成经济学"收益"。经济收益的计量与资产的计价密切相关,是公司在一定时期内净资产现值的差异,它体现了公司的实际收益。这种认识从理论上看逻辑推理严密,令人信服,能全面地反映资产收益的真实状况。

但是"经济收益"属收益的定性范畴,实践中收益的确认、计量的操作性却不易解决。因为资本所有者投入的原始资本(资产)与一定时期后的期末所有者权益资本(净资产)价值的计量都是按未来预期现金流的折现来计算的。也就是说,收益是原始投入资本与期末所有者权益资本所带来的未来现金流折现价值的差额,而未来的现金流折现具有不确定因素(现金流及折现率的确定),且人们对未来事项的估计各不相同。

在此意义上,美国学者爱德华兹和贝尔将经济收益称为"主观收益"。意指经济学上的收益虽然更加真实,但现阶段人们的计量方法、计算能力受到局限,不能满足现实需要,故只能在理论上行得通。尽管如此,多年来人们仍一直孜孜以求,把是否接近经济收益作为衡量收益确认真实的标准,寻找经济收益的确认和计量方法。

二、会计收益

会计收益是会计核算在四大假设(会计主体、会计期间、持续经营、货币计量)的基础之上,按照权责发生制和收入与成本费用相配比的原则,运用会计的专业方法,确定公司在一定会计期间实际经济交易的结果。其特征为"三位一体",即历史成本原则、实现——配比原则和谨慎原则。相对于经济学上的收益理论来说,会计收益的应用优势是显而易见的,它更具有客观性和可验证性。

因此,会计收益得到广泛接受,实证研究结果也充分证明了这一点。1968年,美国的鲍尔和布朗通过实证研究证实了会计收益具有信息含量;1989年,利弗再次证明收益变动与股价变动之间具有正相关关系。会计收益的产生和发展都离不开人们对公司收益信息的需求,随着对会计收益计量、确认和分析的深入,人们在加深对收益理解的同时,也从另一角度认识到了会计收益所存在的缺陷。

三、比较选择

经济收益与会计收益的差异主要体现在确认和计量方面,具体归结为以下四个方面。

(一)收益确认的时点不同

经济收益要求在资产价值发生变动时确认,而不要求等到取得现金或现金要求权时确认。会计收益则只有当价值变化在某项交易中确实发生时才加以确认。因此会计收益将收益确认时点推迟到有更实质性的证据证明收益已经实现之时,结果导致会计收益只确认和计量已实现的收益。

(二)收益确定的方法不同

经济收益把所有资产看作未来可望带给公司的经济利益,期初、期末净资产差异代表了收益,因此,收益确定的主要问题在于会计期初与期末预计未来经济利益的资本化价值的对比,体现的是以现行价值或公允价值为基础的"资产—负债观"。会计收益则强调已实现收入与相关的历史成本相配比,其差额代表收益,体现的是以历史成本原则和实现原则为基础的"收入—费用观"。

（三）资本保持的概念不同

经济收益依据的是实物资本保持概念,收益的前提是在期末和期初保持一样的状况。而会计收益依据的是财务资本保持概念,收益是现行收入扣除所花费的历史成本的财务资本所得。

（四）计量的可靠程度不同

经济收益是面向未来的,基于对现在尚未发生但将来可能发生的交易的估计,因此是主观的、易变的。而会计收益是面向过去的,建立在过去实际已经发生的交易基础之上,主要采用历史成本计量,确保了其客观性和可检验性的特点。会计收益曾构成一个像 20 世纪初牛顿定律一样完美无缺、封闭的、自我证明的体系。但很快受到冲击,首先面临的是通货膨胀的冲击。尽管各国可以采取各种措施解决通货膨胀问题,但通货膨胀的阴影一直萦绕在财务会计上,会计界必须找到解决这一难题的良方。而且,金融衍生工具的兴起、无形资产的增加等等,也促使人们不得不重新审视会计收益。同时,受制于现行会计原则的会计计量是"观念收益",一定程度上偏离了"真实收益"。经济收益则力图计量实际收益而非名义收益,是以现行价值或公允价值为基础的。

第二节　会计假设与会计原则

一、会计假设

会计基本假设是公司确认、计量和报告的前提,是对会计核算所处时间、空间环境等所作的合理设定。会计基本假设包括会计主体、持续经营、会计分期和货币计量。

（一）会计主体

会计主体是指会计工作服务的特定单位,是公司会计确认、计量和报告的空间范围。为了向财务报告使用者反映公司财务状况、经营成果和现金流量,提供与其决策有用的信息,会计核算和财务报告的编制应当集中反映特定对象的活动,并将其与其他经济实体区别开来,才能实现财务报告的目标。会计基本假设中界定了会计确认、计量和报告的空间范围是会计主体。

一般来说,法人(或称法律主体)可作为会计主体,但会计主体不绝对是法人。

在会计主体假设下,公司应当对其本身发生的交易或者事项进行会计确认、计量和报告,反映公司本身所从事的各项生产经营活动,明确界定会计主体是开展会计确认、计量和报告工作的重要前提。

(二)持续经营

持续经营,是指会计主体的生产经营活动将无期限持续下去,在可以预见的将来不会倒闭进行清算。在持续经营前提下,会计确认、计量和报告应当以公司持续、正常的生产经营活动为前提。

公司是否持续经营,在会计原则、会计方法的选择上有很大差别。一般情况下,应当假定公司将会按照当前的规模和状态持续经营下去。明确这个基本假设,就意味着会计主体将按照既定用途使用资产,按照既定的合约条件清偿债务,会计人员就可以在此基础上选择会计原则和会计方法。如果判断公司会持续经营,就可以假定公司的固定资产会在持续经营的生产经营过程中长期发挥作用,并服务于生产经营过程,固定资产就可以根据历史成本进行记录,并采用折旧的方法,将历史成本分摊到各个会计期间或相关产品的成本中。如果判断公司不会持续经营,固定资产就不应采用历史成本进行记录并按期计提折旧。

(三)会计分期

会计分期,是指将一个公司持续经营的生产经营活动划分为一个个连续的、长短相同的期间。会计分期的目的,在于通过会计期间的划分,将持续经营的生产经营活动划分成连续、相等的期间,据以结算盈亏,按期编制财务报告,从而及时向财务报告使用者提供有关公司财务状况、经营成果和现金流量的信息。

在会计分期假设下,公司应当划分会计期间,分期结算账目和编制财务报告。会计期间通常分为年度和中期。中期,是指短于一个完整的会计年度的报告期间。

根据持续经营假设,一个公司将按当前的规模和状态持续经营下去。但是,无论是公司的生产经营决策还是投资者、债权人等决策都需要及时的信息,都需要将公司持续的生产经营活动划分为一个个连续的、长短相同的期间。分期确认、计量和报告公司的财务状况、经营成果和现金流量,明确会计分期假设意义重大。由于会计分期,才产生了当期与以前期间、以后期间的差别,才使不同类型的会计主体有了记账的基准,进而出现了折旧、摊销等会计处理方法。

（四）货币计量

货币计量是指会计主体在财务会计确认、计量和报告时以货币计量反映会计主体的生产经营活动。

货币计量是指公司在会计核算中要以货币为统一的、主要的计量单位，记录和反映公司的生产经营过程和经营成果。会计主体的经济活动是多种多样、错综复杂的。为了实现会计目的，必须综合反映会计主体的各项经济活动，这就要求有一个统一的计量尺度。在会计的确认、计量和报告过程中之所以选择货币为基础进行计量，是由货币的本身属性决定的。货币是商品的一般等价物，是衡量一般商品价值的共同尺度，具有价值尺度、流通手段、贮藏手段和支付手段等特点。其他计量单位，如重量、长度、容积、台、件等，只能从一个侧面反映公司的生产经营情况，无法在总量上进行汇总和比较，不便于会计计量和经营管理。只有选择货币尺度进行计量才能充分反映公司的生产经营情况，所以，基本准则规定，会计确认、计量和报告选择货币作为计量单位。会计在选择货币作为统一的计量尺度的同时，要以实物量度和时间量度等作为辅助的计量尺度。

要实际进行会计核算，除了应明确以货币作为主要计量尺度之外，还需要具体确定记账本位币，即按某种统一的货币来反映会计主体的财务状况与经营成果。货币计量隐含币值稳定假设。

二、会计原则

财务会计的一般原则是指对财务会计核算的基本要求作出规定，是对财务会计核算基本规律的高度概括和总结。我国公司会计制度和《企业会计准则——基本准则》将财务会计的一般原则归纳为客观性、实质重于形式、相关性、可比性、及时性、明晰性、权责发生制、谨慎性和重要性 9 项原则。

（一）客观性原则

根据《企业会计准则——基本准则》，客观性原则是指公司应当以实际发生的交易或事项为依据进行会计确认、计量和报告，如实反映符合确认和计量要求的各项会计要素及其他相关信息，保证会计信息真实可靠、内容完整。

会计核算的客观性包括真实性和可靠性两方面的意义。真实性要求会计核算的结果应当与公司实际的财务状况和经营成果相一致；可靠性是指对于经济业务的记录和报告，应当做到不偏不倚，以客观的事实为依据，不受会计人员主观意志的左右，避免错误并减少偏差。公司提供会计信息的目的是满足会计信息使用者的决策需要，因此，必须做到内容真实、数字准确和资料可靠。

(二)实质重于形式原则

根据《企业会计准则——基本准则》，实质重于形式原则是指公司应当按照交易或事项的经济实质进行会计确认、计量和报告，而不应当仅仅按照它们的法律形式作为会计核算的依据。

在实际工作中，交易或事项的外在法律形式并不总能真实反映其实质内容。为了使会计信息真实反映公司财务状况和经营成果，就不能仅仅依据交易或事项的外在表现形式来进行核算，而要反映交易或事项的经济实质。违背这一原则，可能会误导会计信息使用者的决策。会计核算上将以融资租赁方式租入的设备作为固定资产入账就是这个原则的具体体现。

(三)相关性原则

根据《企业会计准则——基本准则》，相关性原则是指公司提供的会计信息应当与财务会计报告使用者的决策需要相关，有助于财务会计报告使用者对企业过去、现在或者未来的情况作出评价或者预测。

会计信息与使用者的决策密切相关，表现在提供的会计信息能帮助决策者预测未来，把握可能的结果，从而改善当前的决策；同时，提供的会计信息也能为决策者证实过去的决策产生的结果，从而修正或坚持原来的决策。因此，在会计核算中应坚持这一原则，在收集、加工、处理和提供会计信息的过程中，充分考虑会计信息使用者的信息需求。

(四)可比性原则

根据《企业会计准则——基本准则》，可比性原则是指公司提供的会计信息应当具有可比性。同一企业不同时期发生的相同或者相似的交易或者事项，应当采用一致的会计政策，不得随意变更。确需变更的，应当在附注中说明。

这一原则不仅要求不同公司之间的会计信息要具有横向的可比性，而且要求同一公司不同时期的会计信息要具有纵向的可比性。不同的公司可能处于不同行业、不同地区，经济业务发生于不同时点，为了保证会计信息能够满足会计信息使用者决策的需要，便于比较不同公司的财务状况、经营成果和现金流量，只要是相同的交易或事项，就应当采用相同的会计处理方法。

(五)及时性原则

根据《企业会计准则——基本准则》，及时性原则是指公司对于已经发生的交易或者事项，应当及时进行会计确认、计量和报告，不得提前或延后。

对会计信息使用者来说，会计信息与决策的相关性不仅表现在会计信息的真实可靠，而且表现在会计信息的时效性上，过时的会计信息对决策者的使用价值就会大大降低，甚至无效。在会计核算中，坚持这一原则就是要求及时收集会计信息、及时对会计信息进行加工处理、及时传递会计信息,以满足各方面会计信息使用者的决策需要。

(六)明晰性原则

根据《企业会计准则——基本准则》,明晰性原则是指公司提供的会计信息应当清晰明了,便于财务会计报告使用者理解和利用。

对会计信息使用者来说,首先要能弄懂财务会计报告反映的信息内容,才能加以利用,并作为决策的依据,因此,明晰性是会计信息质量的首要要求。明晰性原则就是要求会计核算提供的信息应当简明、易懂,能简单地反映公司的财务状况、经营成果和现金流量,能为大多数使用者所理解。在会计核算中只有坚持明晰性原则,才能有利于会计信息使用者准确、完整地把握会计信息的内容,从而更好地利用。

(七)权责发生制原则

根据《企业会计准则——基本准则》,权责发生制原则是指公司的会计核算应当以权责发生制为基础。凡是当期已经实现的收入和已经发生或应当负担的费用,不论款项是否收付,都应当作为当期的收入和费用;凡是不属于当期的收入和费用,即使款项已在当期收付,都不应作为当期的收入和费用。

权责发生制以权利取得和责任完成作为收入和费用发生的标志,有助于正确计算公司的经营成果。我国公司会计制度和会计准则要求公司在会计核算过程中以权责发生制为基础。与权责发生制相对应的一种收入和费用的确认方法被称为收付实现制,它是以收到或支付现金作为确认收入和费用的依据。目前,我国的行政单位采用收付实现制,事业单位除经营业务采用权责发生制外,其他业务也采用收付实现制。

(八)谨慎性原则

根据《企业会计准则——基本准则》,谨慎性原则是指公司对交易或者事项进行会计确认、计量和报告时应当保持应有的谨慎,不应高估资产或者收益、低估负债或者费用。当某些会计事项有不同的会计处理方法可供选择时,应尽可能选择一种不致虚增账面利润、夸大所有者权益的方法。

公司在进行会计核算时,应当遵循谨慎性原则,不得多计资产或收益、少计负债或费用,且不得设置秘密准备。遵循这一原则,要求公司在面临经济活动中的不确定因素的情况下作出职业判断并处理会计事项时,应当保持必要的谨慎,充分估计风险和损失,不高估资产或收益也不低估负债或费用。对于预计会发生的损失应计算入账,对于可能产生的收益则不预计入账。谨慎性原则在我国会计实务中有多种表现,如对固定资产计提折旧采用加速折旧法、物价上涨情况下存货计价采用后进先出法、对可能发生的各项资产损失计提减值准备等。当然,遵循这一原则并不意味着公司可以任意设置各种秘密准备,否则,就属于滥用本原则,应当按照对重大会计差错更正的要求进行相应会计处理,加以纠正。

(九)重要性原则

根据《企业会计准则——基本准则》,重要性原则是指公司提供的会计信息应当反映与企业财务状况、经营成果和现金流量等有关的所有重要交易或者事项。公司在全面核算的前提下,对于在会计核算过程中的交易或事项应当区别其重要程度,采用不同的核算方式。对资产、负债、损益等有较大影响,并进而影响财务会计报告使用者据以作出合理判断的重要会计事项,必须按照规定的会计方法和程序进行处理,并在财务会计报告中予以充分、准确地披露;对于次要的会计事项,在不影响会计信息真实性和不误导财务会计报告使用者作出正确判断的前提下,可适当简化处理。

会计核算中遵循重要性原则就是要考虑提供会计信息的成本与效益问题,使得提供会计信息的收益大于成本,避免出现提供会计信息的成本大于收益的情况,在全面反映公司财务状况和经营成果的基础上,起到突出重点,简化核算,节约人力、物力和财力,提高会计核算的工作效率的作用。会计核算中,评价某些项目的重要性时,很大程度上取决于会计人员的职业判断。一般来说,应当从质和量两个方面进行分析。从性质上说,当某一事项有可能对决策产生一定影响时,就属于重要项目;从数量方面来说,当某一项目的数量达到一定规模时,就可能对决策产生影响。

第三节　财务报表中的计量问题

会计计量是为了将符合确认条件的会计要素登记入账并列报于财务报表而确定其金额的过程。企业应当按照规定的会计计量属性进行计量,确定相关金额。根据《企业会计准则——基本准则》,会计计量属性反映的是会计要素金额的确定基础,主要包括历史成本、重置成本、可变现净值、现值和公允价值五种。

一、历史成本

历史成本(historical cost),又称为实际成本,是指取得或制造某项财产物资所实际支付的现金或等价物。在历史成本计量下,资产按照购置时支付的现金或者现金等价物的金额,或者按照购置资产时所付出的对价的公允价值计量。

负债按照因承担现时义务而实际收到的款项或者资产的金额,或者承担现时义务的合同金额,或者按照日常活动中为偿还负债预期需要支付的现金或者现金等价物的金额计量。

二、重置成本

重置成本(replacement cost),又称为现行成本,是指按照当前市场条件,重新取得同样一项资产需要支付的现金或现金等价物。在重置成本计量下,资产按照现在购买相同或者相似资产所需支付的现金或者现金等价物的金额计量。负债按照现在偿付该项债务所需支付的现金或者现金等价物的金额计量。

三、可变现净值

可变现净值(net realizable value),是指在正常生产经营过程中,以预计售价减去进一步加工成本和销售所需的预计税金、费用后的净值。在可变现净值计量下,资产按照其正常对外销售所能收到的现金或者现金等价物的金额扣减该资产至完工时估计将要发生的成本、估计的销售费用以及相关税费后的金额计量。

四、现值

现值(present value),是指对未来现金流量以恰当的折现率进行折现后的价值,是考虑货币时间价值因素等的一种计量属性。在现值计量下,资产按照预计从其持续使用和最终处置中所产生的未来净现金流入量的折现金额计量。负债按照预计期限内需要偿还的未来净现金流出量的折现金额计量。

五、公允价值

公允价值(fair value),是指市场参与者在计量日发生的有序交易中,出售一项资产所能收到或者转移一项负债所需支付的价格。在公允价值计量下,资产和负债按照在公平交易中,熟悉情况的交易双方自愿进行资产交换或者债务清偿的金额计量。

六、属性关系

在上述五种会计要素计量属性中,历史成本通常反映的是资产或者负债过去的价值,而重置成本、可变现净值、现值以及公允价值通常反映的是资产或者负债的现时成本或者现时价值,是与历史成本相对应的计量属性。当然这种关系也并不是绝对的。比如,资产或者负债的历史成本有时就是根据交易时有关资产或者负债的公允价值确定的,在非货币性资产交换中,如果交换具有商业实质,且换入、换出资产的公允价值能够可靠计量,换入资产入账成本的确定应当以换出资产的公允价值为基础,除非有确凿证据表明换入资产的公允价值更加可靠;在非同一控制下的公司合并交易中,合并成本也是以购买方在购买日为取得对被购买方的控制权而付出的资产、发生或承担的负债等的公允价值确定的。

企业在对会计要素进行计量时,一般应当采用历史成本,采用重置成本、可变现净值、现值、公允价值计量的,应当保证所确定的会计要素金额能够取得并可靠计量。随着我国资本市场的发展,在企业会计准则体系建设中引入公允价值的条件已经具备。为了使会计报表更能反映企业的现实情况,我国正逐步适度、谨慎和有条件地引入公允价值。带有前提的引入是因为考虑到我国目前仍属于新兴的市场经济国家,如果不加限制地引入公允价值,很可能出现公允价值不可靠或者借此操纵利润的现象。因此,目前来说,公允价值计量的运用比较少,但正在逐步引入中。例如,在投资性房地产和生物资产等具体准则中规定,在公允价值能够取得并可靠计量的情况下,可以采用公允价值计量。[①]

专栏 2-1

历史成本还是公允价值?

2007 年,中国中铁股份有限公司进行国有独资企业董事会的试点,成为隶属国务院国资委监督管理的特大型央企。自上市以来,中国中铁的资产负债率一直保持在 70% 以上,2014 年底甚至高达 84.03%,远远超过了公认的 70% 资产负债率的红线。

然而,尽管高负债和应收账款巨大导致了高债务压力和现金流紧张,公司的短期借款和长期借款却都一路上涨。为什么作为追求利益的市场主体,银行等债权人仍然对中国中铁的偿债能力保持乐观态度,敢于为其提供持续且巨额的债务资金呢?

原来,中国中铁的前身是成立于 1950 年的铁道部工程和设计总局,1989 年重新改组为中国铁路工程总公司,脱离铁道部。作为专门从事国家铁路基础设

---

① 注册会计师考试《会计》教材第 18 页。

施建设的大型国有企业,中国中铁拥有大量固定资产和作为无形资产的土地使用权,并按照当时购入的历史成本入账。然而,近年来我国经济发展迅猛,物价水平也水涨船高,因此,这部分资产的实际价值在财务报表层面上被严重低估了。

虽然采用公允价值计量更能反映公司的实际经营状况,但其具有更大的主观性,而可能出现人为操纵利润的现象。我国尚属新兴的市场经济国家,应逐步适度、谨慎和有条件地引入公允价值,只有存在活跃市场、公允价值能取得并可靠计量时才能采用。

(来源:高淑敏.会计信息的谨慎性和中立性之争[D].呼和浩特:内蒙古大学,2015.)

第四节　与财务报表编制相关的法规体系

一、《中华人民共和国会计法》

为了规范会计行为,保证会计资料真实、完整,加强经济管理和财务管理,提高经济效益,维护社会主义市场经济秩序,全国人大常委会制定了《中华人民共和国会计法》,现行版本于 2017 年 11 月 5 日起施行。根据本法规定,中国企业会计准则由财政部制定。

二、公司会计准则体系

多年来,尤其是改革开放以来,我国一直与时俱进,顺时应势,积极推进会计改革和会计制度建设。2006 年 2 月 15 日,财政部在多年会计改革经验积累的基础上,顺应我国社会主义市场经济发展和经济全球化的需要,发布了企业会计准则体系,实现了与国际财务报告准则的趋同。企业会计准则体系自 2007 年 1 月 1 日起首先在上市公司范围内施行,之后逐步扩大到几乎所有大中型企业。中国现行企业会计准则体系由基本准则、具体准则、应用指南和解释组成。

(一)《企业会计准则——基本准则》

基本准则主要对以下几方面内容进行了规范:(1)财务报告目标。基本准则明确了我国财务报告的目标是向财务报告使用者提供决策有用的信息,并反映企业管理层受托责任的履行情况。(2)会计基本假设。基本准则强调了企业会计确认、计量和报告应当以会计主体、持续经营、会计分期和货币计量为基本假设。(3)会计基础。基本准则要求企业会计确认、计量和报告应当以权责发生制为基础。(4)会计信息质量要求。基本准则建立了会计信息质量要求体系,规定企业财务报告中提供的会计信息应当满足会计信息质量要求。(5)会计要素分类及其确认、计量原则。基本准则将会计要素分为资产、负债、所有者权益、收入、费用和利润六个要素并对其进行了严格定义。会计要素在计量时应以历史成本为基础,可供选择的计量属性包括历史成本、重置成本、可变现净值、现值和公允价值等。(6)财务报告。基本准则明确了财务报告的基本概念、应当包括的主要内容和应反映信息的基本要求等。

基本准则为会计准则的主体,在企业会计准则体系中发挥着十分重要的作用,主要包括:

一是统领着会计具体准则的制定,对企业财务会计的一般要求和主要方面作出原则性的规定,确保各具体准则的内在一致性。我国基本准则第三条明确规定"企业会计准则包括基本准则和具体准则,具体准则的制定应当遵循本准则",在企业会计准则体系的建设中,各项具体准则也都明确规定按照基本准则的要求进行制定和完善。

二是为会计实务中出现、具体准则尚未规范的新问题提供会计处理依据。由于经济交易事项的不断发展创新,一些新的交易或事项在具体准则中尚未进行规范。企业不仅应对这些新的交易或者事项及时进行会计处理,而且应当严格遵循基本准则对会计要素的定义及其确认与计量等方面的规定。此时,基本准则为其提供了会计处理依据,从而确保了企业会计准则体系对所有会计实务问题的规范作用。

(二)《企业会计准则——具体准则》

具体准则是财政部为规范企业会计确认、计量和报告行为,保证会计信息质量,在《中华人民共和国会计法》《企业会计准则——基本准则》的指导下,制定的对企业各项资产、负债、所有者权益、收入、费用、利润及相关交易事项的确认、计量和报告进行规范的会计准则,包括《企业会计准则第1号——存货》等42项具体准则,自2007年1月1日起在上市公司范围内施行,鼓励其他企业执行。

(三)《企业会计准则——应用指南》和解释公告

应用指南一方面对具体准则的相关条款进行细化,另一方面为有关重点难点问题提供操作性指南,以确保会计准则的贯彻落实和指导实务操作。解释公告则对具体准则实施过程中出现的规定不清楚或尚未规范的问题作出补充说明,是会计准则体系的组成部分。

2011年11月18日,财政部又发布了《小企业会计准则》,规范了适用于小企业的资产、负债、所有者权益、收入、费用、利润及利润分配、外币业务、财务报表等会计处理及其报表列报等问题。《小企业会计准则》适用于在中华人民共和国境内依法设立、符合《中小企业划型标准规定》所规定的小型企业标准的企业，但股票或债券在市场上公开交易的小企业、金融机构或其他具有金融性质的小企业、属于企业集团内的母公司和子公司的小企业除外，自2013年1月1日起在所有适用的小企业范围内施行。《小企业会计准则》的发布与实施，标志着我国涵盖所有企业的会计准则体系的建成。

参考文献

[1]何青.财务报表分析[M].北京:中国人民大学出版社,2014.

[2]马丁·弗里德森,费尔南多·阿尔瓦雷斯.财务报表分析[M].北京:中国人民大学出版社,2016.

[3]中国注册会计师协会.2021年注册会计师全国统一考试辅导教材会计[M].北京:中国财政经济出版社,2022.

思考题

1.采用公允价值计量更能反映公司财务状况，而采用历史成本则可以降低公司操纵利润的可能性。各种计量属性应当分别适用于什么情形？

2.货币计量是会计基本假设之一，从财务报表中可以分析出难以计量的企业经营战略、研发能力、人力资源和市场地位等要素吗？

| 第三章 |
资产质量分析

引导案例：从不良资产处理看资产质量——*ST 地矿

继 2016 年、2017 年连续两年分别亏损 1.94 亿元、2.25 亿元后，山东地矿在 2018 年 6 月 25 日起被实行"退市风险警示"处理，股票简称由"山东地矿"变更为"*ST 地矿"。

*ST 地矿于 2018 年 10 月 30 日披露的三季度报告显示，公司报告期内实现营业收入 9.68 亿元，实现归属于上市公司股东净利润 5145.79 万元，成功实现扭亏。在连续两年亏损的情况下，公司成功扭亏为全年盈利保壳打下良好基础的同时，也通过资本运作，改善了公司资产负债表，为未来产业转型提供了条件。

报告期内，公司对外处置资产，确认投资收益 6.33 亿元。公司三季度公开挂牌转让徐楼矿业 100%股权、娄烦矿业 100%股权及盛鑫矿业 70%股权，最终挂牌成交价格为 11.1 亿元。截至 9 月 30 日，交易对方已支付交易对价 5.66 亿元，占交易总价款的 51%，交易各方已签署《资产交割确认书》并办理完成标的公司股权变更工商手续，公司于报告期内确认投资收益。

（来源：*ST 地矿 2018 年三季度报告）

请思考：公司为何要处置这三项资产呢？

案例分析：徐楼矿业、娄烦矿业及盛鑫矿业均为*ST 地矿的不良资产。通过不良资产处置和引入战略投资者，*ST 地矿资产负债表已得到明显改善。从具体科目来看，*ST 地矿总资产已从期初的 59.73 亿元下降到期末的 45.7 亿元，净资产从期初的 10.84 亿元提高到期末的 21.77 亿元，短期借款从期初的 24.38 亿元下降到 7.33 亿元，负债总额从报告期初的 26.41 万元下降到 7.9 亿元，公司资产负债率大幅下降，去杠杆取得明显成效。此外，公司尚有资产处置的尾款将在未来一年内付清,公司资产负债表仍有进一步优化空间。此次资产处置,一方面实现了投资收益,助力公司扭亏,另一方面也让公司彻底剥离目前亏损的铁矿石采选业务。

从上述案例中,我们可以发现资产质量对一个企业来说极其重要。大量的不良资产将严重拖累一个企业的正常生产经营。处置和剥离不良资产,将会使公司扭亏为盈。那面对一个企业,我们该如何分析它的资产质量呢?这是本章要回答的问题。

本章资产质量分析包含五部分内容:第一部分是资产负债表的作用,主要是帮助读者对资产负债表有一个总体的了解;第二部分是资产质量分类,给出了一些判断公司资产质量以及公司实际运营情况的方法;第三部分是流动资产质量分析,主要是分析货币资金、交易性金融资产、应收票据、应收账款、预付款项、其他应收款、存货等流动资产结构以及各种财务比率是否合理;第四部分是非流动资产质量分析,主要是分析可供出售金融资产、持有至到期投资、长期股权投资、投资性房地产、固定资产和在建工程、无形资产和商誉、长期待摊费用等非流动资产的质量;第五部分是资产质量的总括分析,运用以上各种分析方法对公司资产质量进行整体性的分析与评价,主要关注不良资产主要集中在何处以及整体的资产质量变化情况等。

> **本章框架**
> ➢ 资产负债表的作用
> ➢ 资产质量分类
> ➢ 流动资产质量分析
> ➢ 非流动资产质量分析
> ➢ 资产质量的总括分析

第一节 资产负债表的作用

资产负债表是企业最为重要的三大报表之一,反映企业在某一特定日期的财务状况。分析资产负债表的前提就是先了解资产负债表。了解资产负债表,可以从资产负债表的作用和资产负债表的结构出发,对资产负债表有个总体的印象。

一、资产负债表的作用

资产负债表是指反映企业在某一特定日期财务状况的报表。它反映企业在某一特定日期所拥有或控制的经济资源、所承担的现时义务和所有者对净资产的要求权。资产负债表的作用极为广泛。

1.资产负债表可以揭示企业拥有或控制的、能用货币表现的经济资源,即资产的总规模及具体的分布形态,并对企业财务状况和资源利用情况作出评价。资产负债表提供某一日期资产和负债的总额及其结构,表明企业拥有或控制的资源及其分布情况和企业未来需要清偿债务的多少及其清偿时间,令使用者可以一目了然地了解相关情况。通过对不同时点的资产负债表进行比较,能对企业财务状况的发展趋势作出判断,对企业各种资源的利用情况作出评价。

2.资产负债表可以评价企业的长短期偿债能力。资产负债表反映所有者所拥有的权益,据以判断资本保值、增值的情况以及对负债的保障程度。通过将所有者权益与负债对比,能评价企业的长期偿债能力和举债能力。一般来说,所有者权益与负债的比率越大,企业的偿债能力和举债能力越强。

3.资产负债表可以对企业的财务状况和经营成果作出整体评价。当对资产负债表与利润表和现金流量表有关项目之间进行比较时,通过总资产报酬率、权益报酬率、存货周转率、应收账款周转率等指标,能够对企业的财务状况和经营成果作出整体评价。

4.资产负债表有助于公司管理者做出经济决策。资产负债表能够提供进行财务分析的基本资料,如将流动资产与流动负债进行比较,计算出流动比率;将速动资产与流动负债进行比较,计算出速动比率等,可以反映企业的变现能力、偿债能力和资产周转能力,从而有助于报表使用者做出经济决策。

二、资产负债表的结构与披露要求

1.资产负债表的结构

在我国,资产负债表采用账户式结构,报表分为左右两边,左边列示资产各项目,反映全部资产的分布及存在形态,并按照流动性从高到低列报;右边列示负债和所有者权益各项目,反映全部负债和所有者权益的内容及构成情况。负债列示在所有者权益上方,按照流动性从高到低列报。资产负债表左右两边互相平衡,资产总计等于负债和所有者权益总计,即"资产=负债+所有者权益"。

资产负债表的主体部分基本结构如表 3.1 所示。

表 3.1　资产负债表(主体部分)

流动资产	流动负债
长期投资	长期负债
固定资产	所有者权益
无形资产与其他资产	

为了使报表使用者能够比较不同时点的资产负债表数据,了解企业的生产经营、财务数据情况,资产负债表还分为"年初余额"和"期末余额"两栏分别填列。其具体格式如表 3.2 所示。

表 3.2　资产负债表

资　　产	期末余额	年初余额	负债和所有者权益(或股东权益)	期末余额	年初余额
流动资产:			流动负债:		
货币资金			短期借款		
交易性金融资产			交易性金融负债		
衍生金融资产			衍生金融负债		
收票据			应付票据		
应收账款			应付账款		
应收款项融资			预收款项		
预付款项			合同负债		
其他应收款			应付职工薪酬		
存货			应交税费		
合同资产			其他应付款		
持有待售资产			持有待售负债		
一年内到期的非流动资产			一年内到期的非流动负债		
其他流动资产			其他流动负债		
流动资产合计			流动负债合计		

续表

资　　产	期末余额	年初余额	负债和所有者权益（或股东权益）	期末余额	年初余额
非流动资产：			非流动负债：		
债权投资			长期借款		
其他债权投资			应付债券：		
长期应收款			其中：优先股		
长期股权投资			永续债		
其他权益工具投资			租赁负债		
其他非流动金融资产			长期应付款		
投资性房地产			预计负债		
固定资产			递延收益		
在建工程			递延所得税负债		
生产性生物资产			其他非流动负债		
油气资产			非流动负债合计		
使用权资产			负债合计		
无形资产			所有者权益（或股东权益）：		
开发支出			实收资本（或股本）		
商誉			其他权益工具		
长期待摊费用			其中：优先股		
递延所得税资产			永续债		
其他非流动资产			资本公积		
非流动资产合计			减：库存股		
			其他综合收益		
			专项储备		
			盈余公积		
			未分配利润		
			所有者权益（或股东权益）合计		
资产总计			负债和所有者权益（或股东权益）总计		

2.资产负债表的基本披露要求

资产负债表的项目是分类别汇报的。在资产类项目中,不同资产按照流动性强弱进行排列,流动性越强越靠前,总体上分为流动资产和非流动资产;在负债类项目中,不同负债按照偿还期限的长短进行排列,总体上分为流动负债和非流动负债。所有者权益列示在负债的下方,此种格式与"资产=负债+所有者权益"的会计等式是完全吻合的。除了各科目的单独列示之外,还需列报相关的合计、总计项目。另外,对于资产负债表期初与期末数的填列,本期期初数即是上期期末数,在特殊情况下还需调整填列。而期末数的填列,则需根据总账及有关明细账的期末余额填列,其中报表项目名称与会计科目名称相同可直接列报,不同时,需调整列报。

第二节　资产质量分类

前面章节学习了资产负债表的作用及构成,意味着我们已经掌握了资产质量分析的初步基础,接下来就让我们更进一步,进入资产按照质量分类理论的学习。

现实中,人们往往疑惑于这样的现象:有很多企业,利润表数据看起来极其优秀,营业收入增长率和净利润增长率均名列行业前列,却在某一天突然出现财务危机,继而出现破产情况。例如2017年12月1日晚间,一切正常的保千里发布公告称,因原控股股东及实际控制人、原法定代表人及原董事长庄敏存在涉嫌以对外投资收购资产为由侵占上市公司利益的行为,公司面临流动性风险及经营风险,多项债务逾期,其中包括部分债券无法按时付息等。随后保千里危局持续发酵,于2017年12月降级为ST保千里。由于后续连续两年净资产为负,ST保千里于2020年宣告退市。

这一切的背后或多或少涉及资产质量的问题。在企业面临债务危机时,看似总资产充足,但是大量堆积的不良资产却无法起到变现、挽救企业的作用。

因此,资产质量问题研究日益成为财务报表分析领域的一个重要主题。资产质量分析不但具有重要的理论研究价值,对企业来说也具有重大的现实意义。资产质量的好坏影响着企业未来的生存与发展。通过学习对资产按照质量分类进行分析,可以揭示资产的质量情况,有助于我们了解企业的经营状况,深入分析企业的财务报表。

一、资产质量的内涵及质量特征

1.资产质量的内涵

资产质量是指资产的变现能力、增值能力、被企业在未来进一步利用的质量、与其他资产组合增值的质量以及资产的结构质量,也是资产在特定的经济组织中,实际发挥的效用与其预期效用之间的吻合程度。其主要表现为资产账面价值量与变现价值量或被进一步利用的潜在价值量之间(可用资产的可变现净值或公允价值)的差异。

资产质量越优异,企业未来经济利益的总流入也越多,企业未来的发展也会越来越好。但是,不同项目资产的属性各不相同,企业预先对其设定的效用也就各不相同。对资产质量的分析,必须结合企业特定的经济环境,具体情况具体分析,不能按照死板的、相同的标准,要强调资产的相对有用性。

2.资产的质量特征

不同的资产对企业而言所起到的作用各不相同,但总的来说,资产质量均具有盈利性、变现性(或保值性)、周转性和与其他资产组合的协同性(或增值性)的四大主要特征。

(1)资产的盈利性。资产的盈利性是指资产预期能给企业带来经济利益的性质,是资产定义的内在属性,也是资产质量的基本属性。资产的盈利性越强,给企业带来的扩大再生产能力也就越强,企业的利润数据就越好看。因此,资产的盈利性是评价企业资产质量的关键指标,相关研究同样表明,企业的资产质量同企业的盈利能力具有正相关的关系。

(2)资产的变现性。资产的变现性是指非现金资产能够直接转换为现金的能力,强调资产作为企业债务的物资保障作用。资产直接转换为现金的速度越快,转换成的现金同其本身价值越接近,资产的变现性越高,企业的偿债能力越强。试问若是完全覆盖债务的资产能快速变现成等额的现金,还需要担心企业的偿债能力吗?因此,资产的变现性也是衡量企业资产质量的关键指标。

(3)资产的周转性。资产的周转性是指资产在企业经营运作过程中的利用效率和周转速度,它强调的是资产作为企业生产经营的物质基础而被利用的效用。资产的周转性越好,资产的利用效率越高,为企业创造的价值也就越大。因此,资产的周转性也是衡量企业资产质量的关键指标。

(4)资产与其他资产组合的协同性。资产与其他资产组合的协同性,又称增值性,是指资产与其他资产组合时产生协同效应的能力,发挥"1+1>2"的作用的能力。该能力是站在资产整体角度上考虑的能力,是关于企业资产配置所带来的能力。一项资产，若是无法与其他资产组合产生协同效应，说明它是孤立的资产，即使它自身的能力再强，也不能说它是优质资产。只有同其他资产相结合，互相配合与融合，发挥协同效应，才能共同满足企业的战略要求，才是真正质量好的资产。因此，资产与其他资产组合的协同性也是衡量企业资产质量的关键指标。

3.资产质量的属性

资产质量具有相对性、时效性和层次性三大属性。

(1)资产质量的相对性。资产质量的相对性，是指资产对于不同企业而言，质量是不同的。试想，一台纺织机对纺织企业而言和对食品企业而言，资产质量是相同的吗？答案当然是否定的。一台纺织机对纺织企业而言的资产质量显然要比对食品企业而言的资产质量好得多。资产质量的相对性便是这样的概念，一项资产的物理质量固然重要，但该资产在系统中的使用角色，为企业创造出的未来收益更重要。因此，分析资产质量时，要关注资产质量的相对性，具体情况具体分析，可将资产与企业其他资产相结合，与企业的发展战略相结合，与企业的主营业务相结合等等，站在整体和相对高层次的角度上看待企业的资产质量。

(2)资产质量的时效性。资产质量的时效性，是指资产的质量并不是一成不变的，它会根据时间的推移而发生变化。例如，固定资产会因为长时间的使用而质量下降，无形资产会根据外部环境的变化而增值或减值。技术的进步、消费结构的调整、宏观政策的改变、竞争环境的变化、产业的升级等等，均会对资产质量造成影响。因此，分析资产质量时，应该站在特定时期和特定环境的角度上进行分析，关注资产质量的时效性。

(3)资产质量的层次性。资产质量的层次性，是指同一个企业的资产并非出于同一个质量层次。资产质量总体优良的企业也会有部分资产质量不佳的资产，而资产质量总体不佳的企业也会有部分资产质量优良的资产。因此，分析资产质量时，应关注资产质量的层次性，可以在资产总体上进行把握，但不能根据总体简单的推断个体，应该具体资产具体分析其资产质量。

二、资产按照质量分类

前面讲述了资产质量的特征及其属性，下面就对资产进行具体情况具体分析。资产按照质量可以分为以下四类。

1.按照账面价值等金额实现的资产

按照账面价值等金额实现的资产主要为货币资金和部分金融资产。货币资金是指企业在任一时点的货币资产，均会按照账面价值等金额实现其价值。但由于通货膨胀等因素,不同时点相同数额货币资金的购买力不同。

2.按照低于账面价值的金额贬值实现的资产

按照低于账面价值的金额贬值实现的资产指账面价值量较高,而其变现价值量或被进一步利用的潜在价值量较低的资产,包括短期债权、部分存货、部分债权投资和长期股权投资、部分固定资产、纯摊销性的资产和商誉。

(1)短期债权。短期债权含有应收账款、应收票据、其他应收款三类。由于存在发生坏账的可能,短期债权往往以低于账面的价值量回收。

(2)部分存货及消耗性生物资产。部分存货及消耗性生物资产中,根据会计准则,存货以成本与可变现净值孰低者计价,存货成本高于其可变现净值的,应当计提存货跌价准备,消耗性生物资产的计价规则为企业至少应当于每年年度终了对消耗性生物资产进行检查,有确凿证据表明由于遭受自然灾害、病虫害、动物疫病侵袭或市场需求变化等原因,使消耗性生物资产的可变现净值低于其账面价值的,应当按照可变现净值低于账面价值的差额,计提生物资产跌价准备并计入当期损益。

成本计算时,分为外部购入和自制两种途径,外部购入途径较为客观,自制则易受人为影响出现波动。可变现净值等于预计售价减去预计至完工时估计将要发生的成本,减去预计的销售费用和相关税费,其易受主观因素影响。跌价准备反映了企业对其存货、消耗性生物资产贬值程度的认识水平和企业可以接受的贬值水平。

分析存货及消耗性生物资产的资产质量时应结合企业存货、消耗性生物资产的构成,存货、消耗性生物资产的周转率,"销售商品、提供劳务收到的现金"与"营业收入"金额的对比等因素。

(3)部分对外长期投资。对外长期投资的质量特征包括:1)企业的"长期股权投资"和"债权投资"项目的金额,在很大程度上代表企业长期不能直接控制的资产流出。2)企业的"长期股权投资"和"债权投资"项目,代表的是企业高风险的资产区域。3)长期股权投资收益和债权投资收益的增加往往是引起企业货币状况恶化的因素。

分析部分对外长期投资的资产质量时应主要关注以下四点:1)对外长期投资的投资方向与构成。2)附注中关于减值准备计提的说明。3)利润表中投资收益与资产负债表中投资规模的联系。4)"取得投资收益所收到的现金"与"投资收益"金额的对比,重点关注是否有泡沫产生于"对联营和合营企业的投资收益"。

(4)部分固定资产、采用成本模式计量的投资性房地产及生产性生物资产。部分固定资产、采用成本模式计量的投资性房地产及生产性生物资产的质量主要体现在被企业进一步利用的价值上。其账面折余价值不等于实际价值。

分析该类资产质量时应结合资产构成、已使用年限、折旧政策等其他因素进行判断。

(5)摊销的"资产":无形资产、长期待摊费用。该类资产的风险在于以后期间收益的不确定性。尤其是长期待摊费用,其实际价值可能远远低于其账面价值。

(6)商誉。商誉是一项特殊资产,只有在企业合并过程中才有可能确认。新准则规定,商誉初始确认为资产后不摊销,但是每年年末进行减值测试,对已经减值的要计提减值准备,而且减值损失一经确认,不得转回。

一般债券评级机构通常会更重视剔除无形资产特别是商誉之后的有形资产。

3.按高于账面价值的金额增值实现的资产

按高于账面价值的金额增值实现的资产指账面价值量较低,而其变现价值量或被进一步利用的潜在价值量较高的资产。主要包括大部分存货、消耗性生物资产、部分金融资产(长期股权投资、债权投资)、部分固定资产、采用成本模式计量的投资性房地产和生产性生物资产、表外资产(如人力资源、已经列入费用的科研开发项目等)。该类资产的历史成本与稳健性原则要求以较低的历史成本对外披露。

例如,已经成功的研究成果、人力资源、账面上未体现净值,但可以增值实现的"表外资产"等等,该类"表外资产"包括已经提足折旧,但企业仍继续使用的固定资产,企业正在使用、但已经作为低值易耗品一次摊销到费用中去、资产负债表中未体现价值的资产。

4.按公允价值计价的资产

按公允价值计价的资产包括交易性金融资产、长期股权投资和债权投资、按公允价值计价的投资性房地产和生产性生物资产等。该类资产的以下特点值得注意:一是资产可按照账面价值等额实现,但其质量远远低于货币资金,易出现"纸上富贵"的现状;二是价值波动较大且较频繁。该类资产质量应当结合其资产构成、市场价格波动状况进行分析。

第三节　流动资产质量分析

一、流动资产的含义及构成

从存在形态讲,按照资产变现能力的强弱排序,流动资产包括货币资金、交易性金融资产、应收票据、应收账款、预付款项、其他应收款、存货、一年内到期的非流动资产等。从占用时间分类,可分为永久性流动资产和临时性流动资产两类。

二、营业循环

从存货到达至应收账款收现这段时间间隔形成一个营业循环,又称营业周期、经营周期。营业循环长度等于存货期间(又称存货周期)和应收账款期间(又称应收账款周期)之和。存货期间是接受订单、生产和销售产品所需的时间长度。应收账款周期是回收现金所需的时间长度。

营业循环长度又等于现金循环(现金周期)和应付账款期间(应付账款周期)之和。现金循环是指现金支出到新近回收货款的这段时间,它始于原材料货款付现,结束于应收账款收现。应付账款期间是公司在购买各种资源(原材料)的过程中能够延期支付的时间长度。实践中,存货期间、应收账款期间和应付账款期间可以分别用存货天数、应收账款天数和应付账款天数来衡量。

各周期的计算公式为:

$$存货周转率 = 销货成本 / 存货平均余额$$

$$存货周转期 = 365 天 / 存货周转率$$

$$应收账款周转率 = 赊销余额 / 应收账款平均余额$$

$$应收账款周转期 = 365 天 / 应收账款周转率$$

$$应付账款周转率 = 销货成本 / 应付账款平均余额$$

$$应付账款周转期 = 365 天 / 应付账款周转率$$

在实际营运中,大多数公司现金周期都是正数,所以必须为存货和应收账款进行融资。财务主管应在不影响公司正常运作的情况下,尽可能缩短现金周期(例如缩短存货期间、应收账款期间,延长应付账款期间),以加快现金的周转和回收。研究表明,公司现金循环与其收益之间关系密切,二者之间呈负相关关系,即缩短现金周期,有助于提高公司盈利。

在流动资金周转速度上,建立了现代物流体系的日本制造业(包括批发、零售)可谓走在前列,其流动资金年平均周转 15 至 18 次。而一些跨国连锁企业,如沃尔玛、麦德龙、家乐福等公司,流动资金周转速度更高达每年 20 至 30 次。而我国企业的流动资金周转速度远远跟不上这些国家的公司。

案例 3-1:青岛海尔营业周期变动分析①

青岛海尔股份有限公司是一家电器类公司,主要从事电冰箱、空调器、电冰柜、洗衣机、热水器、洗碗机、燃气灶等家电及其相关产品生产经营,以及日日顺商业流通业务。海尔品牌是中国最具价值的品牌之一,公司在全球建立了29个制造基地,8个综合研发中心,19个海外贸易公司,全球员工总数超过6万人,已发展成为大规模的跨国企业集团。海尔冰箱、海尔洗衣机的全球市场占有率,在行业中均位列前茅。在智能家居集成、网络家电、数字化、大规模集成电路、新材料等技术领域,海尔也处于世界领先水平。海尔营业周期变动分析见表3.3。

表 3.3　2016—2020 年青岛海尔营业周期变动　　　　　　　　单位:天

报告期	2016-2-31	2017-12-31	2018-12-31	2019-12-31	2020-6-30
营业周期	80.0	85.3	87.8	84.9	96.2
存货周转天数	52.2	54.0	62.8	65.5	69.9
应收账款周转天数	27.8	31.3	25.0	19.3	26.3
应付账款周转天数	77.4	75.5	75.7	79.9	79.7
营业净周期	2.6	9.8	12.1	5.0	16.5

数据来源:青岛海尔 2016—2019 年年度报告、2020 年半年报

从营业周期上看,青岛海尔的营业周期在 2016—2020 年之间,除了 2019 年有所回落之外,总体不断延长。这是由于存货周期的不断上升所导致的,营业周期延长也符合企业规模不断扩大的现状;2016—2020 年,企业的应付账款周期有小幅上升的趋势,但是上升的幅度小于营业周期增加的幅度,因此企业的净营业周期仍在加长,现金回收周期的延长不利于企业提高盈利能力。未来企业应缩短存货周转期和应收账款周转期,促进生产技术和效率的提高,加强应收账款的管理。

三、货币资金的质量分析

货币资金是指存在于货币形态的资金,包括现金、银行存款和其他货币资金。货币资金是企业资金运动的起点和终点,是企业生产经营的先决条件。货币资金的质量可从以下方面进行分析。

---

① 数据来自青岛海尔公司财务报表。

1.分析企业日常货币资金规模是否适当。企业货币资金的规模过高则浪费企业投资机会,增加筹资成本;规模过低则增大偿债风险,影响企业正常经营活动。因此,合适的货币资金规模至关重要,我们可以从企业的资产规模、主营业务收支规模,企业所处的行业特点,企业对货币资金的运用能力,企业近期偿债的资金需求,企业的利润状况和带来的现金后果,所处的融资环境等因素综合分析企业的货币资金是否合适。

2.分析企业在货币资金收支过程的内部控制制度的完善程度以及实际执行质量。企业在收支过程中的内部控制制度的完善程度以及实际执行质量直接关系到企业的货币资金运用质量。在货币资金的收入方面,内控制度主要涉及销售过程和具体的收款过程;在货币资金的支出方面,内控制度主要涉及采购过程和具体的付款过程。在上述过程中,企业应当尽可能地由具有不同权限的人员或部门来完成,不相容职务相互分离,以保证企业内部各部门或人员在业务上能够互相牵制,确保货币资金运用的质量。

3.分析企业对国家有关货币资金管理规定的遵守质量。国家对库存现金具有严格规定,一般来说企业每日的现金结存数额不得超过核定的限额(一般为企业3～5天日常零星开支所需的库存现金量),超过部分应及时送存银行。国家对银行存款也有严格的规定,除收入国家另有规定外和支出规定可用现金以外,企业的收入和支出都应通过银行办理,收入应于当日解交银行。分析企业对国家有关货币资金管理规定的遵守质量,可以从另一层面反映出企业对货币资金内部控制制度的完善程度,从而判断企业的货币资金运用质量。

4.分析企业货币资金构成质量。企业货币资金构成质量主要分为货币资金的受限程度和货币资金的未来质量两个部分。企业货币资金的受限,是指企业的货币资金并不都是自由的、可随意支付的,比如质押的定期存款、保证金存款等等,都因为用途受限而影响货币资金的构成质量。企业货币资金也可能受到汇率波动的影响,导致未来质量受损。因此,分析企业货币资金的构成质量,有助于了解企业目前和未来的实际支付能力。

5.分析企业当期货币资金余额变动的恰当性和持续性。在公司的运营过程中,管理人员会将货币资金用于支付、经营或者投资,因此货币资金余额会频繁地变动。那么对于该变动的恰当性和持续性的分析,就需要结合现金流量表,考察现金流的结构和不同部分现金流的变动情况。具体分析方法将在现金流量表章节中阐述。[①]

那么到底该如何计算现金的持有成本和最佳持有量呢?如何提高现金日常

---

① 钱爱民,张新民.财务报表分析[M].北京:中国人民大学出版社,2021.

收支管理效率呢？如图 3.1 所示,最佳现金持有量可根据鲍摩尔(Baumol)模型
(存货模式)推算得出。

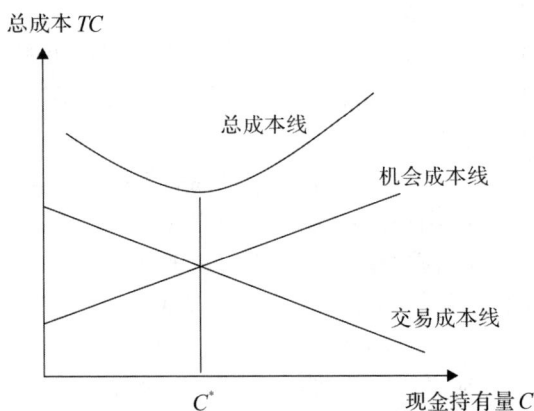

图 3.1　鲍摩尔(Baumol)模型

$$TC = \frac{C}{2}K + \frac{T}{C}F$$

$$C^* = \sqrt{2TF/K}$$

TC:现金管理的总成本

C^*:最佳现金持有量

K:有价证券的利率

T:一个周期内现金总需求量

F:每次转换有价证券的固定成本

而在日常现金管理中,可通过使现金流量同步、使用现金"浮差"和控制收款
等方法来提高现金日常收支管理效率。现金流量同步是指现金收入和支出的时
间匹配。使用现金"浮差"涉及"浮差"概念。"浮差"是指银行存款余额与企业账
面存款余额的差额,包括支付浮差和收款浮差。支付浮差是指银行存款余额大
于账面现金余额。收款浮差是指银行存款余额小于账面现金余额。净浮差为支
付浮差和收款浮差之和。企业可以受益于现金支付浮差,但会因现金回收浮差
而受损。为了提高现金收支效率,应加速收款、延迟付款。控制付款可采取不早
付款,掌握工资等费用的支出规律、推迟现金流出时间,与银行签订协议合理透
支等方式进行管理。

案例 3-2：美的集团货币资金质量分析[①]

美的集团 2017—2018 年货币资金的变化见表 3.4。

表 3.4　美的集团 2017—2018 年货币资金变化情况　　　　单位：千元

项　目	2018 年	2017 年
库存现金	3,803	4,589
银行存款	15,857,413	21,954,206
其他货币资金	123,197	267,259
存放中央银行法定准备金	1,126,172	1,835,051
存放中央银行超额存款准备金	204,073	305,963
存放同业款项	10,573,622	23,907,132
总计	27,888,280	48,274,200
其中：存放在境外（包括中国香港、中国澳门地区，以及新加坡、日本、意大利、巴西、德国等国的款项总额）	6,316,807	10,685,588

数据来源：美的集团 2018 年年度审计报告

美的集团母公司和合并报表的货币资金较上年均减少了 40％多，其主要原因来自存放同业款项减少了 55.77％。值得注意的是由于美的旗下有自己独立的财务公司，因此其货币资金中有中央银行准备金和存放同业款项。尽管财务公司属于非银行类机构，业务主要面向集团内成员的吸储和放贷等一系列业务，但存放同业款项的大幅减少意味着财务公司存贷比率的上升，从企业盈利角度来看，存放同业款项减少有利于减少利息，缩小成本；但从另一个角度来看，财务公司的抗风险能力有所下降，具体还需进一步根据其旗下财务公司的报表做出判断。

在美的集团的货币资金中，除法定准备金以及其他一些保证金等必要资金外，企业的库存现金仅有 3,803,000 元，仅以货币形态存在的资金非常少，大部分为银行存款，至少表明企业的利息收入对提高盈利水平有着一定的贡献。此外，除去存放在央行的法定准备金外，企业可自由支配的现金占总货币资金的96％，结合净利润、经营活动现金流量金额规模以及短期需要偿还的资金规模，判断美的资金比较充裕，但具体还得根据美的未来并购规模进一步关注。

---

①　本章关于美的集团的财务分析参考浙江大学经济学院 19 级研究生林云翔"财务报表分析"课程作业。

案例 3-3：伊利股份货币资金质量分析

伊利股份 2017—2018 年货币资金的变化可见表 3.5。

表 3.5　伊利股份 2017—2018 年货币资金变化情况　　　　　　　单位：元

项　目	2018 年	2017 年
库存现金	618	869
银行存款	10,437,379,717	20,611,262,108
其他货币资金	613,623,317	1,211,803,197
总计	11,051,003,654	21,823,066,176

数据来源：伊利股份 2018 年年度审计报告

在伊利股份的合并报表中，2018 年货币资金较上年减少了 49%，其主要原因是银行存款减少了近 50%。我们从伊利股份 2018 年年报的批注中得知，货币资金的大幅度减少，主要是由于筹资活动流出的现金导致的，查阅当年现金流量表，2018 年伊利股份筹集资金 50 亿元，然而偿还债务支付的现金和分配股利、利润或偿付利息支付的现金共计 157 亿元，因此导致了筹资活动净流出现金100 余亿元。

四、交易性金融资产质量分析

1. 金融资产的分类

2017 年，财政部修订发布了《企业会计准则第 22 号——金融工具确认和计量》《企业会计准则第 23 号——金融资产转移》《企业会计准则第 24 号——套期会计》等三项金融工具相关会计准则以及相应的应用指南。本次修订是自我国2006 年发布金融工具相关会计准则十年来对该准则的第一次全面修订，无论是在金融工具会计处理的基本理念，还是金融工具分类、确认和计量等具体会计处理方面，都有较大变化。

原有金融工具确认和计量准则按照持有金融资产的意图和目的将金融资产分为四类：即以公允价值计量且其变动计入当期损益的金融资产、持有至到期投资、贷款和应收款项以及可供出售金融资产。原有分类较为复杂，存在一定的主观性，在一定程度上影响了会计信息的可比性。新金融工具确认和计量准则规定以企业持有金融资产的"业务模式"和"金融资产合同现金流量特征"作为金融资产分类的判断依据，将金融资产分为三类：即以摊余成本计量的金融资产、以公允价值计量且其变动计入其他综合收益的金融资产以及以公允价值计量且其变动计入当期损益的金融资产三类,减少了金融资产类别,提高了分类的客观性和会计处理的一致性。

根据《企业会计准则第22号》,金融资产,是指企业持有的现金、其他方的权益工具以及符合下列条件之一的资产:(1)从其他方收取现金或其他金融资产的合同权利。(2)在潜在有利条件下,与其他方交换金融资产或金融负债的合同权利。(3)将来须用或可用企业自身权益工具进行结算的非衍生工具合同,且企业根据该合同将收到可变数量的自身权益工具。(4)将来须用或可用企业自身权益工具进行结算的衍生工具合同,但以固定数量的自身权益工具交换固定金额的现金或其他金融资产的衍生工具合同除外。其中,企业自身权益工具不包括应当按照《企业会计准则第37号——金融工具列报》分类为权益工具的可回售工具或发行方仅在清算时才有义务向另一方按比例交付其净资产的金融工具,也不包括本身就要求在未来收取或交付企业自身权益工具的合同。

根据《企业会计准则第22号》,金融资产同时符合下列条件的,应当分类为以摊余成本计量的金融资产:(1)企业管理该金融资产的业务模式是以收取合同现金流量为目标。(2)该金融资产的合同条款规定,在特定日期产生的现金流量,仅为对本金和以未偿付本金金额为基础的利息的支付。

金融资产同时符合下列条件的,应当分类为以公允价值计量且其变动计入其他综合收益的金融资产:(1)企业管理该金融资产的业务模式既以收取合同现金流量为目标又以出售该金融资产为目标。(2)该金融资产的合同条款规定,在特定日期产生的现金流量,仅为对本金和以未偿付本金金额为基础的利息的支付。

除上述分类为以摊余成本计量的金融资产和以公允价值计量且其变动计入其他综合收益的金融资产之外的金融资产,企业应当将其分类为以公允价值计量且其变动计入当期损益的金融资产。

2. 交易性金融资产

"交易性金融资产"项目,反映资产负债表日企业分类为以公允价值计量且其变动计入当期损益的金融资产,以及企业持有的直接指定为以公允价值计量且其变动计入当期损益的金融资产的期末账面价值。该项目应根据"交易性金融资产"科目的相关明细科目期末余额分析填列。

交易性金融资产是主要为满足交易目的而持有的金融资产。但是,并非所有交易性金融资产均为流动资产,例如自资产负债表日起12个月到期且预期持有超过12个月的衍生工具应当划分为非流动资产或非流动负债。金融资产或金融负债满足下列条件之一的,表明企业持有该金融资产或承担该金融负债的目的是交易性的:(1)取得相关金融资产或承担相关金融负债的目的,主要是为了近期出售或回购。(2)相关金融资产或金融负债在初始确认时属于集中管理的可辨认金融工具组合的一部分,且有客观证据表明近期实际存在短期获利模式。(3)相关金融资产或金融负债属于衍生工具。但符合财务担保合同定义的衍生工具以及被指定为有效套期工具的衍生工具除外。

由于交易性金融资产是以公允价值计量且其变动计入当期损益的金融资产。因此分析交易性金融资产的质量特征时,应重点关注其公允价值这一计量属性,着重分析该项目的盈利性大小。具体地说,应从如下两方面进行分析:一是分析同期利润表中的"公允价值变动损益"及其在会计报表附注中对该项目的详细说明,根据其金额的大小及正负情况来判断该项资产的盈利能力;二是分析同期利润表中的"投资收益"及其在会计报表附注中对该项目的详细说明,根据其金额的大小及正负情况来判断该项资产的盈利能力。

五、应收票据的质量分析

应收票据主要是指企业在经营活动中,因为赊销产品、提供劳务等方式,在采用汇票形式下收到的票据所形成的债权。应收票据具有较强的变现性。分析时主要关注其可能给企业的财务状况造成的负面影响。例如已贴现的商业汇票可能带有追索权,如果票据承兑人到期不能兑付,公司负有连带责任。

案例 3-4:美的集团应收票据质量分析

美的集团 2018—2020 年应收款项的变动可见表 3.7。

表 3.7　2018—2020 年美的集团应收款项变动　　　　　单位:千元

项目	2018-12-31	2019-12-31	2020-6-30
应收账款	19,390,174	18,663,819	25,671,899
应收票据	12,556,294	4,768,520	5,666,938
应收款项融资	—	7,565,776	8,990,911
银行承兑票据	12,556,294	4,768,520	5,465,726
商业承兑票据	—	—	201,212
已终止确认的已贴现但未到期的应收票据、应收账款	22,747,532	20,946,601	15,681,851

数据来源:美的集团 2018—2019 年年度报告、2020 年半年报

表 3.7 中，美的集团 2020 年 6 月应收票据同比增长了 38％，但营业收入却没有增加，这反映了美的集团当期赊销商品较多，资金回收较慢，财务风险相应的会增加，在 2020 年的半年报中解释为主要系渠道变革及海外疫情影响所致。2019 年应收票据同比减少 62％，主要系重分类至应收款项融资所致。一般而言应收款项融资都是由信誉较好的银行承兑汇票转变，所以这也说明了美的集团的应收票据质量较好。并且由于应收票据基本都是银行承兑票据，到期被追索的风险也非常小。

六、应收账款质量分析

应收账款是指企业因赊销商品、材料、提供劳务等业务形成的商业债权。企业赊销商品，即给购买方提供商业信用。企业提供较宽的商业信用政策，会刺激销售，增加收入，但同时也提高了发生坏账的可能性；反之，企业提供较紧的商业信用政策，会制约销售，减少收入，但同时也降低了发生坏账的可能性。因此，如何权衡这一点是企业应收账款管理的关键之处。而对应收账款质量分析应从以下五个方面进行。

1. 对债权的账龄进行分析

常用分析应收账款的指标和方法有平均收款期和账龄表等。平均收款期是指收回应收账款所需的平均时间。

案例 3-5：美的集团债权账龄分析

美的集团 2020 年 6 月应收账款的变动可见表 3.8。

表 3.8　美的集团 2020 年 6 月应收账款变动　　　　　　单位：千元

账　龄	期末数	期初数
一年以内	26,595,258	19,168,694
一到二年	144,754	301,554
二到三年	83,527	101,643
三到五年	53,599	42,106
五年以上	16,896	17,647
小　计	26,894,034	19,631,644

数据来源：美的集团 2020 年半年报

从应收账款账龄看，美的集团 2020 年半年报中显示的应收账款以短期应收款为主，一年以内的应收账款在期末余额中占 98％，这说明企业在应收款项的回收方面做得较好。并且,对于应收账款,美的集团设定了相关政策以控制信用风险敞口。集团基于客户的财务状况、从第三方获取担保的可能性、信用记录及其他因素诸如目前市场状况等评估客户的信用资质并设置相应信用期,定期对客户信用记录进行监控,对于信用记录不良的客户,会采用书面催款、缩短信用期或取消信用期等方式,以确保集团的整体信用风险在可控的范围内。

2.对债务人的构成进行分析

企业应收账款的质量不仅与账龄有关,也与债务人的构成有关。对债务人的行业构成、债务人的区域构成、债务人的所有权性质、债务人与企业本身的关联程度、债务人的稳定程度、债务人的信用等级等因素进行分析,能判断债务人的偿债能力,进而判断企业应收账款的质量。

3.对形成债权的内部经手人构成进行分析

一般来说,企业对外披露的报表不会涉及形成债权的内部经手人信息,但对企业的管理者而言,完全可以接触到内部经手人。管理者可以根据内部经手人往年的应收账款质量情况进行分析,若是往年应收账款质量不佳,应对其进行专业知识和业务能力培训,同时可对其目前经手的应收账款进行重点监控,可对其未来可能会经手的应收账款进行重点防范。

4.对债权的周转性进行分析

对企业应收账款质量进行分析时,应关注企业应收账款的周转性。企业应收账款的平均收账期越短,应收账款的周转速度越快、变现性越强,应收账款的利用效率也越高,为企业创造的价值也越大。

5.对坏账准备政策进行分析

企业对其坏账准备计提的确认标准和计提方法存在一定的主观性。分析应收账款质量时,应考虑到这一点,结合企业实际情况,判断企业对应收款项坏账准备的确认标准和计提方法是否合理。应收账款作为一项金融资产,应当在资产负债表日对其进行减值检查,将其账面价值与预计未来现金流量之间的差额确认为减值损失,计入当期损益。

当发行方或债务人发生严重财务困难;债务人违反合同条款,如偿付利息或本金发生违约或逾期等;债权人出于经济或法律等方面因素的考虑,对发生财务困难的债务人作出让步;债务人很可能倒闭或进行其他财务重组;因发行方发生重大财务困难,该金融资产无法在活跃市场继续交易等情况发生时,金融资产在客观上发生减值,可计提坏账准备。

我们以美的集团应收账款坏账准备的确认标准、计提方法为例[①],美的集团

---

① 来源于美的集团2018年年度审计报告。

2018 年年度应收款项(包括应收账款和其他应收款)坏账准备的确认标准、计提方法为:

a. 单项金额重大并单独计提坏账准备的应收款项

对于单项金额重大的应收款项,单独进行减值测试。当存在客观证据表明本集团将无法按应收款项的原有条款收回款项时,计提坏账准备。单项金额重大的判断标准为:单项金额超过 5,000,000 元的应收账款以及单项金额超过 500,000 元的其他应收款。单项金额重大并单独计提坏账准备的计提方法为:根据应收款项的预计未来现金流量现值低于其账面价值的差额进行计提。

b. 按组合计提坏账准备的应收款项

对于单项金额不重大的应收账款及其他应收款,与经单独测试后未减值的应收款项一起按信用风险特征划分为若干组合,根据以前年度与之具有类似信用风险特征的应收款项组合的实际损失率为基础,结合现时情况确定应计提的坏账准备。

集团应收票据均为银行承兑汇票,公司认为银行承兑汇票不获金融机构承兑的风险较低,因此并未按组合计提坏账准备。

公司位于中国境内之子公司,以账龄为风险特征划分信用风险组合,根据业务特点,确定不同的计提比例:

项目	1 年以内	1～2 年	2～3 年	3～5 年	5 年以上
暖通空调	5％	10％	30％	50％	100％
消费电器	5％	10％	30％	50％	100％
机器人及自动化系统	5％	10％	30％	50％	100％
其他	5％	10％	30％	50％	100％

公司位于日本之子公司,以是否逾期为风险特征划分信用风险组合,根据历史最近三年的平均坏账比例采用余额百分比法确定坏账准备。对于逾期应收款项,采用个别认定法计提坏账准备。公司位于中国香港、中国澳门及新加坡、意大利之子公司对应收款项采用个别认定法计提坏账准备。对于个别认定法测试后未减值的应收款项,以账龄为风险特征划分信用组合计提。公司位于巴西之子公司对一年以内应收款项不计提坏账准备,对一年以上应收款项采用 100％计提比例。公司位于德国之子公司对应收款项采用以逾期期限为风险特征划分信用风险组合计提。公司位于以色列之子公司对应收款项采用以账龄期限为风险特征划分信用风险组合计提。

c.单项金额虽不重大但单项计提坏账准备的应收款项

单项计提坏账准备的理由为:存在客观证据表明本集团将无法按应收款项的原有条款收回款项。坏账准备的计提方法为:根据应收款项的预计未来现金流量现值低于其账面价值的差额进行计提。

d.集团向金融机构以不附追索权方式转让应收款项的,按交易款项扣除已转销应收账款的账面价值和相关税费后的差额计入当期损益。

案例 3-6:美的集团应收账款和应收票据质量分析

美的集团应收账款和应收票据质量分析可见表 3.9、3.10、3.11。

表 3.9　美的集团应收票据与应收账款相关指标　　　　　　单位:千元

项目	2018 年	2017 年	涨跌幅
应收票据(合并报表)	12,556,294	10,854,226	15.68%
应收账款(合并报表)	19,390,174	17,528,717	10.66%
应收账款周转率	14.07%	15.54%	—
应收账款平均收账期	25.59%	23.17%	—

数据来源:美的集团 2018 年年度报告

表 3.10　美的集团账龄分析法的组合分析　　　　　　单位:千元

项目	2018 年			2017 年		
	账面余额	坏账准备	计提比例	账面余额	坏账准备	计提比例
1 年以内	19,635,342	730,461	3.72%	17,693,549	673,853	3.81%
1～2 年	138,902	45,975	33.10%	191,494	59,250	30.94%
2～3 年	81,137	51,370	63.31%	101,994	61,313	60.11%
3～5 年	82,116	70,400	85.73%	57,889	38,586	66.66%
5 年以上	21,150	21,150	100.00%	34,795	34,7951	0.00%
总计	19,958,647	919,356	4.61%	18,079,721	867,797	4.80%

数据来源:美的集团 2018 年年度审计报告

表 3.11　按欠款方归集的余额前五名的应收账款汇总　　　　单位:千元

项目	账面余额	坏账准备	占应收账款余额总额的比例(%)
余额前五名的应收账款总额	1,585,163	79,258	8%

数据来源:美的集团 2018 年年度审计报告

美的集团应收票据和应收账款主要集中在子公司。两种资产的规模较上年都有着明显的增长,表明企业对下游的议价能力有所下降,利润上升的一部分并未实质转化为实际资产,在一定程度上削弱了利润的质量。但通过账龄分析,1年以内应收账款占比98%,1年以上的应收账款较少意味着发生坏账的可能性比较小。在计提坏账准备上,对1年以上的应收账款计提了充分的坏账准备。结合美的集团的应收账款周转率较上年有所下降,平均收账期增加,表明企业的债权周转速度变慢,变现性有所下降。其中按欠款方归集的余额前五名的应收账款汇总分析显示,期末应收账款中前5名的金额总计为1,585,163,000元,占应收账款账面余额的8%,坏账准备金额79,258,000元。说明美的集团的债务人构成较为分散。

七、存货的质量分析

存货是指企业在日常活动中持有以备出售的产成品或商品、处在生产过程中的在产品、在生产过程或提供劳务过程中耗用的材料或物料等,包括各类材料、在产品、半成品、产成品或库存商品以及包装物、低值易耗品、委托加工物资等。对存货进行质量分析时,应从以下七个角度出发:

1.分析存货的物理质量

存货的物理质量是指存货本身的质量,如存货是否完好无损、存货质量是否符合出售标准等等。存货的物理质量是存货质量的基础,若是存货的物理质量较差,存货的整体质量也较差。

2.分析存货的时效状况

对存货的时效状况分析即对存货资产的时效属性进行分析,一般而言主要针对时效性较强的存货,如具有保质期的存货,内容具有时效性的存货,支持技术进步较快的存货等等。

3.分析存货的品种构成

存货的品种不同,其盈利能力、技术状态、市场前景以及产品的抗变能力等等都有较大差异。过度依赖少数产品的企业,一旦少数产品出现风险,对企业来说是致命的。因此,分析存货的品种构成,有助于判断存货的资产质量。

4.通过分析存货的毛利率走势,来考察存货的盈利性

存货的毛利率走势可以衡量企业在存货上的盈利水平。毛利率下降意味着存货的盈利性下降,影响存货的资产质量,企业需要对此进行警惕。

5.通过分析存货周转率,考察存货的周转性

存货周转率是指存货流转的速度。一般来说,存货的流转速度越快,企业的

营运能力越强,给企业带来的收益越高。

6.了解企业发出存货计价方法

在新的会计准则下,确定发出存货的实际成本,允许采用的方法有:先进先出法、加权平均法(移动加权平均法或月末一次加权平均法)和个别计价法。发出存货成本的方法一旦确定,应当在各期保持一致,不得随意变更。如果变更,属于会计政策变更。

7.通过分析存货的期末计价和存货跌价准备计提,考察存货的变现性

按照会计准则规定,存货的期末计价应按成本与可变现净值孰低法计量,对存货成本高于可变现净值的差额,计提存货跌价准备。

计提存货跌价准备通常应按单项计提,对于数量繁多、单价较低存货可以按类别计提,与在同一地区生产和销售的产品系列相关、具有相同或类似的用途或目的,且难以与其他项目分开计量的存货可以合并计提。以前减记存货价值的影响因素已消失的前提下,应在原已计提的跌价准备金额内转回,转回的金额计入当期损益。

已售存货跌价准备的结转中,新准则规定结转已售存货的成本时,对已售存货计提了存货跌价准备的,应结转已计提的存货跌价准备,冲减当期主营业务成本或其他业务成本。

我们以美的集团和伊利股份为例①。美的集团存货跌价准备的计提方法为:

存货按成本进行初始计量。存货成本包括采购成本、加工成本和使存货达到目前场所和状态所发生的其他支出。

资产负债表日,存货按照成本与可变现净值孰低计量。

可变现净值按日常活动中,以存货的估计售价减去至完工时估计将要发生的成本、估计的销售费用以及相关税费后的金额确定。

按存货类别计算的成本高于其可变现净值的差额,计提存货跌价准备,计入当期损益。

---

① 来源于美的集团 2018 年年度审计报告

案例 3-7：美的集团存货质量分析

美的集团存货质量分析可见表 3.12、3.13。

表 3.12　存货相关指标　　　　　　　　　　　　　　单位：千元

项目	2018 年			2017 年		
	账面余额	跌价准备	账面价值	账面余额	跌价准备	账面价值
库存商品	18,600,407	(320,022)	18,280,385	17,625,714	(160,843)	17,464,871
原材料	5,181,916	(60,822)	5,121,094	5,680,125	(46,139)	5,633,986
在产品	2,040,228	—	2,040,228	2,040,630	—	2,040,630
委托加工物资	239,741	—	239,741	221,842	—	221,842
低值易耗品	38,763		38,763	59,370		59,370
已完工未结算	3,924,807	—	3,924,807	4,023,467		4,023,467
	30,025,862	(380,844)	29,645,018	29,651,148	(206,982)	29,444,166

数据来源：美的集团 2018 年年度审计报告

表 3.13　历年存货毛利率变动情况

项目	2018 年	2017 年	2016 年
存货毛利率	2.42	2.67	3.33

数据来源：美的集团 2018 年年度报告

美的集团的存货集中在子公司，结合固定资产和在建工程的分布情况，可以认为美的生产和对外销售均由子公司承担。存货较上年基本维持同样水平，从存货的品种来看，这样的变化来自企业将原材料加工成商品引起的库存商品的增加和原材料的减少，占比 61.66%、近 180 亿的库存商品较上年增长了4.67%，这就需要担心是否会出现存货积压的情况。进一步考察存货的周转和盈利性，存货周转率有着一定的下降，且存货毛利率呈现逐渐走低的趋势，意味着可能产品在市场的竞争力不如之前。据《2018 年中国家电行业发展报告》，近年来家电市场逐渐饱和，已发展成为成熟的市场，加上世界经济下行，人们对家电的需求也有放缓。另外，譬如格力电器这样的家电巨头也使得家电市场竞争更加激烈。由此看来，美的在存货的周转和盈利性上情况较前些年相比表现一般。

案例 3-8：伊利股份存货质量分析

伊利股份存货质量分析可见表 3.14、3.15。

表 3.14　存货相关指标　　　　　　　　　　　　　　单位：千元

项目	期末余额			期初余额		
	账面余额	跌价准备	账面价值	账面余额	跌价准备	账面价值
原材料	4,027,055	7,046	4,020,009	2,790,119	2,829	2,787,289
库存商品	3,049,908	135,135	2,914,773	2,014,294	213	2,014,080
包装材料	395,262	14,663	380,598	343,270		343,270
低值易耗品	1,547		1,547			
半成品	393,406	10	393,395	372,133	9,700	362,432
委托加工物资	4,706		4,706			
合计	7,871,887	156,856	7,715,031	5,519,818	12,744	5,507,073

数据来源：伊利股份 2019 年年度审计报告

表 3.15　历年存货毛利率、周转率变动情况

项目	2018-6-30	2019-6-30	2020-6-30
存货周转率	5.61	5.1	3.92
存货毛利率	38.67%	38.58%	38.17%

数据来源：伊利股份 2018—2020 年半年报

表 3.14 中，伊利期末的存货总数较期初增加了 43%。根据伊利股份 2019 年年报的附注得知，主要是由于本期采购原材料增加以及收购 Westland Co-Operative Dairy Company Limited 增加存货所致。并且子公司 Westland Dairy Company Limited 因存货成本高于可变现净值计提了较大额的存货跌价准备，这就需要担心子公司是否会出现存货积压的情况。进一步考察存货的周转和盈利性，存货周转率逐年下降，且存货毛利率呈现逐渐走低的趋势，意味着可能产品在市场的竞争力不如之前。

八、其他流动资产项目的质量分析

1. 预付账款

预付账款是指企业按照购货合同的规定，预先以货币资金或货币等价物支付供应单位的款项。会计上，预付账款按照实际金额入账，一般来说，其资产质量较高。企业预付账款的资产质量可以从预付账款的账龄和结构进行分析。

案例 3-9：美的集团预付账款分析

美的集团预付账款分析可见表 3.16、3.17。

表 3.16　预付款项　　　　　　　　　　　　　　单位：千元

项目	2018 年	2017 年	涨跌幅（%）
预付款项（母公司）	55,068	23,877	130.63
预付款项（合并）	2,215,888	1,672,248	32.51

数据来源：美的集团 2018 年年度报告

表 3.17　美的集团预付账款的账龄分析　　　　　单位：千元

项目	2018 年		2017 年	
	金额（千元）	占总额比例（%）	金额（千元）	占总额比例（%）
一年以内	2,112,343	95.33	1,620,207	96.89
1～2 年	78,764	3.55	36,689	2.19
2～3 年	11,870	0.54	5,662	0.34
3 年以上	12,911	0.58	9,690	0.58
总计	2,215,888	100.00	1,672,248	100.00

数据来源：美的集团 2018 年年度审计报告

美的集团预付款项大部分集中在子公司，其中一年以内的预付款项占了 95.33%，超过一年的预付款项较上年增加了 98.97%，且主要为未结清的预付原材料，意味着企业对下游的议价能力下降明显，所幸预付款项在流动资产中的占比小，不良资产的部分较少。

案例 3-10：伊利股份预付账款分析

伊利股份预付账款分析可见表 3.18。

表 3.18　伊利股份预付账款的账龄分析　　　　　单位：千元

账龄	期末余额		期初余额	
	金额（千元）	比例（%）	金额（千元）	比例（%）
1 年以内	1,148,271	99.23	1,451,327	99.43
1～2 年	7,885	0.68	8,147	0.56
2～3 年	1,007	0.09	93	0.01
3 年以上	10	0.00	32	0.00
合计	1,157,175	100.00	1,459,600	100.00

数据来源：伊利股份 2019 年年度审计报告

伊利股份一年内的预付款项占了99%,并且预付款项的变动与存货的变动趋势大致相同,可以初步判定其质量基本正常。

2．其他应收款

其他应收款是指企业除应收票据、应收账款、预付账款、应收股利和应收利息以外的其他各种应收及暂付款项。其他应收款是"垃圾桶",也是"聚宝盆",在分析时应警惕小项目潜伏的大危机,应警惕金额巨大且长期挂账的项目。其资产质量可以从其他应收款的账龄、结构和坏账准备的计提情况等来进行分析。

案例3-11:美的集团其他应收款分析

美的集团其他应收款分析可见表3.19。

表3.19　美的集团其他应收款变动情况　　　　　　　　　　单位:千元

项目	2018年	2017年	涨跌幅
其他应收款(母公司)	11,593,020	9,385,663	23.52%
其他应收款(合并)	2,971,368	2,809,998	5.74%

数据来源:美的集团2017、2018年年报

美的集团其他应收款越合并越小的原因在于母公司大量的资金被子公司所占用,2018年母公司向子公司提供的资金规模＝11,593,020－2,971,368＝8,621,652,表明美的较少从事经营活动,而更多的是对外投资。值得引起注意的是,2018年合并报表中其他应收款计提的坏账准备金(42,730千元)比2017年减少了7,000千元,转回的坏账准备金比2017年增加17,661千元,大约增长5.04倍,需要进一步关注资产计提准备金大量减少的原因。

3．应收股利、应收利息

应收股利是指企业应收取的现金股利和应收取其他单位分配的利润。应收利息是指短期债券投资实际支付的价款中包含的已到付息期但尚未领取的债券利息。一般而言,应收股利、应收利息的可回收性均较强,因此资产质量较好。

4．一年内到期的非流动资产

一年内到期的非流动资产是指反映企业将于一年内到期的非流动资产项目金额。由于一年内到期的非流动资产有较为明确的到期日期,因此其变现性较好。

第四节　非流动资产质量分析

一、债权投资

"债权投资"项目反映资产负债表日企业以摊余成本计量的长期债权投资的期末账面价值。该项目应根据"债权投资"科目的相关明细科目期末余额,减去"债权投资减值准备"科目中相关减值准备的期末余额后的金额分析填列。

按照《企业会计准则第 22 号——金融工具确认和计量》应用指南,原"持有至到期投资"科目改为"债权投资"科目,核算企业以摊余成本计量的债权投资的账面余额。本科目可按债权投资的类别和品种,分别设置"面值""利息调整"和"应计利息"等明细科目进行明细核算。

债权投资应按购入时实际支付的价款作为初始入账价值,其中包括支付的债券实际买价以及扣除可抵扣增值税的手续费和佣金。发行日或付息日至购买日之间分期付息的利息不计入初始入账价值;重新分类后确认为债权投资时,应依据重新分类日的公允价值计入债权投资。

债权投资入账以后的后续计量应采用摊余成本计量。我国采用实际利率法确定摊余成本。由于企业在购入该类债券时,实际利率和票面利率极大可能存在差异,产生溢价或者折价,因此债权投资的取得成本和债券面值之间会产生差额。可以将债权投资的初始入账价值拆分为面值、一次付息债券应计利息、利息调整三个部分来表示,在"债权投资"一级科目下,分别对应"债券面值""利息调整""应计利息"三个明细科目进行核算;若债权投资还款方式为一次还本、分期付息,它的票面利息通过"债权投资"下的"应收利息"明细科目进行核算。

对债权投资的质量分析,可从以下角度展开:(1)分析债券发行方或者债务人的信用评级和偿债能力,确认将来企业债权投资的本金和利息能否安全收回,或者债权投资的变现能力,分析其预期信用损失和可能的减值情况。(2)分析债权投资实际利率和票面利率之间存在的差异,以及由此产生的溢价或者折价是否合理。(3)分析其盈利性,并关注其减值情况。

二、其他债权投资和其他权益工具投资分析

根据《企业会计准则第 22 号》,以公允价值计量且其变动计入其他综合收益的金融资产主要包括其他债权投资和其他权益工具投资。

1．其他债权投资

"其他债权投资"项目反映资产负债表日企业分类为以公允价值计量且其变动计入其他综合收益的长期债权投资的期末账面价值。该项目应根据"其他债权投资"科目的相关明细科目期末余额分析填列。

其他债权投资科目核算以公允价值计量且其变动计入其他综合收益的金融资产。本科目可按金融资产类别和品种，分别设置"成本""利息调整"和"公允价值变动"等明细科目进行明细核算。

2．其他权益工具投资

"其他权益工具投资"项目，反映资产负债表日企业指定为以公允价值计量且其变动计入其他综合收益的非交易性权益工具投资的期末账面价值。该项目应根据"其他权益工具投资"科目的期末余额填列。

"其他权益工具投资"科目核算以公允价值计量且其变动计入其他综合收益的非交易性权益工具投资。本科目可以按其他权益工具的类别和品种，分别设置"成本""公允价值变动"等明细科目进行明细核算。

由于其他债权投资和其他权益工具投资都是以公允价值计量其变动计入其他综合收益的资产，因此分析其质量特征时，应重点关注"公允价值"这一计量属性，结合其他综合收益分析其盈利性的大小，关注其减值和可能的预期信用损失。

三、长期股权投资

股权投资，又称权益性投资，是指通过付出现金或非现金资产等取得被投资单位的股份或股权，享有一定比例的权益份额代表的资产。长期股权投资是指按照长期股权投资准则规范的股权投资。会计意义的长期股权投资包括投资方持有的对联营企业、合营企业以及子公司的投资。长期股权投资的资产质量分析主要以盈利性分析和变现性分析为主。

盈利性分析可以从长期股权投资方向对盈利性的影响，长期股权投资年度内的重大变化对盈利性的影响，长期股权投资所运用资产种类对盈利性的影响，长期股权投资收益确认方法对盈利性的影响，投资收益确认方法选择偏好对盈利性的影响等多个角度出发分析。

变现性分析取决于企业希望将长期股权投资变现时，转出方的意愿和转入方的意愿以及双方的利益权衡，具有一定的不确定性。除此之外，通过分析长期股权投资减值准备计提的情况，也可在一定程度上反映出该项目的变现性。

案例 3-12：美的集团长期股权投资分析

美的集团长期股权投资分析可见表 3.22。

表 3.22　美的集团长期股权投资变动情况　　　　　　　　　单位：千元

项 目	2018 年	2017 年
对联营企业投资	2,713,316	2,633,698
减：长期股权投资减值准备	——	——
	2,713,316	2,633,698

数据来源：美的集团 2018 年年度报告

报表显示，美的集团对联营企业的投资主要是集团对佛山顺德农村商业银行股份有限公司及合肥荣事达电机有限公司等公司的投资。2018 年相较于2017 年增加了投资额，这表明美的集团对相关企业的发展信心较足。

四、投资性房地产

投资性房地产是指为赚取租金或资本增值，或者两者兼有而持有的房地产。投资性房地产有别于企业自用的房地产和房地产开发企业作为存货的房地产。在现行准则下，已出租的土地使用权、持有并准备增值后转让的土地使用权、已出租的建筑物等属于投资性房地产，自用房地产，即为生产商品、提供劳务或者经营管理而持有的房地产、作为存货的房地产不属于投资性房地产。

投资性房地产或是让渡房地产使用权以赚取收入，或是持有并准备增值赚取收益，因此投资性房地产在一定程度上具备了金融资产的属性，分析其资产质量主要是分析其盈利性。如何分析其盈利性，主要看投资性房地产的计量方式。

会计准则规定，投资性房地产应当按照成本进行初始确认和计量。后续计量时，可采用成本模式，在企业存在确凿证据表明其投资性房地产的公允价值能够持续可靠取得的，也可采用公允价值模式进行后续计量，但同一企业只能采用一种模式对其所有的投资性房地产进行后续计量，不得同时采用两种计量模式。

采用公允价值模式计量的投资性房地产，应当同时满足下列条件：(1)投资性房地产所在地有活跃的房地产交易市场；所在地，通常是指投资性房地产所在的城市。对于大中型城市，应当为投资性房地产所在的城区。(2)企业能够从房地产交易市场上取得同类或类似房地产的市场价格及其他相关信息，从而对投资性房地产的公允价值做出合理的估计。

五、固定资产和在建工程质量分析

固定资产,是指同时具有下列特征的有形资产:(1)生产商品、提供劳务、出租或经营管理而持有的;(2)使用寿命超过一个会计年度。固定资产是企业生产经营的重要劳动手段,是企业获取盈利的主要物质基础,在企业的生产经营过程中发挥着重要的作用。它有助于企业提高劳动效率、改善工作条件、扩大生产经营规模、降低生产成本。一般来说,固定资产具有使用寿命长、投资数额大、变现性差、与企业生产经营息息相关的特点。不同行业的固定资产占比也不同,化工、制造等行业固定资产占比较高,互联网、贸易等行业固定资产则占比较低。分析固定资产和在建工程质量可以从以下几点展开。

1.固定资产的取得方式与财务状况的外在表现

固定资产的初始计量是指确定固定资产的取得成本。取得成本包括企业为购建某项固定资产达到预定可使用状态前所发生的一切合理的、必要的支出。企业可通过外购、自行建造、投资者投入以及非货币性资产交换、债务重组、企业合并和融资租赁等不同方式取得固定资产。根据固定资产取得方式的不同,其财务状况的外在表现也不同。通过分析其取得方式可以判断其资产的初始成本。

2.固定资产分布和配置的合理性分析

固定资产分布和配置是否合理,应根据其企业的生产经营特点、技术水平和发展方向等要素判断。合理配置固定资产是企业提高生产效益的一大手段。

3.固定资产规模分析

固定资产的规模也必须与企业的实际生产相适应。实际生产下,需要多少固定资产规模,企业就应该购置多少固定资产,否则将出现资产规模过大则闲置浪费生产效率,资产规模过小则浪费工人的生产力。因此,分析固定资产质量时应关注企业的固定资产规模是否合理。

4.固定资产的质量属性分析

固定资产的质量属性分析可从变现性分析、盈利性分析、周转性分析三方面进行。固定资产的变现性将决定企业的长期偿债能力。

固定资产的盈利性是指企业在日常生产经营过程中,通过固定资产创造出的盈利程度。这在一定程度上决定了企业整体的盈利能力。可以将销售成本规模与固定资产的原价进行比较,评价固定资产的盈利能力。

固定资产的周转性可以通过固定资产周转率指标得以实现。通过分析固定资产的周转性,可以得出企业的营运效率,这关系到企业产品的产量和质量。

5.固定资产的折旧形式分析

固定资产应当按照成本进行初始计量。企业应当根据与固定资产有关的经济利益的预期实现方式,合理选择固定资产折旧方法。可选用的折旧方法包括年限平均法、工作量法、双倍余额递减法和年数总和法等。固定资产的折旧方法一经确定,不得随意变更。

6.固定资产与其他资产组合的协同性

资产质量良好的固定资产,必然是能够和其他资产产生协同效应的固定资产。不同资产在与固定资产的相互组合下,互相增值,提高企业的盈利能力。通过重组或者合作等方式,不同企业可以将各自优势的固定资产联合在一起,提高固定资产的协同性,实现固定资产的增值。

7.在建工程的质量分析

在建工程是企业进行的与固定资产有关的各项工程,包括固定资产新建工程、改扩建工程、大修理工程等。其本质是正在形成的固定资产。因此,分析在建工程的资产质量时可在一定程度上参照固定资产质量分析方法。除此之外,在建工程还需关注的是企业有关借款费用资本化的问题。企业会将其不属于借款费用资本化条件的借款费用计入在建工程成本,继而转入固定资产,从而虚增固定资产和营业利润。

案例 3-13:美的集团固定资产和在建工程分析

美的集团固定资产和在建工程分析可见表 3.23。

表 3.23　美的集团固定资产与在建工程变动情况　　　　单位:千元

项目	房屋、建筑物	土地	机器设备	运输工具	其他	合计
原价						
2017 年	16,760,157	1,090,527	17,892,971	779,279	3,635,383	40,158,317
本年增加						
购置	192,594	33,518	1,425,828	27,442	833,155	2,512,537
在建工程转入	152,490	—	161,321	—	81,840	395,651
企业合并增加	65,286	107,999	23,259	1,297	3,925	201,766
其他	289,241	—	7,857	—	—	297,098
本年减少						
处置及报废	(92,870)	(227)	(627,648)	(62,513)	(421,790)	(1,205,048)
外币报表折算差额	29,493	57,434	51,526	1,936	19,206	159,595
2018 年	17,396,391	1,289,251	18,935,114	747,441	4,151,719	42,519,916

续表

项目	房屋、建筑物	土地	机器设备	运输工具	其他	合计
累计折旧						
2017 年	5,734,279	—	8,932,987	434,515	2,429,550	17,531,331
本年增加						
计提	845,679	—	1,746,527	98,235	671,634	3,362,075
其他	32,804	—	275	—	—	33,079
本年减少						
处置及报废	(52,600)	—	(451,614)	(55,991)	(337,223)	(897,428)
外币报表折算差额	1,747	—	7,587	313	10,719	20,366
2018 年	6,561,909	—	10,235,762	477,072	2,774,680	20,049,423
减值准备						
2017 年	3,925	—	21,846	218	273	26,262
本年增加						
计提	2,974	5,681	2,688	—	196	11,539
本年减少						
处置及报废	(304)	—	(4,802)	(19)	(28)	(5,153)
外币报表折算差额	79	168	375	7	4	633
2018 年	6,674	5,849	20,107	206	445	33,281
账面价值						
2018 年	10,827,808	1,283,402	8,679,245	270,163	1,376,594	22,437,212
2017 年	11,021,953	1,090,527	8,938,138	344,546	1,205,560	22,600,724

数据来源:美的集团 2016—2018 年年度报告

表 3.24　美的集团固定资产周转率变动情况

项目	2018 年	2017 年	2016 年
固定资产周转率(次)	1.01	1.15	1.06

数据来源:美的集团 2016—2018 年年报

美的在建工程的变动情况比较大,主要原因来自新增项目的投入,但企业并未披露该项工程的工期长短,后续应更深入了解该项目的进展程度了解是否存在大量资金沉淀或者影响资金周转等相关问题。从企业已披露的信息来看,在建工程不存在通过将借款费用资本化来虚增企业资产和利润的情况。另外通过企业没对其进行计提减值准备表明企业对在建的工程项目充满信心,因此目前看来在建工程的质量较好。

案例 3-14:吉祥航空固定资产分析 [①]

吉祥航空固定资产分析可见表 3.25、3.26。

表 3.25　吉祥航空固定资产质量分析

项目	2015 年	2016 年	2017 年	2018 年	2019 年
固定资产—原值	650,677.49	937,223.71	1,338,687.77	1,201,524.76	1,618,314.91
固定资产—累计折旧	111,442.71	152,932.66	214,826.98	218,002.56	280,321.89
固定资产—净值	539,234.78	784,291.05	1,123,860.79	983,522.20	1,337,993.02
固定资产—减值准备					
固定资产—净额	539,234.78	784,291.05	1,123,860.79	983,522.20	1,337,993.02
非流动资产合计	1,062,316.56	1,358,436.29	1,626,397.75	1,613,714.24	2,849,201.95
固定资产/非流动资产	0.508	0.577	0.691	0.609	0.470
固定资产周转率(次)	1.73	1.50	1.30	1.36	1.44

表 3.26　航空行业固定资产质量分析

项目	2015 年	2016 年	2017 年	2018 年	2019 年
	固定资产/非流动资产	固定资产/非流动资产	固定资产/非流动资产	固定资产/非流动资产	固定资产/非流动资产
吉祥航空	0.51	0.58	0.69	0.61	0.47
春秋航空	0.50	0.75	0.76	0.60	0.59
东方航空	0.76	0.78	0.78	0.80	0.36
海航控股	0.57	0.49	0.48	0.47	0.40
	固定资产周转率(次)	固定资产周转率(次)	固定资产周转率(次)	固定资产周转率(次)	固定资产周转率(次)
吉祥航空	1.73	1.50	1.30	1.36	1.44
春秋航空	1.58	1.09	1.08	1.24	1.35
东方航空	0.79	0.70	0.65	0.68	0.89
海航控股	0.65	0.70	0.91	0.94	1.12

---

① 来源:浙江大学经济学院 2020 级研究生楼昕宇《财务报表分析》课程作业。

一般来说,航空公司的固定资产会包括飞机机组、发动机及模拟机、高价周转件、运输设备、办公及其他设备。以细分行业龙头春秋航空为例,其高价周转件、运输设备的增加基本以购置为主,占到固定资产增加额的大头。吉祥航空在当前仍处在进一步拓展机组的发展阶段。

2015 至 2019 年,吉祥航空固定资产不断增加,系其机组、机队规模增加所致,且年均增幅在 40% 左右,可见吉祥航空处在一个快速发展的时期。值得一提的是,年报并未披露固定资产减值准备情况,故而实际固定资产净额可能低于账面披露数值,但考虑到机组使用周期较长且维修频繁,实际吉祥航空的客运能力提升或许要远低于固定资产的增加值。当然,另一方面也可以认为吉祥航空对自己固定资产保值能力的信心很足,故而没有相应的减值准备。

从固定资产周转率的角度来看,吉祥航空固定资产周转率在行业内主要竞争对手之间处于一个相对较高的水平,这暗示了吉祥航空对固定资产的利用率有待提高,这可能与吉祥新上马了很多机组,还无法对其充分利用有很大关系,这在短期内有可能会影响企业的获利能力。

但总体来说,该公司的固定资产的盈利性、周转性、保值性均较稳定,这些共同促成了公司较强的盈利能力,因此有理由认为公司固定资产项目质量较好。

六、无形资产与商誉质量分析

无形资产,是指企业拥有或者控制的没有实物形态的可辨认非货币性资产,通常包括专利权、非专利技术、商标权、著作权、特许权、土地使用权等。商誉不属于无形资产,但其本质上属于无形的项目,其质量分析和无形资产有共同之处。无形资产与商誉质量分析可以从以下五个方面进行分析。

1. 无形资产会计披露的特点

无形资产通常按实际成本计量,即以取得无形资产并达到预定用途而发生的全部支出,作为无形资产的成本。在内部研究开发时,企业对研究阶段发生的费用,不确认为无形资产;对于开发过程中发生的费用,在符合一定条件下,才可确认为一项无形资产。因此,无形资产确认的条件比较严格。在对无形资产进行质量分析时,应当考虑部分无形资产可能存在于账外未确认的情况。

2. 无形资产的盈利性分析

无形资产是一项无形的资产,资产质量优秀的无形资产将给企业带来巨大的盈利能力,并且使企业在竞争对手中脱颖而出,形成企业独有的护城河。对无形资产进行盈利性分析时,应根据无形资产的种类和特征,具体情况具体分析。无形资产若有市场价格的,可参照市场价格进行分析。

3.无形资产的变现性分析

无形资产的变现性也是衡量无形资产质量的因素之一。由于无形资产本身专业性强、技术含量高的特性,其变现性主要从以下三方面进行分析:(1)是否为特定的主体所控制;(2)是否可以单独进行转让;(3)是否存在活跃的市场进行公平交易。

4.无形资产与其他资产组合的协同性

同固定资产相似,资产质量优秀的无形资产,也必然是可以和其他资产进行组合,创造出协同效应价值的资产。无形资产在与固定资产或存货等有形资产的组合过程中释放的增值潜力大小,就是其协同性大小,某种程度上决定了无形资产的盈利性和资产质量。

5.商誉的质量分析

商誉,是指能在未来期间为企业经营带来超额利润的潜在经济价值,或一家企业预期的获利能力超过可辨认资产正常获利能力(如社会平均投资回报率)的资本化价值。商誉是企业整体价值的组成部分。在企业合并时,它是购买企业投资成本超过被并企业净资产公允价值的差额。商誉是不可确认的无形资产,是被收购企业超额盈利能力的体现,因此对商誉的资产质量分析主观程度较大。对商誉进行资产质量分析时,应对企业的盈利趋势加以分析,做到客观公正。

案例 3-15:美的集团无形资产分析

美的集团无形资产分析可见表 3.27、3.28。

表 3.27 美的集团无形资产变动情况　　　　　　　　单位:千元

项目	土地使用权	专利权及非专利技术等	商标权	商标使用权	其他	合计
原价						
2017 年	3,862,449	2,039,958	4,948,967	2,433,542	5,653,312	18,938,228
本年增加						
购置	824,464	39,442	12,531	—	467,985	1,344,422
企业合并增加	16,978	24,300	—	—	445,361	486,639
在建工程转入	—	—	—	—	108,013	108,013
本年减少						
处置	(117,037)	(50,167)	—	—	(2,013,692)	(2,180,896)
其他	(603)	—	—	—		(603)
外币报表折算差额	606	8,316	43,905	168,338	60,786	281,951

续表

项目	土地使用权	专利权及非专利技术等	商标权	商标使用权	其他	合计
2018 年	4,586,857	2,061,849	5,005,403	2,601,880	4,721,765	18,977,754
累计摊销						
2017 年	752,029	418,260	40,199	99,960	2,448,693	3,759,141
本年增加						
计提	95,276	105,559	34,011	59,453	740,646	1,034,945
本年减少						
处置	(28,529)	(38,676)	—	—	(1,984,309)	(2,051,514)
其他	(219)	—	—	—		(219)
外币报表折算差额	473	3,269	966	8,675	23,205	36,588
2018 年	819,030	488,412	75,176	168,088	1,228,235	2,778,941
减值准备						
2017 年	—	10,738	—	—	1,313	12,051
本年增加						
计提	—	—	—	—	—	—
本年减少						
处置	—	(126)	—	—	(143)	(269)
外币报表折算差额	—	339	—	—	17	356
2018 年	—	10,951	—	—	1,187	12,138
账面价值						
2018 年	3,767,827	1,562,486	4,930,227	2,433,792	3,492,343	16,186,675
2017 年	3,110,420	1,610,960	4,908,768	2,333,582	3,203,306	15,167,036

数据来源:美的集团 2018 年年度审计报告

表 3.28　美的集团商誉变动情况　　　　　　　　　　单位:千元

项目	2018 年	2017 年
商誉—		
无锡小天鹅股份有限公司	1,361,306	1,361,306
TLSC	2,881,760	2,695,355

项目	2018 年	2017 年
KUKA 集团	22,330,623	22,202,569
其他	2,526,701	2,644,555
	29,100,390	28,903,785
减:减值准备	—	—
	29,100,390	28,903,785

数据来源:美的集团 2018 年年度审计报告

美的集团 2018 年无形资产较上年增长了 2 倍左右,但其未披露母公司的相关信息。合并报表中无形资产较上年增加了 6.72%,通过并购、购置获得的无形资产占主要部分,自身转化为无形资产的部分相对较少。其中土地使用权、专利权、商标权和商标使用权这四项通常有明确法律保护期,盈利性容易判断的无形资产占 75.12%,而归类为其他的无形资产占比为 24.88%,且一年中处置了近 20 亿元的其他类无形资产并摊销了近 81%,这类盈利性不好确定,且没有详细披露的无形资产容易让人怀疑是否存在泡沫,对这部分类型资产的盈利性产生怀疑。另一方面,美的前四项资产占大部分说明了无形资产的可变现性比较良好。

美的 2018 年商誉基本维持在同一水平。近几年企业通过对外并购增添了大量的商誉,主要来自对德国库卡机器人的并购,这给公司带来了不少好处,资产似乎变得更加"雄厚"了,但值得注意的是集团并未给商誉计提减值准备,高达约 290 亿元的商誉规模,如果日后因会计政策变动而需摊销商誉或计提大量减值准备时,将严重影响到企业的资产和利润情况。

七、长期待摊费用

长期待摊费用,是指企业已经发生但应由本期和以后各期负担的分摊期限在 1 年以上的各项费用,如以经营租赁方式租入的固定资产发生的改良支出等。长期待摊费用本身没有变现性,盈利性的大小要视具体项目情况而定。在分析时,应注意企业是否存在人为将长期待摊费用作为利润调节器的情况。

八、其他非流动资产

其他非流动资产是指除资产负债表上所列非流动资产项目以外的其他周转

期超过 1 年的长期资产。主要包括特准储备物资,银行冻结存款和冻结物资,涉及诉讼中的财产等等。分析其他非流动资产质量时,除分析自身特征情况外,还应分析资产规模,一般来说,其他非流动资产占总资产的规模较小。当占比过大时,应分析占比过大的原因以及是否对企业正常的生产经营产生影响。

案例 3-16:美的集团长期待摊费用与其他非流动资产分析

美的集团长期待摊费用与其他非流动资产分析可见表 3.29。

表 3.29　美的集团长期待摊费用与其他非流动资产变动情况　　　单位:千元

	2018 年	2017 年	涨跌幅
长期待摊费用(母公司)	174,684	121,452	43.83%
长期待摊费用(合并)	1,191,373	859,106	38.68%
其他非流动资产(母公司)	550,352	614,822	−10.49%
其他非流动资产	4,576	9,700	−52.82%

数据来源:美的集团 2018 年年报

附注中只说明了长期待摊费用为待摊的软件、咨询以及工程改造支出。从账面上看,美的集团母公司以及合并报表的该项资产都有比较明显的增长,其作为虚拟资产,过大的增长规模反而容易被认为是为今后持续的经营业绩增长奠定基础。后续应进一步关注其长期待摊费用高增长的动因。不过长期待摊费用占总资产的比重并不大,因此这部分的不良资产较少。其他非流动资产同样作为质量不高的资产,美的母公司和合并报表中这项资产占比相当小,且较上年有明显的减少,因此认为这部分不良资产有所减少,并不会影响企业正常的经营活动。

九、递延所得税资产

递延所得税资产,是指未来预计可以用来抵税的资产。递延所得税是时间性差异对所得税的影响,在纳税影响会计法下才会产生递延税款。递延所得税资产是根据可抵扣暂时性差异及适用税率计算、影响(减少)未来期间应交所得税的金额。

第五节　资产质量的总括分析

前面章节介绍了资产质量的具体分析,本节主要介绍资产质量的总括分析。

资产质量的总括分析建立在各项资产质量具体分析的基础上,是对资产质量整体进行分析。分析时,应关注不良的资产主要集中在何处,整体的资产质量变化情况等等,并对上述现象进行原因分析。

一、资产的总体质量分析

1. 资产的增值质量分析

资产的增值质量,是指企业的资产作为一个整体,在周转过程中所具有的提升企业净资产价值的能力。[1] 其可以通过利润与总资产的变动体现。而利润,应该是建立在资产真实价值基础上的资产利用效果的最终体现,这样才能体现企业资产在价值转移、处置以及持有过程中的增值质量,才可预测企业可持续发展潜力。目前资产项目多以历史成本计量,无法体现公允价值的变动,因此分析资产的增值质量时仍有一定的不准确性。

2. 资产的获现质量分析

资产的获现质量,是指资产在使用中为企业创造净现金流的能力,是资产自身的造血能力。现实中,企业总是过于看重资产的增值质量,而忽视了资产的获现质量,即过于看重利润而忽视现金流量。保千里就是如此,其 2015 年度、2016 年度净利润高达 3.73 亿元、7.99 亿元,而 2015 年度、2016 年度的经营活动产生的现金流量净额却多达 −1.479 亿元、−3.363 亿元。资产的增值质量和获现质量完全不匹配。

因此在分析资产的质量时,不能单看资产的增值质量,还应看资产的获现质量。资产的获现质量是对资产的增值质量的重要补充。

二、资产的结构质量分析

资产结构的质量分析,主要侧重于两方面。一方面是资产结构的有机整合性和与企业战略的吻合性,以此了解企业的资产结构是否有利于企业经营获利;另一方面是资产结构与融资结构的对应性,权衡好资产结构以了解企业短期偿债能力与营运能力,了解企业资产与负债之间比例是否合理。最优的资产结构是每个经济实体都想要实现的,但是现实中存在很多困难,同时也要保证流动资产的比率的合理性,以确保企业偿债能力和获利能力的均衡。[2] 企业良好的资产结构质量是朝着最优的资产结构靠拢的。

---

① 张新民,钱爱民.财务报表分析[M].北京:中国人民大学出版社,2021.
② 张琰琰.资产负债表分析——资产质量与资产结构分析[J].现代商业,2014(18):253-255.

1. 资产结构的有机整合性和与企业战略的吻合性

资产结构的有机整合性是指不同的资产部分经过有机整合之后在整体上发挥出来的作用。整体的作用与资产简单相加的作用之差越大,资产结构的有机整合性越强。如何提高资产结构的有机整合性?就需要企业对资产结构进行不断的优化,最大限度地降低不良资产占用,加快优良资产的周转,最终形成一个有机的整体。

企业通过对资产结构的有机整合和配置实现企业的战略。良好的资产结构在有机整合的基础上,必然是较为吻合企业的战略的。资产结构与企业战略的吻合性体现在:一方面,资产结构与整体股东的战略吻合,最大化企业的价值;另一方面,资产结构与拥有控股权的股东相吻合,最大化控股股东的价值。

2. 资产结构与融资结构的对应性

评价资产结构的好坏还需要看其与融资结构的对应性。良好的资产结构,必定是与融资结构相对应的,这个对应性体现在收益上和期限上。一是收益上,收益的对应性指的是资产的报酬率需要覆盖融资成本;二是期限上,期限的对应性指的是资产的期限需要与融资的期限相匹配,比如企业的流动资产与流动负债相匹配,非流动资产与非流动负债相匹配。但在期限的匹配上,也不应过于固守,在特殊情况下,也会出现不一一对应的关系。例如,类似预收账款方式销售的企业,会出现流动资产小于流动负债的情况,这反倒是企业经营状况优良的表现。

三、关注主要的资产异动项目及其变动方向的质量含义

企业的生产经营方式不同、财务筹资投资活动不同,将会导致不同的资产异动项目及其变动。分析资产质量时,要着重关注主要的资产异动项目及其方向,分析其对资产质量带来的影响,对企业运作带来的影响。

四、关注主要的不良资产区域

关注企业主要的不良资产区域并在分析时重点了解不良资产的严重程度。严重的不良资产会极大影响企业的未来业绩和经营发展。一般而言,不良资产的区域主要集中在难以回收的应收账款和其他应收款、周转缓慢或长期不使用的存货、闲置时间过长的固定资产、已停建时间过长的在建工程、已过使用期限或丧失使用价值的无形资产、现值大幅低于成本价的长期股权投资等等。

特别要注意的是公司的账面资产价值可能出现突发性损失,因此,财务报表的使用者不能假定资产负债表上的数字总与资产的当前经济价值相符,只能合

理预期这些数据是根据公认会计原则计算的。在现行的会计原则之下,有一些对公司非常有价值的资产可能没有计入报表。

参考文献

[1] 钱爱民,张新民. 经营性资产:概念界定与质量评价[J]. 会计研究,2009(8).

[2] 张琰琰. 资产负债表分析——资产质量与资产结构分析[J]. 现代商业,2014(18).

[3] 钱爱民,张新民. 财务报表分析 [M]. 北京:中国人民大学出版社,2021.

[4] 钱爱民,张新民. 财务报表分析. 案例分析与学习指导[M]. 北京:中国人民大学出版社,2014.

[5] 美的集团年度审计报告.

[6] 青岛海尔年度审计报告.

思考题

1. 企业的资产负债表有什么作用?

2. 资产质量的内涵是什么? 资产质量的特征与属性有哪些?

3. 什么是流动资产? 流动资产的分类有哪些?

4. 如何对企业的货币资金进行质量分析?

5. 如何对企业的债权进行质量分析?

6. 如何对企业的存货进行质量分析?

7. 如何对企业的经营性流动资产的整体质量进行分析?

8. 如何对企业的长期股权投资进行质量分析?

9. 如何对固定资产的质量进行分析?

10. 如何对无形资产的质量进行分析?

11. 如何对企业资产质量进行综合性的分析?

|第四章|
资本结构质量分析

◢◣ 引导案例:股权变动的选择

2014 年 12 月 23 日,在与融创中国签署终止收购协议 5 天后,绿城中国在杭州召开新闻发布会,宣布中国交通建设集团有限公司以超过 60 亿港元的代价入股,成为绿城新的战略投资方。中交集团以总价 60.13 亿港元收购绿城中国创始人宋卫平及关联人士控制的 42% 股权中的 24.288% 股份,与九龙仓成为并列第一大股东。此次收购后,有望解救绿城的财务危机。

其实,早在 2014 年 5 月,融创中国曾以约 63 亿港元的代价收购绿城 24.313% 的股份,与中交集团的收购价格基本一致。

请思考:为何绿城中国最终选择了中交集团而不是融创中国作为战略投资方入股呢?

案例分析:此次变动涉及绿城中国的资本结构,主要是股权结构变动。从该案例中可以看出股权结构变动对公司未来的发展方向有极大的影响。绿城中国的董事长宋卫平曾说过:"融创和老板孙宏斌的基因,经过 100 多天的观察,明显不融于绿城。"从这句话中,我们可以得知收购后,作为绿城的第一大股东的融创在行事作风、目标发展等等方面均与绿城本身的企业文化不相融。

而绿城与中交集团的合作,则是相互满足需求的结果。一方面,与有财力的央企合作,绿城可以顺利渡过资金难关;另一方面,中交集团在房地产领域也有强烈的扩张意愿。同时中交集团对自身的房地产发展战略非常清晰,也非常认同绿城的文化及管理理念。

果然,中交集团收购绿城之后,绿城顺利渡过了难关,其发展逐渐向好。

我们已经在前面章节学习了资产质量分析的内容,现在让我们进入资本结构质量分析的学习。资本结构质量分析包括五个部分,第一部分是负债项目的构成与质量分析,主要是对企业各项流动与非流动负债的占比及其合理性分析;第二部分是应交所得税、递延所得税负债(资产)、会计利润与应纳税所得额相互关系的分析;第三部分是所有者权益项目构成与质量分析,并以此反映企业的资金来源、资本充足率、发展战略等;第四部分是资本结构质量总括分析,主要是针对企业的股权结构及控制权结构进行合理性分析;第五部分是资产负债表的总括分析,站在整体的角度上,把握资产负债表质量的总基调,进而分析具体项目的质量情况,最后综合以上情况得出结论。

企业的资本结构质量是决定企业健康、可持续发展的关键因素。良好的资本结构质量是企业竞争力的体现,能助推企业长期持久发展。

本章框架

➢ 负债项目的构成与质量分析

➢ 应交所得税、递延所得税负债(资产)、会计利润与应纳税所得额

➢ 所有者权益项目构成与质量分析

➢ 资本结构质量总括分析

➢ 资产负债表总括分析

第一节　负债项目的构成与质量分析

负债,是指由企业过去的交易或者事项形成的,预期会导致经济利益流出企业的现时义务。将一项现实义务确认为负债,还需满足(1)与该义务有关的经济利益很可能流出企业;(2)未来流出的经济利益的金额能够可靠地计量。

负债一般按其偿还速度或偿还时间的长短划分为流动负债和长期负债两类。流动负债是指将在一年或超过一年的一个营业周期内偿还的债务,主要包括短期借款、应付票据、应付账款、预收货款、应付职工薪酬、应交税费、应付利润、其他应付款、预提费用等。非流动负债是指偿还期在一年或超过一年的一个营业周期以上的债务,包括长期借款、应付债券、长期应付款等。

一、流动负债的构成与质量分析

(一)流动负债构成

流动负债主要包括短期借款、交易性金融负债、应付票据、应付账款、预收款

项、合同负债、应付职工薪酬、应交税费、其他应付款、持有待售负债、一年内到期的非流动负债及其他流动负债等。

短期借款是指企业向银行或其他金融机构等借入的期限在一年以下（含一年）的各种借款。

交易性金融负债即以公允价值计量且其变动计入当期损益的金融负债项目，是企业为交易目的所持有的金融负债，以公允价值计量，并且其变动计入当期损益。

应付票据是由出票人出票，付款人在指定日期无条件支付特定的金额给收款人或者持票人的票据。按是否带息，应付票据可分为带息应付票据和不带息应付票据。

应付账款是指因购买材料、商品或接受劳务供应等而发生的债务。这是买卖双方由于取得物资或服务与支付货款在时间上不一致而产生的负债。

预收款项是买卖双方协议商定，由购货方预先支付一部分货款给供应方而发生的一项负债。

执行新收入准则的企业，在流动负债中增加合同负债项目。合同负债是指企业已收或应收客户对价而应向客户转让商品的义务。

应付职工薪酬是按照有关规定应付给职工的工资、职工福利、社会保险费、住房公积金等等各种薪酬。

应交税费是企业在生产经营活动中，应交而尚未交纳的税金，包括增值税、消费税、所得税、资源税等。

其他应付款是指企业除短期借款、交易性金融负债、应付票据、应付账款、预收账款、应付职工薪酬、应交税金、应付利息、应付股利、长期应付款等以外的其他各项应付、暂收的款项。

持有待售负债项目反映资产负债表中处置组中与划分为持有待售类别的资产直接相关的负债的期末账面价值。

（二）流动负债质量分析

流动负债是指将在一年或超过一年的一个营业周期内偿还的债务。流动性相较于非流动负债而言较强。流动负债的质量应从以下三方面进行分析。

1. 流动负债的比率分析

流动负债的比率分析主要包括流动比率和速动比率分析。

流动比率是企业全部流动资产与全部流动负债之间的比率。流动比率越高，说明企业的短期偿债能力越强，反之，则说明短期偿债能力较弱。一般认为，流动比率应维持在 2 左右，但没有绝对意义，必须结合行业的特点进行分析。行业不同，对流动比率的要求有所不同，一般而言，营业周期越短，对流动比率的要求越低,营业周期越长,对流动比率的要求越高。

速动比率是企业变现能力最强的速动资产与全部流动负债之间的比率。速动资产包括货币资金、交易性金融资产、应收款项,等于全部流动资产减去存货、预付款项等。存货、预付款项都属于流动性较差、变现所需时间较长的资产。存货需要经过销售和应收款项环节才能转变为现金。预付款项是预付的购货款,其变现时间比存货更长。因此,计算速动比率时,将这两项资产扣除,可以比较准确地反映企业的短期偿债能力。

速动比率越高,表明企业的短期偿债能力越强,但同时也说明企业拥有较多的不能获利的货币资金和应收款项。如果速动比率过低,则表明企业将可能依赖出售存货或举借新债偿还到期债务,说明企业的短期偿债能力较弱。一般认为,速动比率应维持在 1 左右,但也没有绝对意义,必须结合行业的特点进行分析。

2.短期借款分析

短期借款筹资的优点在于可以随企业的需要安排,便于灵活使用,取得程序较为简便。银行为了防范风险,对发放中长期贷款一般比较谨慎,利率也较高,这种情况下,短期借款就成为很多企业最为重要的财务资源通道。但短期借款最突出的缺点是短期内要归还,因此需要保证资产的流动性,以符合一定的流动比率、速动比率要求。

此外,需要防止出现"短期借款用于长期用途",即"短贷长投"。这是一种非常危险的现象。在这种情况下,企业必须能持续创造良好的经营活动现金流。如果企业资产的盈利能力不强,经营活动现金流量匮乏,就会使企业资金的周转发生困难,造成流动比率下降,偿债能力恶化,陷入难以自拔的财务困境。

案例 4-1:短贷长投陷困局,三胞集团断臂自救

三胞集团是南京区域零售龙头企业之一,而且随着这几年频繁进行收购,布局非常多元化。多年前其从控股宏图高科(600122.SH)、南京新百(600682.SH)开始,随后三胞集团战略合作伙伴千百度收购了 200 多年历史的英国玩具品牌 Hamleys,三胞集团还将 HOF 以高额天价收购。

在融资环境比较好的 2016 年左右,三胞集团开始在海内外加速各个产业的资本运作。在家政护理方面,三胞集团完成了对以色列的专业家政护理公司 A.S. Nursing Company 的收购;在生物医疗领域,旗下南京新百收购了东南亚最大的脐带血和脐带膜储存服务商康盛人生 20% 的股权,并合资设立医疗健康投资基金,收购中国脐带血库集团;另外,三胞集团成立天下金服控股有限公司,以

现有金融业务平台为基础,通过申办、并购等方式,开拓各类金融业态。三胞集团目标是以大数据为核心,构建"新消费、新健康、新金融"三大板块协同发展的产业生态圈。

然而涉足零售、地产、金融、大健康等产业的背后,是不小的借款压力。一方面,三胞集团投资的产业都不是简单的短期投资回报产业,需要长期经营才能回本,这使得企业的流动能力和变现能力降低;另一方面,根据当时的相关政策,三胞集团很难拿到长期借款,不少借款都是一年期的短期借款,这就造成了短期借款被用于资金回收速度慢、周期较长的长期性投资上,由此使企业资产结构与资本结构在时间和数量上形成较大的不协调性,并因此造成"短贷长投"。另外,自2018年以来,在去杠杆的作用之下,贷款缩紧而还款加速,这让三胞集团一下子陷入资金困境,资金流动性异常紧张。

资金压力之下,三胞集团开始采取"断臂自救"策略。从出售HOF的股权开始,一度频繁收购以扩张业务的三胞集团逐步瘦身,启动了剥离各个非核心业务的出售计划,包括地产、乐语手机甚至还有电影院线等。三胞集团原本的多元化战略有其道理,但其海内外并购项目良莠不齐,造成一定的经营压力,而短期借款的还款压力更大,这使三胞集团陷入"到期债务要偿还而企业又无偿还能力"的困境。

3.应付账款和应付票据所包含的经营质量信息

由于应付票据的法律性决定了其到期必须归还,否则便要交付罚金,是典型的硬约束负债。而应付账款并没有此项硬约束。

通过比较应付票据和应付账款占负债和所有者权益总额的比例,可以判断一个企业在购货环节的市场谈判力。一般来说,应付票据占负债和所有者权益总额的比例较高的企业,其购货环节的市场谈判力相对较低;应付账款占负债和所有者权益总额的比例较高的企业,其购货环节的市场谈判力相对较高。

因此,应付账款规模的适当扩大对企业是有好处的。一是与短期借款相比,应付账款是无须支付利息的负债;二是与应付票据相比,应付账款的约束相对较软。然而,应付账款的还款期限一旦被拉长,则往往预示着财务风险。因此,必须防止出现的情况是:应付账款规模不正常增加的同时,应付账款平均付账期也不正常地延长。

至于预收款项,由于已经收到现金;预收款项的增加会带来企业收入的增加;本期的预收款项直接对应着以后期间的收入。因此,预收款项占负债和所有者权益总额比例越高的企业,其销售环境越好。例如房地产企业,一般会有大量的预收账款项目。

案例4-2:连锁超市企业负债率高的实质

连锁超市企业最大的财务特征就是资产负债率比较高。以北京华联综合超市(600361,现已更名为:创新新材)为例,2018年的资产负债率为73.4%(75.04亿元/102.21亿元),如果负债是以有息负债的形式存在,则企业必然要担负沉重的利息负担,但连锁超市企业有自己的通路,可以获取大量无成本负债,从而实现了高负债率下的低负债成本(见表4.1)。

表4.1　北京华联超市的简要资产负债表① 单位:千元

资产	2018年	2017年	负债及股东权益	2018年	2017年
货币资金	4,654,500	4187187	流动负债		
应收票据	4,586		短期借款	1,350,087	543,000
应收账款	78,321	17778	应付票据及应付账款	2,801,425	2,696,777
存货	1,193,773	1218316	预收款项	475,895	452,596
其他流动资产	600,270	585546	流动负债合计	7,408,660	6,138,392
流动资产合计	6,645,538	6190866	长期负债合计	95,233	762,370
长期股权投资	1,228,336	1173259	负债合计	7,503,893	6,900,761
固定资产	676,159	622282	归属母公司股东权益	2,713,931	2,702,082
无形资产	173,118	68821	股东权益合计	2,717.268	2,701,335
资产合计	10,221,162	9602097	负债及股东权益总计	10,221,162	9,602,097

从表4.1中公司负债结构上可以看出,公司对供应商的应付账款占总负债的37.3%(28.01亿元/75.04亿元),这就是连锁超市业作为销售终端的通路价值体现的一个重要方面。

超市进货时通常会采取先货后款,即赊购的采购形式,赊购期间最长可以达到200天以上。连锁企业依赖其所掌握的通路资源,在与供应商的谈判中形成比较优势,通过赊购,企业的资金压力得到缓解,使得高速运转的进销流程得以持续。此外,从负债的成本上看,应付账款是无须支付利息的负债,可以说是成本为零,当然,应付账款是需要有一个基本要素支撑的,那就是资信,在连锁超市业,做大规模是获取资信的有效途径,因此,也可以从这个角度理解连锁企业做

---

① 数据来源:华联综超2017、2018年年度财务报告。

大的迫切性。像沃尔玛等超市和一些百货公司的流动负债一般都比较高。

案例4-3：横店影视流动负债质量分析[①]

横店影视流动负债质量分析可见表4.2。

表4.2 2017—2019年的横店影视和同行业公司短期偿债能力情况

指标 年份 企业名称	流动比率			速动比率			现金比率		
	2017年	2018年	2019年	2017年	2018年	2019年	2017年	2018年	2019年
横店影视	1.69	1.84	1.94	1.66	1.79	1.88	0.38	0.27	0.34
万达电影	0.55	0.70	0.94	0.54	0.67	0.72	0.31	0.21	0.25
金逸影视	2.05	1.77	1.48	2.02	1.75	1.46	0.91	0.78	0.44

数据来源：根据横店影视等公司相关年度财务报告数据计算。

从表4.2中可以看出，横店影视公司流动比率较同行业公司更高，说明横店影视的短期偿债能力在行业中有较强的优势，符合流动比率的维持水平，接近于2的水平。同时横店影视的速动比率与流动比率较为接近，表明企业的短期偿债能力越强，企业拥有的存货等资产较少，而企业的现金比率是较低的，不存在过多的不能获利的货币资金存在，可以避免企业为了保持流动性而丧失一些应有的获利机会，因此综上所述，横店影视的偿债能力是较为合理的，与同行业相比也有较强的竞争性。

二、非流动负债的构成与质量分析

（一）非流动负债的构成

非流动负债是指偿还期在一年或超过一年的一个营业周期以上的债务，包括长期借款、应付债券、长期应付款、专项应付款、预计负债、递延所得税负债及其他非流动负债等。

长期借款，是指企业从银行或其他金融机构借入的期限在一年以上（不含一年）的借款。

应付债券，是指企业为筹集长期资金而发行的债券本金和利息，可分为一般公司债券和可转换公司债券两类。

长期应付款，是指企业除长期借款和应付债券以外的其他各种长期应付款

[①] 来源：浙江大学经济学院2020级研究生陈丹璐《横店影视财务报表分析》课程作业。

项,包括应付融资租入固定资产的租赁费、以分期付款方式购入固定资产发生的应付款项等。

专项应付款,是指企业的专项资金对外发生的各种应付和暂收款项。如:购入专项物资的应付货款、应付承包单位的工程价款、应付运输费、应付罚金以及各种暂收的专用款项。

预计负债,是指根据或有事项等相关准则确认的各项预计负债,包括对外提供担保、未决诉讼、产品质量保证、重组义务以及固定资产和矿区权益弃置义务等产生的预计负债。

递延所得税负债,是指根据应税暂时性差异计算的未来期间应付所得税的金额。

其他非流动负债,是指企业除长期借款、应付债券等以外的其他非流动负债。

(二)借款费用的资本化处理

企业会计准则第 17 号——借款费用规定,借款费用包括借款利息、折价或者溢价的摊销、辅助费用以及因外币借款而发生的汇兑差额等。

企业发生的借款费用,可直接归属于符合资本化条件的资产的购建或者生产的,应当予以资本化,计入相关资产成本;其他借款费用,应当在发生时根据其发生额确认为费用,计入当期损益。

符合资本化条件的资产,是指需要经过相当长时间的购建或者生产活动才能达到预定可使用或者可销售状态的固定资产、投资性房地产和存货等资产。另外,借款费用的资本化是限于资本化期间内的。在资本化期间内,为构建或者生产符合资本化条件的资产而借入专门借款的,应当以专门借款当期实际发生的利息费用,减去将尚未动用的借款资金存入银行取得的利息收入或进行暂时性投资取得的投资收益后的金额确定。

1. 开始资本化的条件

借款费用同时满足下列条件的,才能开始资本化:

(1)资产支出已经发生。资产支出包括为购建或者生产符合资本化条件的资产而以支付现金、转移非现金资产或者承担带息债务形式发生的支出。

(2)借款费用已经发生。指企业已经发生了因购建或者生产符合资本化条件的资产而专门借入款项的借款费用或者所占用的一般借款的借款费用。

(3)为使资产达到预定可使用或者可销售状态所必要的购建或者生产活动已经开始。指符合资本化条件的资产的实体建造或者生产工作已经开始,例如主体设备的安装、厂房的实际开工建造等。它不包括仅仅持有资产但没有发生为改变资产形态而进行的实质上的建造或者生产活动。

2.停止资本化的条件

购建或者生产符合资本化条件的资产达到预定可使用或者可销售状态时，借款费用应当停止资本化。在符合资本化条件的资产达到预定可使用或者可销售状态之后所发生的借款费用，应当在发生时根据其发生额确认为费用，计入当期损益。

3.判断资产达到预定可使用或者可销售状态

购建或者生产符合资本化条件的资产达到预定可使用或者可销售状态，可从下列三个方面进行判断：

(1)符合资本化条件的资产的实体建造(包括安装)或者生产工作已经全部完成或者实质上已经完成；

(2)所购建或者生产的符合资本化条件的资产与设计要求、合同规定或者生产要求相符或者基本相符，即使有极个别与设计、合同或者生产要求不相符的地方，也不影响其正常使用或者销售；

(3)继续发生在所购建或生产的符合资本化条件的资产上的支出金额很少或者几乎不再发生；

(4)试生产结果表明资产能够正常生产出合格产品或者试运行结果表明资产能够正常运转或者营业。

(三)非流动负债质量分析

非流动负债质量关系到形成企业的非流动资产和短期资产中长期稳定部分的资金来源质量。因此，分析非流动资产的质量，对判断企业的财务状况至关重要。那么如何分析非流动资产的质量呢？主要对长期借款和长期应付款两个项目进行分析。

1.长期借款质量分析

长期借款指期限在1年以上的借款。与期限在1年以内的短期借款相比，长期借款的利息率通常较高，除了需要支付较高的利息外，借款企业还将被银行收取其他费用，如实行周转信贷协定所收取的承诺费、要求借款企业在本银行中保持补偿余额所形成的间接费用等，这些费用都会增加长期借款的成本。因此，必须防止出现长期借款用于短期用途的现象。

长期借款分析中除了要考虑其借款期限较长、借款利率较高造成负债成本较高的因素外，利息费用的处理更是需要重点研究的方面。借款费用的确认应当符合配比原则这一费用确认的基本原则。短期借款用于提供企业流动资金，因此，其借款费用应当与期间收入配比；长期借款用于专项长期资产购建期间，其借款费用的发生与长期资产的形成直接相关，因此需要资本化，而在长期资产达到预定可使用状态后，资本化程序终止之后的借款费用直接计入期间费用。

案例4-4：高息借款将企业推入财务险境

吉林化学工业股份有限公司是由吉林化学工业公司进行重组并于1994年12月13日成立的股份有限公司,经营范围是石油产品、石化及有机化工产品、合成橡胶、化肥及无机化工产品的生产和销售,并提供相关产品及服务。1993年集团公司开始建设30万吨乙烯工程,设想是解决当时生产的缺口以及满足需求的增长,投产后公司的乙烯年设计能力增加30万吨,达到45万吨,成为国内最大的乙烯生产商之一。整个乙烯工程总投资包括资本化利息约为人民币72亿多元。作为一项重大的技改工程,乙烯工程建设后给企业带来较大的负担,工程上马时,国家的投融资体制由拨款改为贷款,公司乙烯工程所需资金大部分是企业从银行贷款,其中一部分为30万吨乙烯建设所借的4.2亿美元的外币贷款,还款期为1997—2008年,贷款利息沉重,最多时年财务费用高达10亿元,年最高贷款利息率达到10%以上,后来财务费用虽有所减少,但每年仍在5亿元以上。1998—2001年累计财务费用为24.5亿元,超过同期公司累计主营业务利润的一半。

沉重的债务负担造成吉林化工极高的资产负债率,截至2002年中期,公司的资产负债率为75.46%,在同行业属明显偏高(同期上海石化为47.38%、扬子石化为56.27%、齐鲁石化为38.21%),公司长短期借款合计约83亿元。由于主要产品价格下降造成主营业务利润减少,更由于高额的财务费用,在经营困境和财务困境的双重挤压下,吉林化工2000年度和2001年度连续亏损,分别亏损8.79亿元和18.03亿元。

2.长期应付款质量分析

"长期应付款"项目反映企业除长期借款、应付债券外的其他各种长期应付款项减去"未确认融资费用"。该项目应根据"长期应付款"科目的期末余额,减去"未确认融资费用"科目期末余额后的金额填列。长期应付款中将于1年内到期的部分,在"一年内到期的非流动负债"项目反映。

长期应付款的分析与管理,重点在于融资租赁。融资租赁的作用是为资产的使用提供融资。这种融资方式在我国兴起的时间不算长,但发展很快,在制造业、航空业等使用高价值长期资产的行业已经得到了较为普遍的运用,另外,零售业和公路运输业也经常使用融资租赁购置固定资产。

由于租赁业务本身的复杂性,使得其会计确认和计量有很多难以从直观上理解的地方,而对于某些行业的财务报表而言,分析租赁会计处理与租赁协议的能力是至关重要的会计分析能力。分析者要判断企业是否使用了适当的租赁会计处理方法,就必须首先了解租赁会计处理,认真阅读租赁安排的细节,仔细预测与租赁有关的现金流,并透过租赁销售的法律形式看到交易的实质。

有时,企业将融资租赁构造为经营性租赁,即将融资租赁作为表外融资处理,从而低估负债、低估资产、延迟费用确认,影响财务报表数据的准确性,粉饰利润。

案例 4-5:融资租赁——航空公司的财务策略

飞机融资租赁是国际上航空公司通用的飞机采购方式,通常的做法是在国际避税地设立一家具有特定目的的公司作为出租人,利用被认可的国有商业银行的境外担保和所购飞机的境外抵押获取出口信贷及国际商贷融资用于购买飞机,并将飞机租赁给航空公司使用,租赁期结束后,飞机的使用权转为航空公司所有。以融资租赁方式租机,能够满足上千万美元、超过 10 年期的融资需求。我国的航空公司也普遍采用了融资租赁这种财务策略,加快了业务的发展。见表 4.3。

表 4.3　东方航空长期应付款中的融资租赁款　　　　　　　　　单位:百万元

项目	2018 年	2017 年
应付融资租赁款	77,427	66,868
应付飞机及发动机关税	1,398	1,411
专项应付款	83	83
减:一年内到期的应付融资租赁款	9,364	9,241
一年内到期的应付飞机及发动机关税	189	330
合计	69,355	58,791

数据来源:东方航空 2017、2018 年年报

三、预计负债与或有负债

(一)或有事项

或有事项,是指由过去的交易或者事项形成的,其结果须由某些未来事项的发生或不发生才能决定的不确定事项。或有事项主要包括担保、未决诉讼、未决仲裁、应收票据贴现、应收账款抵借、应收债权出售或贴现、产品质量保证、待执行合同变成亏损合同和重组义务等形成的或有事项。

或有事项的特征为:

（1）或有事项是过去的交易或事项形成的一种状况；

（2）或有事项具有不确定性（金额或时间）；

（3）或有事项的结果只能由未来发生的事项确定（最终会变成确定事项）；

（4）影响或有事项结果的不确定因素不能由企业控制。

或有事项的不确定性可能会对企业造成沉重的打击，如金融衍生工具可能带来的或有损失。宝洁公司曾经在美国和德国进行的两笔利率互换中，一次性承担了 1.02 亿美元损失。

或有事项分为：1）预计负债；2）或有负债；3）或有资产。企业应当确认预计负债，不应当确认或有负债和或有资产。

（二）预计负债

预计负债是指与或有事项相关的义务，同时满足下列条件的的负债：

（1）该义务是企业承担的现时义务；

（2）履行该义务很可能导致经济利益流出企业；

（3）该义务的金额能够可靠地计量。

预计负债应当按照履行相关现时义务所需支出的最佳估计数进行初始计量。企业应当在资产负债表日对预计负债的账面价值进行复核。有确凿证据表明该账面价值不能真实反映当前最佳估计数的，应当按照当前最佳估计数对该账面价值进行调整。

（三）或有负债

或有负债，是指由过去的交易或者事项形成的潜在义务，其存在须通过未来不确定事项的发生或不发生予以证实；或过去的交易或者事项形成的现时义务，履行该义务不是很可能导致经济利益流出企业或该义务的金额不能可靠计量。

潜在义务指需要在未来通过不确定事项的发生或不发生予以证实；特殊的现时义务是指已经存在的义务，但履行该义务不是很可能导致经济利益流出企业或该义务的金额不能可靠的估计。

或有负债符合某些条件，应在报表附注中予以披露。披露的主要内容有：

（1）或有负债的种类及其形成原因，包括已贴现商业承兑汇票、未决诉讼、未决仲裁、对外提供担保等形成的或有负债。

（2）经济利益流出不确定性的说明。

（3）或有负债预计产生的财务影响，以及获得补偿的可能性；无法预计的，应当说明原因。

分析企业的或有负债质量时，由于或有负债的估计存在不确定性，因此，应对引起或有负债的原因进行分析，部分或有负债是由外部经济环境变化引起的，部分或有负债是企业自身因素造成的,部分或有负债是企业正常经营所形成的。分析企业或有负债形成的原因,同或有负债估计数的合理性进行比较,判断或有负债对财务报表产生何种影响,进而分析其质量。

案例 4-6:或有负债——表外融资

表外融资是指未曾记录的特定债务融资,例如经营性租赁,另外还有一些构造复杂的表外融资。例如,在美国会计中的特殊目的实体(Special Purpose Entity,简称 SPE),因安然公司的败落而声名狼藉,但它曾经是合法的融资方式。

根据相关报道:安然 3500 多家子公司和附属公司中至少有几百个采用 SPE 形式。通过 SPE 形式,安然公司能够在表外从银行、保险公司、养老基金、以及个人投资者中筹得资本,维持它的贷款利率。同时,安然公司还为它的许多 SPE 提供了部分甚至全部的 3% 的外部权益投资,或用现金、安然的股票或承诺为第三方的"独立"所有人提供各种担保。

以下这些都是 SPE 的例子:特殊目的的公司(Special Purpose Corporations);统合信托(Master Trusts);所有者信托(Owners Trusts);让与人信托(Grantor Trusts);不动产抵押投资渠道(Real Estate Mortgage Investment Conduits);金融资产证券化投资信托(Financial Asset Securitization Investment Trust);多资产出售方渠道(Multiseller Conduits);单资产出售方渠道(Single Seller Conduits)。

安然事件之后,美国财务会计的相关准则做了修订,要求在某些情况下将 SPE 并入报表。

(四)或有资产

或有资产,是指过去的交易或者事项形成的潜在资产,其存在须通过未来不确定事项的发生或不发生予以证实。

或有资产作为一种潜在资产,不符合资产确认的条件,因而不予确认。企业通常不应当披露或有资产。但或有资产很可能会给企业带来经济利益的,应当披露其形成的原因、预计产生的财务影响等。

案例 4-7:违约担保导致公司一夜"ST"

安通控股股份有限公司(简称安通控股),是福建省第一家集装箱物流上市企业。公司扎根中国集装箱多式联运物流产业,布局"海丝"和"陆丝"商贸物流通道,现已发展成为多层次、广覆盖、独具特色的现代综合物流服务企业,旗下包括两家主要全资子公司泉州安通物流有限公司和泉州安盛船务有限公司，服务范围涵盖综合运输、仓储物流、冷链物流、国际物流、驻厂物流、供应链金融、船舶服务、物流园区、投资管理等领域，为客户提供特色的"运、贸、融＋科技"一体化综合服务。

然而 2019 年 6 月 17 日晚，安通控股（600179）公布，根据《上海证券交易所股票上市规则》相关规定，公司股票将于 6 月 18 日起停牌 1 天，19 日复牌恢复交易开始，公司股票实施"其他风险警示"在风险警示板交易，A 股股票简称由"安通控股"变更为"ST 安通"，股票价格的日涨跌幅限制 5％。

这家业绩尚佳的上市公司"戴帽"是什么原因造成的呢？从各种公开资料可以看出，既不是因为公司的业绩巨亏，也不是因为公司的年报被审计部门出具了负面意见，而是因为大股东大额的违规担保导致的违规行为。

根据公司 2019 年 5 月 17 日公告，2017 年 3 月至 2019 年 4 月期间，安通控股合计对外违规担保 22 起，合计金额 20.73 亿元，占公司净资产 61％。经公司自查，上述违规担保事项并未履行公司董事会或者股东大会审批程序，也未履行用章审批程序，也未进行信息披露，系公司实际控制人、原董事长、原法定代表人郭某某违反《公司法》及公司《章程》的相关规定，未经公司董事会、股东大会审议同意，越权以公司名义签署而作出的越权代理行为。公司将采取法律手段，申请以上担保无效，但能否获得法院支持尚具有不确定性。

而"肇事者"公司控股股东、实际控制人郭某某承诺自 2019 年 5 月 18 日起一个月内解决上述违规担保问题。结果，郭某某并未在承诺期内解决上述违规担保问题，致使公司被 ST，还拖累了安通控股 2.18 万户股东（2019 年一季报数据）。

第二节　应缴所得税、递延所得税负债（资产）、　　会计利润与应纳税所得额

递延所得税的形成与会计利润和应纳税所得额之差息息相关。先让我们从下面表格（见表 4.4）了解一下何为会计利润，何为应纳税所得额.

表 4.4　会计利润和应纳税所得额对比表

项　　目	会计利润	应纳税所得额
计算依据	以会计准则为依据	以现行税法为依据
着眼点	保护债权人和所有者利益	保证财政收支平衡
政策导向	不明显	体现政府特定条件下的鼓励与限制
信息使用者	所有者、债权人等	税务部门
基本原则的运用	权责发生制	权责发生制与收付实现制并存
企业心态	高估(不稳健)	低估
制约企业的机制	外部注册会计师审计解决	税务审计

应纳税所得额＝收入总额－不征税收入－免税收入－准予扣除项目－允许弥补的以前年度亏损

一、所得税核算原则

财政部颁布了新所得税核算的准则(企业会计准则第18号—所得税),由原来的应付税款法、以利润表为基础的纳税影响法(债务法、递延法)转变为以资产负债表为基础的债务法。资产负债表债务法要求企业从资产负债表出发,通过比较资产负债表上列示的资产、负债按照会计准则规定确定的账面价值与按照税法规定确定的计税基础,对于两者之间的差异分别应纳税暂时性差异和可抵扣暂时性差异,确认相关的递延所得税负债与递延所得税资产,在综合考虑当期应交所得税的基础上,确定当期所得税费用。目前准则的核算情况如下:

1. 企业在取得资产、负债时,应当确定其计税基础。

资产、负债的账面价值与其计税基础存在差异的,应当按照本准则规定确认所产生的递延所得税资产或递延所得税负债。

资产的计税基础,是指企业收回资产账面价值过程中,计算应纳税所得额时按照税法规定可以自应税经济利益中抵扣的金额。

负债的计税基础,是指负债的账面价值减去未来期间计算应纳税所得额时按照税法规定可予抵扣的金额。

暂时性差异,是指资产或负债的账面价值与其计税基础之间的差额;未作为资产和负债确认的项目,按照税法规定可以确定其计税基础的,该计税基础与其账面价值之间的差额也属于暂时性差异。按照暂时性差异对未来期间应税金额的影响,分为应纳税暂时性差异和可抵扣暂时性差异。

应纳税暂时性差异,是指在确定未来收回资产或清偿负债期间的应纳税所得额时,将导致产生应税金额的暂时性差异。可抵扣暂时性差异,是指在确定未来收回资产或清偿负债期间的应纳税所得额时,将导致产生可抵扣金额的暂时性差异。

2. 企业对与子公司、联营企业及合营企业投资相关的应纳税暂时性差异,满足条件的应当确认相应的递延所得税负债。但是同时满足下列条件的除外:

(1)投资企业能够控制暂时性差异转回的时间;

(2)该暂时性差异在可预见的未来很可能不会转回。

企业对与子公司、联营企业及合营企业投资相关的可抵扣暂时性差异,同时满足下列条件的,应当确认相应的递延所得税资产:

(1)暂时性差异在可预见的未来很可能转回;

(2)未来很可能获得用来抵扣可抵扣暂时性差异的应纳税所得额。

3. 所得税费用或收益的计量

资产负债表日,对于递延所得税资产和递延所得税负债,应当根据税法规定,按照预期收回该资产或清偿该负债期间的适用税率计量。适用税率发生变化的,应对已确认的递延所得税资产和递延所得税负债进行重新计量,除直接在所有者权益中确认的交易或者事项产生的递延所得税资产和递延所得税负债以外,应当将其影响数计入变化当期的所得税费用。企业当期所得税和递延所得税应当作为所得税费用或收益计入当期损益,但不包括下列情况产生的所得税:

(1)企业合并(增加或冲减商誉、营业外收入);

(2)直接在所有者权益中确认的交易或事项。

与直接计入所有者权益的交易或者事项相关的当期所得税和递延所得税,应当计入所有者权益。

递延所得税资产和递延所得税负债应当分别作为非流动资产和非流动负债在资产负债表中列示。所得税费用应当在利润表中单独列示。

二、所得税的基本核算程序

采用资产负债表债务法核算所得税的基本程序主要分为五步。

(1)确定资产负债表中除递延所得税资产和递延所得税负债以外的其他资产和负债项目的账面价值。

(2)确定有关资产和负债项目的计税基础。

(3)分别比较资产和负债的账面价值与其计税基础,分析其性质,分别应纳税暂时性差异与可抵扣暂时性差异,分别确定资产负债表日递延所得税负债和递延所得税资产的应有金额,并与期初递延所得税资产和递延所得税负债的余额相比较,确定当期应予以进一步确认的递延所得税资产和递延所得税负债金额或应予转销的金额,作为递延所得税。

(4)确定当期应交所得税。就企业当期发生的交易或事项,按照适用的税法规定计算当期应纳税所得额,将应纳税所得额与适用的所得税税率计算的结果确定为当期应交所得税,作为当期所得税。

(5)确定利润表中的所得税费用。利润表中的所得税费用包括当期所得税和递延所得税两部分内容。当期所得税和递延所得税两者之和(或之差),就是利润表中的所得税费用。

核算时有以下几项需注意。

(一)资产、负债的计税基础

1.固定资产的计税基础

固定资产在取得时其账面价值一般等于其计税基础。但是随着固定资产在持有期间的后续计量,由于会计与税法规定就折旧方法、折旧年限和固定资产减值准备的计提处理方法可能有所不同,就会使得固定资产的账面价值和计税基础两者之间产生差异。固定资产账面价值和计税基础的基本计算公式如下。

会计账面价值=实际成本-累计折旧-减值准备

计税基础=实际成本-累计折旧

例 4-1 某项设备计提折旧,原价为 1000 万元,使用年限为 10 年,会计处理时按照直线法计提折旧,税收处理允许加速折旧,净残值为 0。计提了 2 年的折旧后,会计期末,企业对该项固定资产计提了 80 万元的固定资产减值准备。

会计账面价值=1000-100-100-80=720 万元

计税基础=1000-200-160=640 万元

2.无形资产的计税基础

除内部研发形成的无形资产以外,采用其他方式取得的无形资产,在取得时其账面价值一般等于其计税基础。无形资产的差异主要产生于企业内部研发形成的无形资产和使用寿命不确定的无形资产。无形资产账面价值和计税基础的基本计算公式如下。

会计账面价值=实际成本-累计摊销-减值准备(使用寿命不确定的无累计摊销)

计税基础=实际成本-累计摊销

例 4-2 某项无形资产取得成本为 160 万元,因其使用寿命无法合理估计,会计上视为使用寿命不确定的无形资产,不予摊销。但税法规定按不短于 10 年的期限摊销。取得该项无形资产 1 年后:

会计账面价值＝160万元

计税基础＝144万元

3.以公允价值计量且其变动计入当期损益的金融资产

按照《企业会计准则第22号——金融工具确认和计量》的规定,以公允价值计量且其变动计入当期损益的金融资产于某一会计期末的账面价值为其公允价值。按照税法规定,以公允价值计量的金融资产在持有期间市价的波动在计税时不予考虑,有关金融资产在某一会计期末的计税基础为其取得成本。从而造成在公允价值变动的情况下,对以公允价值计量的金融资产账面价值与其计税基础之间产生差异。

例4-3 企业以800万元取得一项交易性金融资产,当期期末市价为860万元。

会计账面价值＝860万元

计税基础＝800万元

4.负债的计税基础

负债的计税基础是指负债的账面价值减去未来期间计算应纳税所得额时按照税法规定可予抵扣的金额。负债的计税基础为账面价值减去未来可税前列支的金额。

负债的计税基础＝账面价值－未来可税前列支的金额

一般负债的确认和清偿不影响所得税的计算,差异主要是影响损益的负债,例如政府补助中递延收益(会计分期计入各年损益,税法一次缴纳税款)、预计负债、应付职工薪酬、预收账款等。

例4-4 企业因销售产品提供售后服务等原因于当期确认了100万元的预计负债,计入当期损益。按照税法规定,有关产品售后服务等与取得经营收入直接相关的费用于实际发生时允许税前列支。假定企业在确认预计负债的当期未发生售后服务费用。

预计负债的账面价值＝100万元

预计负债计税基础＝账面价值100万元－未来可税前列支的金额100万元＝0

例4-5 某企业2008年度计入成本费用的工资总额为3200万元,实际发放3000万元。应付职工薪酬期末余额200万元。

账面价值:200万元

计税基础:账面价值－未来期间计算应纳税所得额时可予以抵扣的金额＝200－200＝0

5.特殊项目的计税基础

除企业在正常生产经营活动过程中取得的资产和负债以外,对于某些特殊交易中产生的资产、负债,其计税基础的确定应遵从税法规定,如企业合并过程中取得资产、负债计税基础的确定。

(二)暂时性差异

暂时性差异是指资产或负债的账面价值与其计税基础之间的差额。未作为资产和负债确认的项目,按照税法规定可以确定其计税基础的,该计税基础与其账面价值之间的差额也属于暂时性差异。按照暂时性差异对未来期间应税所得的影响,分为应纳税暂时性差异和可抵扣暂时性差异。

(1)资产的账面价值大于其计税基础或者负债的账面价值小于其计税基础的,产生应纳税暂时性差异。将导致在销售或使用资产或偿付负债的未来期间内增加应纳税所得额。

(2)资产的账面价值小于其计税基础或者负债的账面价值大于其计税基础的,产生可抵扣暂时性差异。将导致在销售或使用资产或偿付负债的未来期间内减少应纳税所得额。

(三)递延所得税负债的确认

递延所得税负债确认原则为公司将当期与以前期间应交未交的应纳税暂时性差异确认为递延所得税负债,但不包括商誉、非企业合并形成的交易且该交易发生时既不影响会计利润也不影响应纳税所得额所形成的暂时性差异。

除下列交易事项中产生的递延所得税负债以外,对于所有应纳税暂时性差异,均应确认相关的递延所得税负债:(1)商誉的初始确认;(2)除企业合并以外的其他交易,且交易发生时既不影响会计利润,也不影响应纳税所得额。

例 4-6 某项固定资产账面价值为 180 万元,计税基础为 160 万元。

固定资产账面价值=200-20=180 万元

计税基础=200-40=160 万元

账面价值＞计税基础,构成应纳税暂时性差异,如其适用税率为 25％,应确认 5 万元的递延所得税负债。

(四)递延所得税资产的确认

递延所得税资产的确认原则为:

1.企业应当以很可能取得用来抵扣可抵扣暂时性差异的应纳税所得额为限,确认由可抵扣暂时性差异产生的递延所得税资产。

2.资产负债表日,有确凿证据表明未来期间很可能获得足够的应纳税所得额用来抵扣可抵扣暂时性差异的,应当确认以前期间未确认的递延所得税资产。

3.企业在确定未来期间很可能取得的应纳税所得额时,包括未来期间企业正常生产经营活动实现的应纳税所得额,以及在可抵扣暂时性差异转回期间因应纳税暂时性差异的转回增加的应纳税所得额,并应提供相关的证据。

4. 企业对与子公司、联营企业及合营企业投资相关的可抵扣暂时性差异,同时满足下列条件的,应当确认相应的递延所得税资产:暂时性差异在可预见的未来很可能转回;未来很可能获得用来抵扣可抵扣暂时性差异的应纳税所得额。

5. 企业对于能够结转以后年度的可抵扣亏损和税款抵减,应当以很可能获得用来抵扣可抵扣亏损和税款抵减的未来应纳税所得额为限,确认相应的递延所得税资产。

(五)递延所得税费用的计算

所得税费用(或收益)=当期应交所得税+递延所得税费用(-递延所得税收益)

递延所得税费用=当期确认的递延所得税负债-当期确认的递延所得税资产

递延所得税收益=当期确认的递延所得税资产-当期确认的递延所得税负债

当期应交所得税=应纳税所得额×当期适用税率

例4-7 某企业2022年12月31日资产负债表中有关项目账面价值及其计税基础如表4.5所示:

表4.5 某企业2022年12月31日资产负债表中有关项目账面价值及其计税基础

单位:元

项目	账面价值	计税基础	暂时性差异	
			应纳税暂时性差异	可抵扣暂时性差异
交易性金融资产	15,000,000	10,000,000	5,000,000	
预计负债	1,000,000	0		1,000,000
合计			5,000 000	1,000,000

除上述项目外,该企业其他资产、负债的账面价值与其计税基础不存在差异,且递延所得税资产和递延所得税负债不存在期初余额,适用的所得税税率为25%。假定当期按照税法规定计算确定的应交所得税为600万元。该企业预计在未来期间能够产生足够的应纳税所得额用来抵扣可抵扣暂时性差异。

该企业计算确认的递延所得税负债、递延所得税资产、递延所得税费用以及所得税费用计算如下:

递延所得税负债=应纳税暂时性差异×所得税税率

$$=5,000,000 \times 25\% = 1,250,000 \text{ 元}$$

递延所得税资产＝可抵扣暂时性差异×所得税税率

$\qquad$ ＝1,000,000×25％＝250,000 元

递延所得税费用＝(期末递延所得税负债－期初递延所得税负债)

$\qquad$ －(期末递延所得税资产－期初递延所得税资产)

$\qquad$ ＝当期确认的递延所得税负债－当期确认的递延所得税资产

$\qquad$ ＝1,250,000－250,000＝1,000,000 元

所得税费用＝当期应交所得税＋递延所得税费用(－递延所得税收益)

$\qquad$ ＝6,000,000＋1,000,000＝7,000,000 元(利润表中填列金额)

三、暂时性差异与报表披露所包含的质量信息

递延所得税资产或负债并不代表真正意义上的企业所拥有的经济资源或企业所承担的经济责任,而代表的是有关暂时性差异于未来期间转回时,导致企业应交所得税金额的减少或者增加的情况。暂时性差异的存在,使得企业的所得税与利润总额并不成所得税率的比例关系。

第三节　所有者权益项目构成与质量分析

一、所有者权益项目的构成

所有者权益,是指企业资产扣除负债后,由所有者享有的剩余权益。公司的所有者权益又称为股东权益。所有者权益是所有者对企业资产的剩余索取权,它是企业的资产扣除债权人权益后应由所有者享有的部分,既可反映所有者投入资本的保值增值情况,又体现了保护债权人权益的理念。如表4.6。

所有者权益由实收资本(或股本)、资本公积、盈余公积、未分配利润等科目构成。

(一)实收资本

实收资本(或股本)项目反映企业各投资者实际投入的资本(或股本)总额。该项目应根据实收资本(或股本)科目的期末余额填列。

实收资本的构成比例是企业据以向投资者进行利润或股利分配的主要依据。中国企业法人登记管理条例规定,除国家另有规定外,企业的实收资本应当与注册资本相一致。企业实收资本比原注册资本数额增减超过 20％时,应持资金使用证明或验资证明,向原登记主管机关申请变更登记。实收资本与注册资

本的区别在于注册资本是法律上规定的强制性要求,而实收资本则是企业在实际业务中遵循法律规定的结果,二者不是同一个概念,但在现行制度下,它们在金额上又是相等的。

表 4.6　北京华联超市 2018 年报中所有者权益情况①　　　　　　　　单位:元

所有者权益(或股东权益):	期末余额	期初余额
实收资本(或股本)	665,807,918.00	665,807,918.00
其他权益工具		
其中:优先股		
永续债		
资本公积	1,648,175,289.03	1,676,455,276.99
减:库存股		
其他综合收益	255,962.82	64,580.96
专项储备		
盈余公积	143,690,500.43	143,690,500.43
未分配利润	55,225,176.86	36,910,213.69
所有者权益(或股东权益)合计	2,513,154,847.14	2,522,928,490.07

（二）资本公积

资本公积是企业收到的投资者的超出其在企业注册资本所占份额,以及直接计入所有者权益的利得和损失等。资本公积包括资本溢价（股本溢价）和直接计入所有者权益的利得和损失等。该项目反映企业资本公积的期末余额。

资本溢价是企业收到投资者的超出其在企业注册资本（或股本）中所占份额的投资。形成资本溢价（或股本溢价）的原因有:溢价发行股票、投资者超额缴入资本等。

直接计入所有者权益的利得和损失是指不应计入当期损益、会导致所有者权益发生变动、与所有者投入资本或向所有者分配利润无关的利得或损失。

（三）盈余公积

盈余公积是指企业从净利润中提取形成的、存留于企业内部、具有特定用途的资金,一般分为法定盈余公积和任意盈余公积两种类型。该项目反映企业盈余公积的期末余额。

---

① 华联综超 2018 年报

（1）法定盈余公积,按税后利润的10％提取(非公司制企业也可按超出10％的比例提取),在此项公积已达注册资本的50％时企业可不再提取。

（2）任意盈余公积(主要是公司制的企业提取此项基金),按股东会决议提取。

（四）未分配利润

未分配利润是指企业净利润分配后的剩余部分,即净利润中尚未指定用途的、归还所有者所有的部分。它反映企业尚未分配的利润。该项目应根据本年利润科目和利润分配科目的期末余额计算填列。未弥补的亏损,在该项目内以"—"号填列。

新公司法对于利润分配的有关规定:

公司分配当年税后利润时,应当提取利润的10％列入公司法定公积金。公司法定公积金累计额为公司注册资本的50％以上的,可以不再提取。

公司的法定公积金不足以弥补以前年度亏损的,在依照前款规定提取法定公积金之前,应当先用当年利润弥补亏损。

公司从税后利润中提取法定公积金后,经股东会或者股东大会决议,还可以从税后利润中提取任意公积金。

公司弥补亏损和提取公积金后所余税后利润,有限责任公司按照股东实缴的出资比例分配;股份有限公司按照股东持有的股份比例分配。公司持有的本公司股份不得分配利润。

股东、股东大会或者董事会违反前款规定,在公司弥补亏损和提取法定公积金之前向股东分配利润的,股东必须将违反规定分配的利润退还公司。

公司持有的本公司股份不得分配利润。

公司的公积金用于弥补公司的亏损、扩大公司生产经营或者转为增加公司资本。但是,资本公积金不得用于弥补公司的亏损。

法定公积金转为资本时,所留存的该项公积金不得少于转增前公司注册资本的25％。

二、所有者权益的质量分析

（一）所有者权益内部的股东持股构成状况与企业未来发展的适应性

通过查阅所有者权益内部的股东持股构成状况,我们可以得出控制性股东、重大影响性股东和非重大影响性股东的持股情况与基本信息,从而分析控制性股东和重大影响性股东对企业未来发展的影响,以及其是否有能力带领企业未来健康发展。

（二）资本公积所包含的质量信息

1.非分红性的股东或业主入资。

非分红性的股东或业主入资主要是基于两方面的原因：第一，企业的股权价格将会由于其内在的高质量等原因而走高，股东将以更高的价格将股权在未来出售；第二，股东通过长期持有股权分得的现金股利来取得更高的投资报酬。这两方面原因的背后包含了重要的质量信息：股东对企业未来财务状况充满信心。

2.直接计入所有者权益的利得或损失。

（1）并不产生真实的财务后果。直接计入所有者权益的利得和损失则多是由资产的计量属性而引起的，或者反映其他资产的价值变动对企业总体价值变动的影响额。这样的变动大多表现为与公允价值变动有关的事项，由此形成的利得和损失是尚未实现的，并不是以真实的交易事项为基础。

（2）并不代表所有者真正享有的权益。在引起直接计入所有者权益的利得和损失的特殊事项中形成的所有者权益仅仅是相关资产和负债所对应的调整项目。如果这些价值发生变动的资产尚未进行处置，尚未实施期权或套期保值过程尚未结束，所形成的所有者权益就会继续存在于资产负债表中。如果这些资产进行处置、实施期权或完成套期保值，这些直接计入所有者权益的利得和损失就会结转进入利润表，计入当期损益，相应所有者数额也会随之加以核销。

（三）投入资本与留存收益的比例关系所包含的质量信息

投入资本总额大致反映了企业所有者对企业进行的累计投资规模，而留存收益则大致反映了企业从最初成立以来的自身积累规模。因此，在企业没有大规模转增资本时，通过计算投入资本与留存收益的比例关系，可以揭示出企业主要的自有资金来源，由此评价企业的资本充足性、自身积累和自我发展能力。

（四）关于企业的长期融资能力与偿债风险

一般来说，企业的长期融资能力与资产负债率有关。资产负债率越低，所有者权益相对规模越大，企业的偿债风险越低，长期融资能力也越强。

案例 4-8：万科企业所有者权益质量分析[①]

从图4.1可以看出，2019年万科集团的所有者权益中，未分配利润、少数股东权益、盈余公积占流动负债的前三位，分别为35%、30%、26%。未分配利润是指企业实现的净利润经过弥补亏损、提取盈余公积和向投资者分配利润后留

[①] 来源：经济学院2020级研究生李晶晶《万科企业股份有限公司财务报表分析》课程作业。

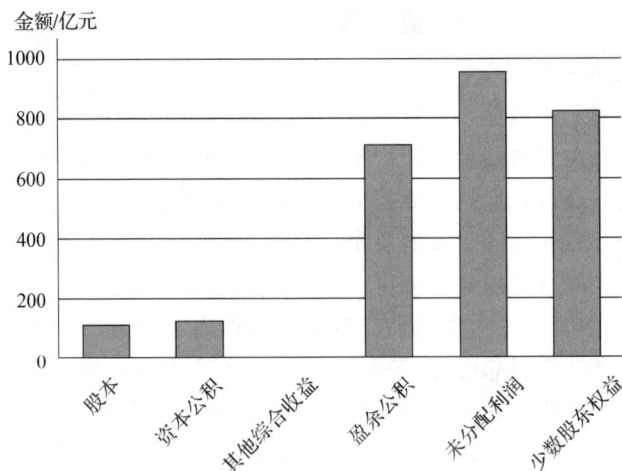

图 4.1 万科 2019 年报中所有者权益情况

存在企业的、历年结存的利润。未分配利润的使用具有较大的自主权,可以在未来使用。

2019 年相较于 2018 年未分配利润有所增长,其来源于万科今年的净利润。由于房地产企业所需的资金量相对较大,所以较大的未分配利润可以保证企业的正常流转,防止资金链的断裂所造成的问题。所有者权益中,占比第二的是少数股东权益,其反映的是除母公司以外的其他投资者在子公司的权益。说明在万科所投资的项目中,其投资方还包括其他战略合作伙伴或者其他公司。

因为万科集团的开发项目较多,且规模较大,因此合理引入其他股东方,可以减少公司在单一项目上的投资,将有限资金投入到更多的项目,提高资金使用效率。第三项是盈余公积,其可以用于弥补亏损、扩大生产经营、转增资本或派送新股等,具有较大用途。

第四节 资本结构质量总括分析

一、资本结构

资本结构是指企业各种资本的价值构成及其比例关系,是企业一定时期筹资组合的结果。广义的资本结构是指企业全部资本的构成及其比例关系,既包括企业负债总规模与所有者权益规模的对比关系,也包括企业各类债务(如短期、长期)占总负债的构成比例和所有者权益中各类股东的持股构成比例。

狭义的资本结构是指企业各种长期资本的构成及其比例关系,尤其是指长期债务资本与(长期)股权资本之间的构成及其比例关系。该定义反映了企业负有成本的债权和股权的结构,强调了企业的融资成本。更狭义的资本结构是指公司的股权结构。公司的股权结构代表了股东投入资本的大小和对公司控制权的大小,其对公司的发展有着深远的影响。

不同的资本结构定义,限定了不同的分析范围。本文所指的资本结构是指广义的资本结构,即企业全部资本的构成及其比例关系。

二、资本结构质量分析理论

资本结构质量是指企业资本结构与企业当前以及未来经营和发展活动相适应的质量。最佳资本结构便是使股东财富最大或股价最大的资本结构,亦即使公司资金成本最小的资本结构。资本结构质量好坏关系到企业能否形成最佳资本结构。分析资本结构质量,主要可从以下四个方面进行。

(一)资本成本的水平与企业资产报酬率的对比关系

首先,我们应对资本进行成本效益分析,计算企业的资本成本与企业的资产报酬率。企业的资本成本是指企业的负债成本与企业的股权成本按照负债和股权的比重加权计算得出的加权平均成本。当企业的资本成本小于企业的资产报酬率时,企业才算真正意义上的盈利,其净资产规模才会扩大。当企业的资本成本大于企业的资产报酬率时,企业的净资产规模将会缩小。因此,一家资本结构质量优良的企业,必然是加权资本成本小于资产报酬率的企业。

(二)企业资本来源的期限构成与企业资产结构的适应性

资金的用途决定融资渠道,我们可将企业的融资策略分为激进型、适中型和保守型。激进型融资策略是指公司的全部长期资产和一部分长期性流动资产由长期资金融通;另一部分长期性流动资产和全部临时性流动资产由短期资金融通。在该模式下,虽然资金成本会降低,但企业可能出现较大的短期偿债压力。

保守型融资策略是指公司不但以长期资金来融通长期流动性资产和固定资产,而且还以长期资金满足由于季节性或循环性波动而产生的部分或全部临时性流动资产的资金需求。在该模式下,长期资金占比过高,将导致企业拉高其资金成本。

适中型融资策略是指对流动性资产,用短期融资的方式来筹措资金;对长期性资产,包括长期性流动资产和固定资产,均用长期融资的方式来筹措资金,以使资产使用周期和负债的到期日相互配合。

一般来说,为了避免出现较大的短期偿债压力和较高的资金成本,适中型融资策略是最优的选择。即企业资本来源的期限构成与企业资产结构相适应时,企业的资本结构质量较好。但是,也不能固守这个规则,应根据企业战略的发展,具体情况具体分析。

（三）企业的财务杠杆状况与企业承受的财务风险、企业的财务杠杆状况与企业未来融资要求以及未来发展的适应性

筹资过程中,债务的筹资成本低于股权的筹资成本,因此,企业可以通过放大财务杠杆提高收益。但是债务比例过大,财务杠杆过高,将会造成无法偿还到期债务的本金和利息的风险,很可能会使债权人的权益受到侵害。并且,财务杠杆越高,企业想要进一步举债的难度就越大,未来发展时对自有资金的依赖程度就越大。因此,财务杠杆越高,企业的财务风险越大。

为了避免无法偿还到期债务的本金和利息、避免债权人权益受到侵害,企业的财务杠杆应同企业的行业特点相适应,不宜过高也不宜过低。同时,企业的财务杠杆也应同企业未来融资要求以及未来的发展相适应。

（四）企业股权结构与企业发展战略的适应性

股权结构主要指股权内部的股东持股构成状况。在所有者权益中,一般分为普通股和优先股,但优先股无投票权,从某种意义上其本质是负债。因此,股权结构主要指普通股内部的构成。分析股权结构时,主要分析控制性股东、重大影响性股东对公司发展战略的影响,分析其是否有能力带领企业发展得更好。

资本结构揭示了企业可持续发展的保障机制,即利益相关者利益的公平与和谐。从战略管理的角度来看,企业各资源供给者之间利益的公平与和谐将有助于企业各资源供给者之间的这种产权与控制权博弈向均衡的方向发展,有助于企业资本结构的长期稳定。而资本结构的长期稳定恰是企业可持续发展的决定性因素与保障机制。

第五节　资产负债表的总括分析

前面的学习主要针对企业资产负债表具体项目的质量分析。但其实,分析企业资产负债表的质量情况,首先,应该站在整体的角度上,把握资产负债表质量的总基调,进而,分析具体项目的质量情况,最后综合以上情况得出结论。如何进行资产负债表的总括分析? 主要应按照以下九个步骤进行。

一、了解企业的背景资料

拿到一份企业的财务报表,先别急着进行分析。我们应当先了解企业的背景资料,清楚企业的发展历史、股权结构以及目前的发展战略,熟悉企业的主营业务,这是企业财务数据的形成基础。了解企业的背景资料,能更好地帮助我们分析企业的财务报表。

二、关注资产总体规模及其行业定位

了解企业的背景资料之后,应关注企业资产的总体规模及其行业定位。关注企业资产总体规模的绝对值,可以对企业的资源有大致的了解;关注企业资产总体规模的变动情况,可以一定程度上揭示企业的发展状况,比如企业是处于扩张阶段还是衰退阶段?

而关注企业的行业定位是因为企业的行业定位对企业的经营方式、财务数据等均具有重要的影响。企业的行业定位决定了企业具体的资产结构和盈利模式,影响了企业的融资模式和抵御风险的能力。那如何分析企业的行业定位?可以从企业主营产品的市场占有率、企业营业收入排名、企业总资产排名、企业竞争优势等方面来分析。

三、关注资产结构及其盈利模式

关注企业资产结构及其盈利模式。关注企业的资产结构,分析企业以何种方式产生盈利,是经营性资产占总资产的比重较大,还是投资性资产占总资产的比重较大。并将其资产结构与利润来源作比较,若是经营性资产占总资产的比重较大,那利润也极大程度上是由经营性资产所创造的;若是投资性资产占总资产的比重较大,那利润也极大程度上是由投资性资产所创造的,利润中投资收益所占比重应较大。

当企业的资产结构与其利润来源不相符时,可能是企业不同性质资产的盈利能力出现了显著差异,企业战略实施效果不理想又或是企业的资产管理能力较差,存在盈利能力显著偏低的资产又或是盈利能力显著偏高的资产存在利润操纵的嫌疑。

分析时,应分析企业资产结构与其利润来源不相符的真正原因,对企业的总体资产质量情况有个大致的了解。

四、关注主要的资产异动项目及其变化方向的质量含义

关注主要资产的资产异动项目及其变化方向的质量含义,是从整体上分析资产负债表的一大关键。企业的主要资产异动往往代表了企业的战略走势以及企业发展的结果。通过分析其变化方向与企业战略的符合程度,可以判断主要资产的质量变化情况。

五、关注主要不良资产区域

关注企业主要的不良资产区域并在分析时重点了解不良资产的严重程度。严重的不良资产会极大影响企业的未来业绩和经营发展。一般而言,不良资产的区域主要集中在难以回收的应收账款和其他应收款、周转缓慢或长期不使用的存货、闲置时间过长的固定资产、已停建时间过长的在建工程、已过使用期限或丧失使用价值的无形资产、现值大幅低于成本价的长期股权投资等等。

六、关注对流动负债的保障程度

企业资产负债表上对流动负债的保障程度,可从流动比率、速动比率等指标情况加以考虑。除此之外,也应考虑流动资产的变现能力或部分非流动资产的变现能力、净现金流量的稳定性和充分性、流动负债的沉淀性等等因素。总之,关注对流动负债的保障程度,应从企业整体角度来分析,不能单看流动资产对流动负债的覆盖程度。

七、关注企业负债融资发展的潜力(对总负债的保障程度)

关注企业负债融资发展的潜力,一般可以从资产负债率、财务杠杆等角度得出结论。资产负债率较低,财务杠杆越小,则企业资产对负债的保障程度越高,企业的财务风险越小。这就意味着,企业更容易通过外部债务融资来获得发展,更容易获得融资成本较低的资金。

八、关注股权结构变化对企业产生的方向性影响

关注股权结构变化对企业产生的方向性影响。股权结构的变化将对企业的人事构成、战略方针、经营方向等等产生影响。股权结构变化后的控制性股东和重大影响性股东都会给企业带来与之前不一样的方向性变化,对企业的经营发

展、财务状况都有影响。

九、利用资产负债表预测企业发展前景

利用资产负债表相关数据可以在一定程度上预测企业发展前景。

根据企业经营性资产的规模、结构和质量,可以预测企业经营活动的发展前景。当企业经营性资产质量良好,其结构与企业发展战略相适应,可以预测企业经营活动的发展向好。反之,则说明企业的经营活动发展可能会恶化。

根据企业投资性资产的规模、结构和质量,可以预测企业投资活动的发展前景。当企业投资性资产质量良好,其结构与企业发展战略相适应,可以预测企业投资活动的发展向好。

除此之外,还可根据企业资产负债率、财务杠杆等指标来预测企业融资发展的潜力。

参考文献

[1] 刘书祎.比亚迪股份有限公司财务报表分析.

[2] 钱爱民,张新民. 财务报表分析[M]. 北京:中国人民大学出版社,2021.

[3]2022年注册会计师全国统一考试辅导教材《会计》[M].北京:中国财经出版社,2022.

思考题

1.资本结果对企业的重要性体现在哪些方面?

2.或有负债和预计负债之间有哪些区别？以及它们的质量对企业有何影响？

3.会计利润和应纳税所得额之间的主要差异体现在哪些方面?

4.如何对所有者权益进行质量分析?

5.如何理解所有者权益变动表所包含的质量信息?

6.如何对企业的资本结构进行质量分析?

7.如何对企业的财务报表进行综合性的评价与分析?

课后案例：比亚迪公司资本结构分析

比亚迪股份有限公司创立于1995年,分别在香港联合交易所及深圳证券交易所上市(股票代码:002594、01211)。公司以二次充电电池业务,IT产业,以

及包含传统燃油及新能源在内的汽车产业为主要业务,并利用自身技术优势发展太阳能电站、储能电站、LED及电动叉车在内的其他新能源产品。

作为全球新能源汽车产业的领跑者之一,比亚迪拥有庞大的技术研发团队和强大的科技创新能力,已相继开发出一系列前瞻性技术,在新能源汽车领域取得很大优势。目前,集团已在动力电池领域建立起全球领先的技术优势和成本优势,并通过动力电池产能的快速扩张建立起正向的规模优势。另外,通过对上游核心部件如电力牵引和电力控制的垂直整合,比亚迪成功打造出云轨产品的品质优势和成本优势,以及长期可持续的核心竞争力。

我们根据比亚迪公司2014—2018年所披露的年报与相关信息,对比亚迪的资本结构质量进行分析(见表4.9)。

表4.9　2014—2018年比亚迪(深圳)母公司——资产负债表

单位:亿元

资　产	2014年	2015年	2016年	2017年	2018年
流动资产:					
货币资金	3.30	13.50	0.64	6.68	5.95
交易性金融资产	—	0.04	—	—	—
应收票据	0.10	0.17	0.25	0.74	—
应收账款	34.46	32.66	36.92	37.73	56.65
预付款项	0.08	0.02	0.01	50.02	50.01
其他应收款	163.81	228.45	225.62	227.28	259.99
其中:应收利息					
应收股利	—	—	2.30	1.00	6.00
存货	3.75	0.79	0.79	0.82	0.89
划分为持有待售的资产	—	—	—	—	—
一年到期的非流动资产	0.30	0.15		0.14	0.15
其他流动资产	0.21	0.02	0.10	0.07	0.75
流动资产合计	206.02	275.80	264.34	323.50	374.40
非流动资产:					
可供出售金融资产	0.05	30.41	32.11	36.44	0.00
持有至到期投资					
长期应收款	0.15	0.15	0.15	—	—

续表

资　产	2014 年	2015 年	2016 年	2017 年	2018 年
长期股权投资	79.09	76.39	195.07	200.78	204.00
投资性房地产	—	—	—	0.62	0.60
固定资产	20.17	16.76	17.31	15.72	14.12
在建工程	0.13	0.06	0.04	0.04	0.08
工程物资	0.32	0.31	0.39	0.40	—
无形资产	1.24	1.40	1.51	1.99	1.79
其他资产：					
开发支出	—	—	31.09	—	—
商誉	—	—	—	—	—
长期待摊费用	—	—	—	—	—
递延所得税资产	0.77	0.81	0.55	1.45	—
其他非流动资产	0.09	0.04	—	—	0.14
非流动资产合计	102.00	126.33	247.12	257.44	236.96
资产总计	308.01	402.13	511.46	580.95	611.36
流动负债：					
短期借款	31.66	67.64	52.20	73.77	72.95
交易性金融负债	—	—	—	—	—
以公允价值计量且其变动计入当期损益的金融负债	—	—	—	1.00	—
应付票据及应付账款	38.39	27.95	31.77	60.67	37.99
预收款项	0.21	0.08	0.05	0.19	—
合同负债	—	—	—	—	0.49
应付职工薪酬	0.94	0.95	1.01	1.09	1.21
应交税费	0.05	0.44	0.03	0.08	0.02
其他应付款	18.13	19.46	11.27	12.94	16.66
其中:应付利息	1.46	1.76	1.66	1.25	3.08
应付股利					
一年到期的非流动负债	47.91	45.10	49.69	59.63	43.07

续表

资　产	2014 年	2015 年	2016 年	2017 年	2018 年
其他流动负债	0.01	0.01	0.01	—	54.98
流动负债合计	137.28	161.63	146.03	209.36	227.37
非流动负债：					
长期借款	30.66	28.20	11.86	18.20	28.80
应付债券	29.91	44.84	44.91	44.93	70.77
长期应付款	—	—	—	—	—
专项应付款	—	—	—	—	—
递延所得税负债	—	5.68	5.50	5.84	
其他非流动负债	0.02	0.01	0.00	0.14	0.12
非流动负债合计	60.59	78.73	62.27	69.11	99.69
负债合计	197.87	240.36	208.31	278.47	327.06
所有者权益(或股东权益)：					
实收资本(或股本)	24.76	24.76	27.28	27.28	27.28
其他权益工具	—	32.00	37.96	38.96	38.96
资本公积	58.55	58.55	199.72	199.72	199.72
其他综合收益	—	9.83	11.11	13.93	−0.45
盈余公积	4.99	6.01	6.24	6.52	6.77
未分配利润	21.84	30.61	20.84	16.07	12.03
所有者权益(或股东权益)合计	110.14	161.76	303.16	302.48	284.30
负债和所有者权益(或股东权益)总计	308.01	402.13	511.46	580.95	611.36

数据来源:比亚迪 2014—2018 年年报

比亚迪公司资本结构质量分析:

1.负债项目的构成及质量分析

(1)资产负债率和负债成分

首先,从总体上分析比亚迪的资本结构状况。

表1   2014—2018 年比亚迪公司资产负债率

项目	2014 年	2015 年	2016 年	2017 年	2018 年
资产负债率	64.24%	59.77%	40.73%	47.93%	53.50%

数据来源:比亚迪 2014—2018 年年报

如表1所示,近五年来比亚迪的资产负债率的变动,反映出比亚迪公司资本结构特点:

(1)比亚迪公司自身具有较高的财务杠杆。在大部分经营时间里,比亚迪公司的资产负债率高于 45%,但处于较为适宜的水平。

(2)在最近五年内,比亚迪公司的资产负债率在 2016 年度达到最低,仅为40.73%,近两年又开始逐渐上升。表明公司近两年来来源于债务的资金较多,来源于所有者的资金较少,财务风险较 2016 年相对提高。

在负债的成分方面,如表2所示,近五年来流动负债在所有负债中占据较高比例。这说明比亚迪公司负债成分中以流动负债为主,一直面临较大的兑付压力。

表2   2014—2018 年比亚迪公司流动负债占比

项目	2014 年	2015 年	2016 年	2017 年	2018 年
流动负债占比	69.38%	67.25%	70.11%	75.12%	69.52%

数据来源:比亚迪 2014—2018 年年报

(2)流动负债的质量

1)流动比率及速动比率

在流动负债的分析方面,首先着眼于流动负债在流动资产和速动资产对流动负债的覆盖情况,分别测算了流动比率和速动比率。

表3   2014—2018 年比亚迪公司流动比率及速动比率

	2014 年	2015 年	2016 年	2017 年	2018 年	均值	行业平均
流动比率	1.50	1.71	1.81	1.55	1.65	1.64	2.0
速动比率	1.47	1.70	1.80	1.30	1.42	1.54	1.0

数据来源:比亚迪 2014—2018 年年报

如表3所示,近年来比亚迪公司流动资产对流动负债的覆盖情况平均约在1.64 倍,低于行业的平均标准,说明其在流动资产方面盈余不足或流动负债过高,导致财务状况不够健康。而在速动比率方面,比亚迪公司近年来的平均数是1.54 倍,高于行业平均标准,反映出其在速动资产方面管理较为完善,保持了充足的速动资产以覆盖流动负债的汇兑压力,短期偿债能力较强。

2）短期贷款

表4　2014—2018年比亚迪公司短期贷款变化　　　　　单位:亿元

项目	2014 年	2015 年	2016 年	2017 年	2018 年
短期借款	31.65	67.64	52.20	73.77	72.95

数据来源:比亚迪2014—2018年年报

短期借款是很多企业最为重要的财务资源通道。由表4可以看出,近五年来BYD公司的短期贷款除了2016年,有逐年上升的趋势。且参考现金流量表发现企业在2014—2018年持续创造了良好的经营活动现金流,说明企业资产的盈利能力较强,经营活动现金流量充足,发生资金的周转困难、流动比率下降、偿债能力恶化的财务困境的可能性极低。

3）应付票据及应付款项

表5　2014—2018年比亚迪公司应付票据及应付款项占比

项目	2014 年	2015 年	2016 年	2017 年	2018 年
应付票据占负债和所有者权益比重	0.1554	0.1117	0.1085	0.0952	0.1086
应付账款占负债和所有者权益比重	0.1204	0.1608	0.1344	0.1309	0.1292

数据来源:比亚迪2014—2018年年报

由于BYD母公司财务报表中没有关于应付票据和应付账款的详细数据,因此本文通过比较BYD公司合并报表历年来应付票据和应付账款占负债和所有者权益总额的比例,来判断企业在购货环节的市场谈判力。可以看出,除了2014应付票据占比较应付账款占比要高以外,2015—2018年应付账款占比一直高于应付票据,且占比逐渐趋于稳定(应付票据占比在10%左右,应付款项稳定在13%左右)。这说明其购货环节的市场谈判力相对较高。

（2）非流动负债的质量分析

在非流动负债方面,本文着眼于长期借款和应付债券的比例,理由是BYD公司的非流动负债主要由这两者构成,且该两项借款会导致较高的利息支出。

表6　2014—2018年比亚迪公司长期借款和应付债券占流动负债比例

项目	2014 年	2015 年	2016 年	2017 年	2018 年
长期借款占流动负债比率	0.5059	0.3581	0.1905	0.2633	0.2889
应付债券占流动负债比率	0.4936	0.5695	0.7211	0.6501	0.7099
总比重	99.96%	92.77%	91.16%	91.34%	99.88%

数据来源:比亚迪2014—2018年年报

如表 6 所示,长期借款和应付债券在比亚迪公司的非流动债务中占据较高比例,说明比亚迪公司在非流动负债的利息支出方面面临较大压力,也说明公司非流动债务的结构过于单一。

2.所有者权益的质量分析

所有者权益中,主要着眼点为所有者权益对非流动负债的覆盖情况。

表 7　2014—2018 年比亚迪公司所有者权益对非流动负债覆盖率

项目	2014 年	2015 年	2016 年	2017 年	2018 年
所有者权益/非流动负债	1.82	2.05	4.86	4.38	2.85

数据来源:比亚迪 2014—2018 年年报

作为长期投入的所有者权益,如果能覆盖同样长期存在的非流动负债,那么企业的流动性和偿债能力都能得到增强。如表 7 所示,比亚迪公司所有权权益对非流动负债的覆盖率在 2014—2016 年这三年逐年上升,反映出其资本结构得到了改善;但这一覆盖率从 2017 年开始下降,2018 年下降明显,主要是由于非流动负债增长而所有者权益下降导致。

|第五章|
利润质量与所有者权益变动表分析

引导案例：从招股说明书看利润质量——贝斯特股份 2017

《股市动态分析》2018 年 8 月 25 日发表了林然的《贝斯特：净利润质量差 偿付能力堪忧》一文，对武汉贝斯特通信集团股份有限公司（下称贝斯特股份）财务数据的各种异常现象进行了分析。有关内容如下：

应收账款规模较大的风险。2014 年末、2015 年末及 2016 年末，公司应收账款账面价值分别为 38,722.12 万元、54,232.81 万元和 77,767.98 万元，占同期期末资产总额的比例分别为 52.09%、54.83% 和 54.58%。报告期内各期末，公司应收账款规模及占比较大。未来随着公司经营规模的进一步扩大，应收账款规模可能会讲一步增加。除此之外，贝斯特股份应收账款增幅远高于营收增幅，回款周期极为漫长，大量资金被下游强势企业占用。2 年以上应收账款绝对金额及比例增加，应收款质量同样不理想。

净利润质量较差。招股说明书显示，贝斯特股份 2014 年至 2016 年及 2017 年上半年净利润分别为 4989.06 万元、6554.73 万元、10435.91 万元和 −658.33 万元，净利润总计 21321.27 万元。与之相对应，贝斯特股份经营活动现金流净额分别为：3712.04 万元、−2990.9 万元、7475.1 万元以及 −12099.18 万元，经营活动现金流净额总计 −3902.94 万元。经营活动现金流净额总值与净利润总值比值仅为 −18.31%。即使别除 2017 年数据（净利润与经营活动现金流净额均为负），该比值表现依旧非常差劲。从 3 年半的单年以及汇总数据来看，贝斯特股份持续增长的净利润的质量并不算好，经营活动现金流净额与净利润的持续增长也不相匹配。

坏账计提比例较低，产品可替代性较强。与不断累积的应收款问题相背离的是,贝斯特应收款坏账计提明显小于行业平均水平。较为明显的特征是,贝斯特股份在 3 年及以上的应收款坏账计提比率相对较少。公司表示,虽然计提比率有一定差异,但从实际计提水平看,公司计提总量高于行业平均水平,与华星创业相仿,因此计提比例和计提数量与行业对比并无差异。但这一说法明显有误导,贝斯特股份与华星创业坏账实际计提水平相仿,且都高于行业平均水平,主要原因在于公司与其同样有应收款账龄偏高的问题。可以看到,贝斯特股份与华星创业一样,一年以上的应收款占比明显高于其他公司。因此,总体计提水平高,并不代表计提比例与行业无差别,而只能说明公司应收款质量更差,且叠加上低于行业的计提比例,贝斯特坏账计提数或许有人为做低的嫌疑。

来源:林然.贝斯特:净利润质量差 偿付能力堪忧[N].股市动态分析,2018-08-25.

◎思考:

1. 这个案例通过资产负债表、利润表、现金流量表等多方面来分析企业的利润质量问题,那么如何看待企业的利润质量?

2. 在现实中我们经常看到一个企业利润表中有很高的利润,但是企业对外支出却不尽如人意,那么企业有利润与有钱是什么关系?企业利润体现在什么地方?

利润表是反映企业在一定会计期间的经营成果的财务报表。由于它反映的是某一期间的情况,所以,又被称为动态报表。阅读利润表中提供的不同时期的比较数字,可以了解一个企业过去和现在的收入、费用和利润,又可以在此基础上分析企业未来收入和费用的发展趋势与盈利能力。利润表是内外部信息使用者了解公司经营业绩的主要渠道,为公司利润分配和评价经营管理业绩提供重要依据,也是预测未来利润情况的基础。

本章框架

➢ 利润表的格式与基本结构

➢ 利润表收入的确定与计量

➢ 利润费用类型项目及其他项目的确认与计量

➢ 利润质量分析

➢ 所有者权益变动表分析

第一节　利润表的格式与基本结构

一、利润表的格式

利润表是根据"利润＝收入－费用"的基本关系编制的。利润表分为单步式利润表和多步式利润表两种。单步式利润表在实际编制时,是以企业一定时期全部收入总和减去全部费用支出总和方法计算净损益。多步式利润表在实际编制时,是按企业收入和费用的不同性质分类并进行配比,计算出不同业务的利润,加总起来得到利润总和,减去所得税费用,即为净利润。我国企业利润表采用的基本是多步式利润表(见表5.1)。

表 5.1　利润表

编制单位	20××年度	单位:元
项　目	本期金额	上期金额
一、营业收入		
减:营业成本		
税金及附加		
销售费用		
管理费用		
研发费用		
财务费用		
其中:利息费用		
利息收入		
资产减值损失		
加:其他收益		
投资收益(损失以"－"号填列)		
其中:对联营企业和合营企业的投资收益		
公允价值变动收益(损失以"－"号填列)		
资产处置收益(损失以"－"号填列)		

续表

项　目	本期金额	上期金额
二、营业利润（损失以"－"号填列）		
加：营业外收入		
减：营业外支出		
三、利润总额（损失以"－"号填列）		
减：所得税费用		
四、净利润（损失以"－"号填列）		
（一）持续经营净利润（净亏损以"－"号填列）		
（二）终止经营净利润（净亏损以"－"号填列）		
五、其他综合收益的税后净额		
（一）不能重分类进损益的其他综合收益		
1.重新计量设定受益计划变动额		
2.权益法下不能转损益的其他综合收益		
（二）将重分类进损益的其他综合收益		
1.权益法下可转损益的其他综合收益		
2.可供出售金融资产公允价值变动损益		
3.持有至到期投资重分类为可供出售金融资产损益		
4.现金流量套期损益的有效部分		
5.外币财务报表折算差额		
六、综合收益总额		
七、每股收益		
（一）基本每股收益		
（二）稀释每股收益		

　　利润表一般由表头、基本内容和补充资料三部分构成。

　　表头主要包括填制编制单位、报表日期、货币计量单位和报表编号等。由于利润表说明的是某一时期的经营成果，因此表头必须注明"某年某月份"或"某会计年度"。

　　利润表的主体部分主要反映收入、费用和利润各项目的具体内容及其相互关系。为了比较不同期间利润表的实现情况，利润表就各项目再分为"本期金额"和"上期金额"两栏分别填列。

补充资料列示或反映了一些在基本内容中未能提供的重要信息或未能充分说明的信息,这部分资料通常在报表附注中列示。

二、利润表的结构

传统会计收益的报告模式是以实际交易为基础,以收益实现原则、历史成本原则和配比原则为规范。尽管传统会计收益客观、可检验和谨慎,但却是许多人为规则的产物。因此,一直饱受争议,表现在:(1)坚持收益确定的实现原则,使计算的收益并非企业的全部收益,即不包括未实现的持有损益;(2)以现时价格计量收入,以历史成本计量费用,使成本未能得到真正回收,造成虚盈实亏;(3)历史成本计价使资产负债表所反映的资产仅是过去未分摊资产成本的余额,使资产负债表失去了意义;(4)稳健原则和配比原则都基于主观因素,使计量结果缺乏可比性。配比原则还使得资产负债表出现了递延借项和递延贷项等模糊概念。

1980 年 12 月,美国财务会计准则委员会(FASB)在第 3 号财务会计概念公告中首次提出了综合收益(comprehensive)这一全新概念(也叫全面收益),并将其定义为:企业在报告期内除去业主投资和分派业主款以外的交易、事项和情况所产生的一切权益(净资产)的变动。综合收益可以表示为"综合收益=净收益+其他综合收益",其中,净收益就是传统意义上的税后利润,其他综合收益指的是除净收益以外的在各个会计期间的其他非业主交易引起的权益变动。与净利润相比,综合收益包括了那些未实现的、超越损益表的利润和损失的要素,能更好地反映当期净资产的全部变动情况。综合收益中的各项收益来源可能在稳定性、风险性和可预测性上有所不同,收益特征可能彼此悬殊,这便需要掌握有关综合收益各种组成内容的信息,并加以深入分析。

在物价稳定、交易多为有形的生产经营活动环境下,根据收入实现原则和成本费用配比原则所确定的收益与根据净资产价值变动(除资本性交易以外)所确定的收益是一致的。但当交易进一步复杂、资产计价打破历史成本而引入公允价值,同时通货膨胀成为经济常态时,以实现原则为基础计算的收益就与收益的本来意义失去了一致性。完全契合的做法是放弃实现原则而代之以在资产负债表日之间所发生的资产、负债公允价值的所有变动,包括已实现和未实现的,均在单一的综合收益中进行反映。但由于实现原则的客观性及实务操作的困难,不得不寻求一些可行的折衷做法,既不放弃实现原则,又能反映价值变动。综合收益正是这种折中表现的结果。

目前,综合收益观在我国现行会计准则中体现在以下几个方面:(1)引入利得和损失概念。利润＝收入－费用＋利得－损失。(2)引入公允价值概念。在我国现行会计准则下,利润表中营业利润包含了"公允价值变动损益"和"资产减值损失"等未实现资产利得和损失,使得净利润中包含了一部分"其他综合收益"。另外还有一部分其他综合收益列示于净利润之下,计入综合收益总额。(3)增加了所有者权益变动表(综合收益表的报告格式之一)。

针对上述内容,我国多步式利润表的结构是按照企业收益形成的主要环节,通过营业利润、利润总额、净利润和综合收益四个层次来分步披露企业的收益,并详细揭示企业收益的形成过程。各项目的联系可以简单通过下列计算公式给出:

营业利润＝营业收入－营业成本－营业税金及附加－销售费用－管理费用－研发费用－财务费用＋其他收益(－ 其他损失)＋投资收益±公允价值变动损益－资产减值损失－ 信用减值损失±资产处置损益

利润总额＝营业利润＋营业外收入－营业外支出

净利润＝利润总额－所得税费用

综合收益总额＝净利润＋其他综合收益

我们可以通过分层次分析利润表和企业的经营成果,重点分析毛利、核心利润、营业利润、利润总额和净利润、综合收益这几项。

第一,毛利。这是一个非常重要的概念,它反映企业的初始获利空间大小,往往与企业所处行业特点和企业在行业中的竞争优势有关。

毛利＝营业收入－营业成本

毛利率＝(营业收入－营业成本)/营业收入

第二,核心利润。是指企业自身开展经营活动所产生的经营成果,是考察企业核心盈利能力的重要指标。

核心利润＝毛利－营业税金及附加－销售费用－管理费用－研发费用－财务费用

第三,营业利润。营业利润不仅包括核心利润,也包括投资活动对外投资所获取的投资收益。营业利润的计算公式应为"营业利润＝核心利润－资产减值损失＋公允价值变动收益＋投资收益",但是由于资产减值损失、公允价值变动收益项目相对而言都比较小,所以可以忽略不计。营业利润的公式可以写为:

营业利润＝核心利润＋投资收益

第四,利润总额和净利润。利润总额与营业利润的差异在于营业外收入和营业外支出,净利润是利润总额减去所得税费用。

利润总额＝营业利润＋营业外收入－营业外支出

净利润＝利润总额－所得税费用

第五,综合收益。综合收益总额项目反映净利润和其他综合收益扣除所得税影响后的净额相加后的合计金额。其他综合收益是指企业根据其他会计准则规定未在当期损益中确认的各项利得和损失,包括以后会计期间不能重分类进损益的其他综合收益和以后会计期间满足规定条件时将重分类进损益的其他综合收益两类。

第二节　利润表收入的确认和计量

一、收入的定义

收入是指企业在日常活动中形成的、会导致所有者权益增加的、与所有者投入资本无关的经济利益的总流入。其中,日常活动是指企业为完成其经营目标所从事的经常性活动以及与之相关的其他活动。企业代第三方收取的款项,应作为负债处理。企业与政府发生交易所取得的收入,如果该交易与企业销售商品或提供劳务等日常经营活动密切相关,且来源于政府的经济资源是企业商品或服务的对价或者是对价的组合部分,应当确认为收入,不属于政府补助范畴。

二、收入的特点

(1)收入是在企业日常活动中形成的。例如,工业企业制造并销售产品、商品流通企业销售商品、咨询公司提供咨询服务、软件公司为客户开发软件、安装公司提供安装服务、建筑企业提供建造服务等,均属于企业的日常活动。日常活动所形成的经济利益的流入应当确认为收入。

(2)收入会导致企业所有者权益增加。收入形成的经济利益总流入的形式多种多样,既可能表现为资产的增加,如增加银行存款、应收账款;也可能表现为负债的减少,如减少预收账款;还可能表现为两者的组合,如销售实现时,部分冲减预收账款,部分增加银行存款。收入形成的经济利益总流入能增加资产或减少负债或两者兼而有之,根据"资产－负债＝所有者权益"的会计等式,收入一定能增加企业的所有者权益。这里所说的收入能增加所有者权益,仅指收入本身的影响,而收入扣除与之相配比的费用后的净额,既可能增加所有者权益,也可能减少所有者权益。

企业为第三方或客户代收的款项,如企业代国家收取的增值税等,一方面增加企业的资产,另一方面增加企业的负债,并不增加企业的所有者权益,因此不构成本企业的收入。

(3)收入与所有者投入资本无关。所有者投入资本主要是为谋求享有企业资产的剩余权益,由此形成的经济利益的总流入不构成收入,而应确认为企业所有者权益的组成部分。

三、收入的确认与计量

收入的确认和计量大致分为五个步骤。(1)识别与客户订立的合同;(2)识别合同中的单项履约义务;(3)确定交易价格;(4)将交易价格分摊至各单项履约义务;(5)履行各单项履约义务时确认收入。

(一)收入的确认原则

企业应当在履行了合同中的履约义务,即在客户取得相关商品控制权时确认收入。取得相关商品控制权,是指能够主导该商品的使用并从中获得几乎全部的经济利益。当企业与客户之间的合同同时满足下列条件时,企业应当在客户取得相关商品控制权时确认收入。

(1)合同各方已批准该合同并承诺将履行各自义务。

(2)该合同明确了合同各方与所转让商品或提供劳务(以下简称"转让商品")相关的权利和义务。

(3)该合同有明确的与所转让商品相关的支付条款。

(4)该合同具有商业实质,即履行该合同将改变企业未来现金流量的风险、时间分布或金额。

(5)企业因向客户转让商品而有权取得的对价很可能收回。

(二)收入的确认方法

企业应当在履行了合同中的履约义务,即客户取得了相关商品控制权时确认收入。企业应当根据实际情况,首先判断履约义务是否满足在某一时段内履行的条件,如不满足,则该履约义务属于在某一时点履行的履约义务。对于在某一时段内履行的履约义务,企业应当选取产出法或者投入法来确定履约进度。

1.在某一时段内履行履约义务

在某一时段内履行履约义务的收入确认条件

(1)客户在企业履约的同时即取得并消耗企业履约所带来的经济利益。

(2)客户能够控制企业履约过程中在建的商品。

(3)企业履约过程中所产出的商品具有不可替代用途,且该企业在整个合同期间内有权就累计至今已完成的履约部分收取款项。

对于在某一时段内履行的履约义务,企业应当在该段时间内按照履约进度确认收入,但是,履约进度不能合理确定的除外。

企业应当考虑商品的性质,采用产出法或投入法确定恰当的履约进度。其中,产出法是根据已转移给客户的商品对于客户的价值确定履约进度;投入法是根据企业为履行履约义务的投入确定履约进度。对于类似情况下的类似履约义务,企业应当采用相同的方法确定履约进度。

2.在某一时点履行的履约义务

对于在某一时点履行的履约义务,企业应当在客户取得相关商品控制权时点确认收入。在判断客户是否已取得商品控制权时,企业应当考虑下列迹象。

(1)企业就该商品享有现时收款权利,即客户就该商品负有现时付款义务。

(2)企业已将该商品的法定所有权转移给客户,即客户已拥有该商品的法定所有权。

(3)企业已将该商品实物转移给客户,即客户已实物占有该商品。

(4)企业已将该商品所有权上的主要风险和报酬转移给客户,即客户已取得该商品所有权上的主要风险和报酬。

(5)客户已接受该商品。

(6)其他表明客户已取得商品控制权的迹象。

另外,在合同开始日即满足前款条件的合同,企业在后续期间无需对其进行重新评估,除非有迹象表明相关事实和情况发生重大变化。合同开始日通常是指合同生效日。在合同开始日不符合前款条件的合同,企业应当对其进行持续评估,并在其满足前款条件时进行会计处理。

对于不符合前款条件的合同,企业只有在不再负有向客户转让商品的剩余义务,且已向客户收取的对价无需退回时,才能将已收取的对价确认为收入;否则,应当将已收取的对价作为负债进行会计处理。

没有商业实质的非货币性资产交换,不确认收入。

四、收入的计量

企业应当按照分摊至各单项履约义务的交易价格计量收入。交易价格,是指企业因向客户转让商品而预期有权收取的对价金额。企业代第三方收取的款项以及企业预期将退还给客户的款项,应当作为负债进行会计处理,不计入交易价格。

企业应当根据合同条款,并结合其以往的习惯做法确定交易价格。在确定交易价格时,企业应当考虑可变对价、合同中存在的重大融资成分、非现金对价、应付客户对价等因素的影响。

1.可变对价

合同中存在可变对价的,企业应当按照期望值或最可能发生金额确定可变对价的最佳估计数,但包含可变对价的交易价格,应当不超过在相关不确定性消除时累计已确认收入极可能不会发生重大转回的金额。每一资产负债表日,企业应当重新估计应计入交易价格的可变对价金额。

2.合同中存在重大融资成分

当合同各方以在合同中约定的付款时间为客户或企业就该交易提供了重大融资利益时,合同中即包含了重大融资成分。例如赊销。合同中存在重大融资成分的,企业应当按照假定客户在取得商品控制权时即以现金支付的应付金额确定交易价格。该交易价格与合同对价之间的差额,应当在合同期间内采用实际利率法摊销。

合同开始日,企业预计客户取得商品控制权与客户支付价款间隔不超过一年的,可以不考虑合同中存在的重大融资成分。

3.非现金对价

客户支付非现金对价的,企业应当按照非现金对价的公允价值确定交易价格。非现金对价的公允价值不能合理估计的,企业应当参照其承诺向客户转让商品的单独售价间接确定交易价格。非现金对价的公允价值因对价形式以外的原因而发生变动的,应当作为可变对价进行会计处理。单独售价,是指企业向客户单独销售商品的价格。

4.应付客户对价

企业应付客户(或向客户购买本企业商品的第三方)对价的,应当将该应付对价冲减交易价格,并在确认相关收入与支付(或承诺支付)客户对价二者孰晚的时点冲减当期收入,但应付客户对价是为了向客户取得其他可明确区分商品的除外。

5.将交易价格分摊至各单项履约义务

合同中包含两项或多项履约义务的,企业应当在合同开始日,按照各单项履约义务所承诺商品的单独售价的相对比例,将交易价格分摊至各单项履约义务。企业不得因合同开始日之后单独售价的变动而重新分摊交易价格。

企业在类似环境下向类似客户单独销售商品的价格,应作为确定该商品单独售价的最佳证据。单独售价无法直接观察的,企业应当综合考虑其能够合理取得的全部相关信息,采用市场调整法、成本加成法、余值法等方法合理估计单独售价。

6.合同折扣

合同折扣,是指合同中各单项履约义务所承诺商品的单独售价之和高于合同交易价格的金额。对于合同折扣,企业应当在各单项履约义务之间按比例分摊。有确凿证据表明合同折扣仅与合同中一项或多项(而非全部)履约义务相关的,企业应当将该合同折扣分摊至相关一项或多项履约义务。

合同折扣仅与合同中一项或多项(而非全部)履约义务相关,且企业采用余值法估计单独售价的,应当首先在该一项或多项(而非全部)履约义务之间分摊合同折扣,然后采用余值法估计单独售价。

五、收入的披露

企业应当在财务报表附注中充分披露与收入有关的下列定性和定量信息,以使财务报表使用者能够了解与客户之间的合同产生的收入及现金流量的性质、金额、时间分布和不确定性等相关信息。

1.收入确认和计量所采用的会计政策、对于确定收入确认的时点和金额具有重大影响的判断以及这些判断的变更,包括确定履约进度的方法、评估客户取得所转让商品控制权时点的相关判断等。

2.与合同相关的下列信息。

(1)与本期确认收入相关的信息,包括与客户之间的合同产生的收入、该收入按主要类别。

(2)与应收款项、合同资产和合同负债的账面价值相关的信息。

(3)与履约义务相关的信息。

(4)与分摊至剩余履约义务的交易价格相关的信息等。

3.与合同成本有关的资产相关的信息。

4.合同中存在的重大融资成分的相关信息等。

第三节　利润表费用类项目及其他项目的确认与计量

费用是指企业在日常活动中发生的,会导致所有者权益减少的、与向所有者分配利润无关的经济利益的总流出。

一、营业成本

"营业成本"项目反映企业经营主要业务和其他业务发生的实际成本总额。该项目应根据"主营业务成本"和"其他业务成本"科目的发生额合计分析填列。

营业成本是指企业对外销售商品、提供劳务等主营业务活动和销售材料的成本、出租固定资产的折旧额、出租无形资产的摊销额、出租包装物的成本或摊销额等其他经营活动所发生的实际成本。制造业企业的营业成本主要包括：直接材料、直接工资、燃料和动力、制造费用等。不能直接归结于商品或劳务的支出一般计入期间费用（管理费用、销售费用、财务费用）。

二、期间费用

期间费用是指企业日常活动中不能直接归属于某个特定成本核算对象的，在发生时应直接计入当期损益的各种费用。期间费用包括管理费用、销售费用和财务费用。

（一）管理费用

"管理费用"项目反映企业为组织和管理生产经营发生的各项费用。该项目应根据"管理费用"科目的发生额分析填列。管理费用包括企业在筹建期间内发生的开办费、董事会和行政管理部门在企业的经营管理中发生的或者应由企业统一负担的公司经费（包括行政管理部门职工薪酬、物料消耗、低值易耗品摊销、办公费和差旅费等）、工会经费、董事会费（包括董事会成员津贴、会议费和差旅费等）、聘请中介机构费、咨询费（含顾问费）、诉讼费、业务招待费、房产税、车船使用税、土地使用税、印花税、技术转让费、矿产资源补偿费、研究费用和排污费等。

（二）销售费用

销售费用是指企业销售商品和材料、提供劳务的过程中发生的各种费用，包括保险费、包装费、展览费和广告费、商品维修费、预计产品质量保证损失、运输费、装卸费等以及为销售本企业商品而专设的销售机构（含销售网点、售后服务网点等）的职工薪酬、业务费和折旧费等经营费用。该项目应根据"销售费用"科目的发生额分析填列。

（三）财务费用

"财务费用"项目反映企业筹集生产经营所需资金等而发生的筹资费用。该项目应根据"财务费用"科目的发生额分析填列。财务费用包括利息支出（减利息收入）、汇兑损益以及相关的手续费、企业发生的现金折扣或收到的现金折扣等。为购建或生产满足资本化条件的资产发生的应予资本化的借款费用，应计入有关资产的购建或生产成本，不包括在财务费用的核算范围内。

（四）研发费用

"研发费用"是企业进行研究与开发过程中发生的费用与支出，以及计入管理费用的自行开发无形资产的摊销金额。

三、营业税金及附加

税金及附加"是指企业经营活动应负担的相关税费,包括消费税、城市维护建设税、教育费附加、资源税、房产税、城镇土地使用税、车船税和印花税等。

财会〔2016〕22号文规定全面试行"营业税改征增值税"后,"营业税金及附加"科目名称调整为"税金及附加"科目,之前在"管理费用"科目中列支的"四小税"(房产税、土地使用税、车船税、印花税),调整到"税金及附加"科目。

四、资产减值损失、信用减值损失及公允价值变动损益

资产减值损失是指因资产的账面价值高于其可收回金额而造成的损失,企业在资产负债表日,经过对资产的测试,判断资产的可收回金额低于其账面价值而计提资产减值损失准备所确认的相应损失。"资产减值损失"项目反映企业各项资产发生的减值损失,具体包括坏账准备、存货跌价准备、可供出售金融资产减值准备、持有至到期投资减值准备、长期股权投资减值准备、固定资产减值准备、在建工程减值准备、工程物资减值准备、无形资产减值准备、商誉减值准备等。坏账是最常见的资产减值损失。信用减值损失反映企业计提的各项金融工具信用减值准备所形成的信用损失。公允价值变动损益是指企业以各种资产,如投资性房地产、债务重组、非货币交换、交易性金融资产等公允价值变动形成的应计入当期损益的利得或损失,即公允价值与账面价值之间的差额。该项目反映了资产在持有期间因公允价值变动而产生的损益。

五、投资净收益

投资净收益是企业对外投资收益抵减投资损失后的余额。投资收益包括对外投资分回的利润、股利和债券利息,以及到期收回或中途转让投资所取得的款项大于实际投资金额或账面净值的余额等。投资损失是指企业到期收回中途转让投资所取得的款项小于实际投资金额或账面净值的差额等。

六、营业外收入与营业外支出

营业外收入是指企业发生的与其经营活动无直接关系的各项净收入,主要包括处置非流动资产利得、非货币性资产交换利得、债务重组利得、罚没利得、政府补助利得、确实无法支付而按规定程序经批准后转作营业外收入的应付款项、

捐赠利得、盘盈利得等。

营业外支出是指企业发生的与日常活动无直接关系的各项损失。营业外支出主要包括：非流动资产处置损失、非货币型资产交换损失、债务重组损失、公益性捐款支出、非常损失、盘亏损失等。

七、所得税费用

"所得税费用"项目反映企业根据所得税准则确认的应从当期利润总额中扣除的所得税费用。在采用资产负债表债务法核算所得税的情况下，企业一般应于每一资产负债表日进行所得税的核算。企业合并等特殊交易或事项发生时，在确认因交易或事项取得的资产、负债时即应同时确认相关的所得税影响。企业进行所得税核算一般应遵循以下程序：

（1）按照相关会计准则规定确定资产负债表中除递延所得税资产和递延所得税负债以外的其他资产和负债项目的账面价值。

（2）按照会计准则中对资产和负债计税基础的确定方法，以适用的税收法规为基础，确定资产负债表中有关资产、负债项目的计税基础。

（3）比较资产、负债的账面价值与其计税基础，对于两者之间存在差异的，分析其性质，除准则中规定的特殊情况外，分别应纳税暂时性差异与可抵扣暂时性差异，确定资产负债表日递延所得税负债和递延所得税资产的应有余额，并与期初递延所得税资产和递延所得税负债的余额相比，确定当期应予进一步确认的递延所得税资产和递延所得税负债金额或应予转销的金额，作为递延所得税。

（4）就企业当期发生的交易或事项，按照适用的税法规定计算确定当期应纳税所得额，将应纳税所得额与适用的所得税税率计算的结果确认为当期应交所得税，作为当期所得税。

（5）确认利润表中的所得税费用。利润表中的所得税费用包括当期所得税和递延所得税两个组成部分，企业在计算确定了当期所得税和递延所得税后，两者之和或之差，是利润表中的所得税费用。

第四节　利润质量分析

对利润质量的考察与分析可以主要从以下三方面进行：第一，对企业核心利润形成过程的分析；第二，对企业利润结构的考察；第三，对企业利润结果进行考察。高质量的企业利润应表现为资产运转良好，债务比例恰当，利润具有较强的可持续性,企业发展前景良好等。

一、对核心利润形成过程的分析

核心利润＝毛利－税金及附加－销售费用－管理费用－财务费用

核心利润是指企业自身开展经营活动所产生的经营成果,该概念的建立有助于挖掘资产负债表、利润表、现金流量表之间的内在逻辑关系,在企业的经营性资产、核心利润和经营活动产生的现金流量净额之间建立起必然的联系,从而便于分析企业经营性资产的增值能力以及自身经营活动产生的经营成果的获现能力。这一概念对于企业报表分析、市场宏观情况、微观市场利率分析有着非常重要的现实意义。

对核心利润实现过程的质量分析,应当从以下几个方面展开分析:

（一）营业收入质量分析

企业营业收入一般是企业主要的收入来源,在分析企业利润时有着举足轻重的作用,通过分析企业的营业收入情况能够掌握企业真实的经营情况,判断企业经营的质量和持续性。

1. 关注企业营业收入的确认和计量的合理性

合理确定收入的确认时点是核心问题,确认时点不当,提前或推迟确认收入,将对公司财务报表产生重大影响,确定收入确认时点的基本原则是“风险报酬已经转移”。对于销售和提供劳务的收入确认时点可以采用以下方式:

（1）销售商品是一次性确认收入,商品销售通常是在交付货物,客户签收后确认收入。

（2）提供劳务建造合同准则,采用完工百分比确认时点,在具体处理时存在两个问题:第一是收入确认时点。理论上只要发生了成本或实施了工作量,就应当在资产负债表日确认相应的收入、成本以及毛利,但在实务中,有的企业将完工进度达到一定比例后,才开始作为收入确认的时点。第二是过程中确认时点,主要关注是否存在人为调节完工百分比,以此操纵收入和利润。

辨别提前确认收入的方式主要有:一是对比历年财报的收入金额增幅,如果同比增幅过大,需密切关注;二是通过对比利润表的营业收入和现金流量表的“经营活动现金流入”金额,正常情况下,由于回款进度的原因,营业收入会略大于经营性现金流入,但不会相差巨大,如果前者比后者大很多,说明有很多收入没有收到钱,企业大概率存在大额收入提前确认的情况;三是关注企业确认收入会计方法的选择,有的企业为了粉饰财务报表,突出财务报表的高成长、高毛利率,原本应当按总额法确认收入,实际却按净额法确认收入,从而表面上提高毛利率。有的企业原本应当按照总额法确认收入,为了降低营业收入总额,降低纳税基数,从而少缴营业税和增值税,而采用净额法确认收入,以此来降低税基。

2. 关注营业收入的真实性和可持续性

营业收入的真实性和可持续性可以通过以下几个方面来考察:(1)通过常识性判断及调研访谈,判断营业收入的真实性。通过量、价分解,分析单价的合理性来判断营业收入的真实性。(2)通过比较销售数量(或产量)与生产能力是否匹配来判断收入真实性。(3)注意是否有与营业收入增长严重不匹配的项目(如货币资金、应收账款、出口退税),就有修饰财务报表或者造假的可能。(4)关注企业退货情况,若企业产品的退货率很高,说明企业的经营状况不是特别良好。

3. 企业营业收入的产品结构分析—收入靠谁拉动

企业为分散经营风险,通常会提供多种商品以及多种劳务。通过分析占比较大的业务能够了解到企业的主要增长点。企业产品结构的变化也能够反映经营市场情况、企业战略规划等一系列的变化。在分析企业营业收入产品结构时,要结合市场的实际需求以及未来发展趋势,从而判断企业未来发展潜力。

判断企业主营业务是否为企业带来持续的竞争力。销售收入现金含量＝销售商品和提供劳务收到的现金/营业收入,一般该比例越高,营业收入质量越高,可持续性越强。若销售收入现金含量＞1.17(0.17 为增值税税率),意味着当前所有的营业收入全部收回,而且也收回了部分往年没有收回的营业收入,反映了企业内部外部经营环境都体现很好的发展态势。

4. 企业营业收入的区域结构分析——核心市场在哪里

占总收入比重大的地区是企业过去业绩的主要地区增长点,不同地区的消费者对不同品牌的商品具有不同的偏好,不同地区的市场潜力在很大程度上制约企业的未来发展。对企业区域结构分析可以主要从以下三方面进行:第一,分析地区的经济发展,地区经济总量,地区人口情况等能够反映企业产品的需求情况;第二,分析地区的政治经济环境,要打入一个区域,该区域的政治经济政策是相当重要,分析当地政策对企业进入该市场是利还是弊,对判断企业在这个区域未来发展有着至关重要的作用;第三,分析国际贸易环境的变化,对于一些有较强贸易壁垒的国家,会对企业产品的进入造成较大影响,此外,若进入地区发生政治动荡,金融危机也会对企业造成巨大的影响。

5. 是否靠关联方或者行政手段获取收入——业绩依靠什么

分析企业营业收入时,判断企业是否依靠关联方或者行政手段获取收入,要关注关联集团的交易往来,分析交易价格及交易时间是否满足市场实际情况,是否存在关联方交易达到粉饰报表的情况。在企业发展的初期,部门或地区行政手段的支持,会对企业营业收入造成较大的影响,但是若在企业发展稳定期,仍是依靠行政手段,而不是依靠市场的实际需求,企业未来的发展前景值得考量。

案例 5-1:青岛啤酒营业收入质量分析[①]

1.整体营收情况(见图 5.1)

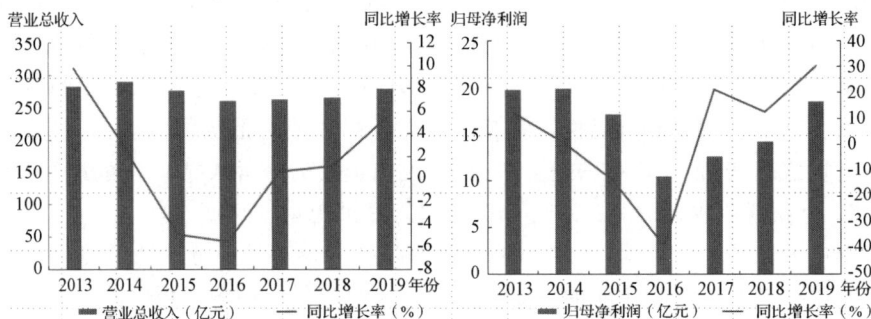

图 5-1 青岛啤酒营业总收入与归母净利润

2013—2016 年青岛啤酒所在行业总量增长停顿、竞争格局稳定,公司业绩下滑步入调整期,其间归母净利润的复合年均增长率达−19.18%。从 2017 年至今,公司利润诉求增强、高端化逻辑明确,产品结构升级、关厂提效以及提价常态化叠加推动业绩重回正轨。

2.营收产业结构分析(见图 5-2)

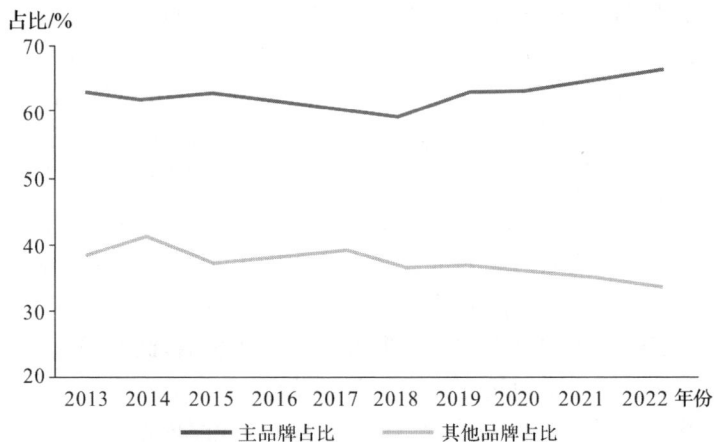

图 5-2 青岛啤酒主品牌与其他品牌占比情况

---

① 来源:浙江大学经济学院 2020 级研究生王梓铭、吴李群、张洵、王秋实、柴杭莹等同学《财务报表分析》课程小组作业。

从产品类型结构来看,主品牌青岛品牌作为中高端国产第一品牌,贡献公司营收 62.9%,定位高品质、高价格和高可见度;另外,公司积极推进"青岛啤酒主品牌＋崂山啤酒第二品牌"的"1＋1"品牌战略,优化产品结构,加快向高附加值产品转型,高端化体现在纯生份额的扩容和罐化率的提升。

3. 营收地区结构分析(见图 5-3)

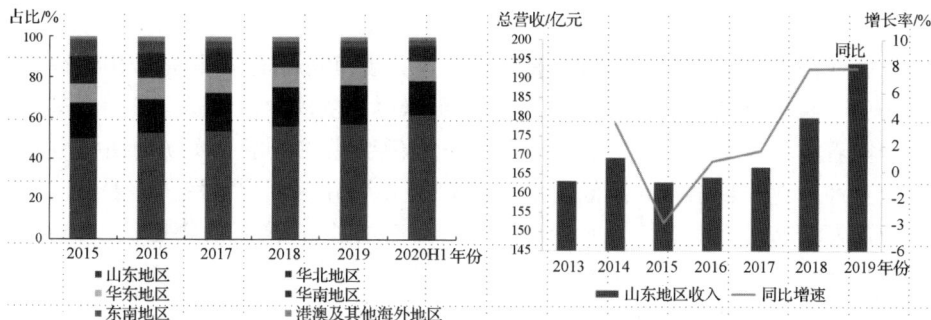

图 5-3　青岛啤酒分地区收入情况

公司发挥基地市场的带动作用,贯彻"大山东"基地圈战略,山东作为基地市场占收比持续上涨,2019 年贡献总收入 69.3%,啤酒销量占总体比达到 65.5%,利润贡献约 75%。同时提速"沿黄"市场战略带,华北地区自 2013 年起营收占比持续增加。2019 年实现总营收 63.2 亿,同比增长 6.3%,占总收入比增至 22.6%,其中公司在河北、山西和陕西市场占有率领先。

（二）费用质量分析

费用是指企业在日常活动中发生的,会导致所有者权益减少的、与向所有者分配利润无关的经济利益的总流出。费用按企业会计制度划分可以分为营业成本和期间费用。对制造业来说,营业成本是包含所售商品的进价或者生产成本。而期间费用一般包括管理费用、销售费用和财务费用三个项目,是企业为了维持正常运营而发生的各种开支。

在进行费用质量分析时,不能仅仅关注于费用的规模,致力于减少费用的支出,很多必要的费用在规模上都是固定的,所以在费用控制方面,不能仅关注费用规模的最小化,而要关注费用效益的最大化。除此之外,也应关注费用对人的的行为和心理所产生的影响,适当的员工费用宽松可以提高员工工作的积极性、忠诚度与创造性,对企业发展是有利的。

1. 营业成本质量分析

营业成本是指企业所销售商品或者所提供劳务的成本。营业成本分为主营业务成本和其他业务成本。主营业务成本,是指企业主要经营业务所耗费的成本,如购买产品的原材料以及制作产品产生的费用。其他业务成本,是指非企业主营业务所耗费的成本,如工资、奖金、福利、保险等。

营业成本的高低既有公司不可控的因素(受市场环境变化引起的价格波动等),也有公司可控的因素(可通过选择供货渠道、批量采购来控制成本)。在进行营业成本分析时,我们应关注营业成本计量的真实性以及是否存在异常波动等等。

2. 期间费用质量分析

企业的期间费用不一定与企业的经营业务规模完全适应,销售费用、管理费用按照其与企业经营业务量水平的关系,可以分为变动费用和固定费用。其中,总额随着企业经营业务量水平的高低成正比例变化的费用为变动费用;总额不随企业经营业务量水平的高低变化、保持固定的费用为固定费用。一般情况下,企业的期间费用会随着经营业务规模的提高而增长,但增长的幅度低于经营业务规模增长的幅度。

(1)销售费用质量分析

销售费用是指企业在销售商品和材料、提供劳务的过程中发生的各种费用,包括企业在销售商品过程中发生的保险费、包装费、展览费和广告费、商品维修费、预计产品质量保证损失、运输费、装卸费等以及为销售本企业商品而专设的销售机构(含销售网点、销售服务网点等)的职工薪酬、业务费、折旧费、固定资产修理费用等费用。企业的销售费用是保证企业销售目标顺利实现的基础,需要将企业的销售费用控制在合理的范围内,进而促进企业的可持续发展。销售费用是保证企业正常经营的关键性因素,有了资金的支持,才能保证销售渠道的顺畅。

对销售费用的质量分析,应着重考察以下几方面:①将销售费用与营业收入和核心利润挂钩,分析营业收入、核心利润和销售费用之间的关系,通过同行业以及前后期自身对比,考察销售费用的有效性;②分析销售费用各项目比重占比变化,关注这些项目对企业销售能力改善做出的贡献;③通过分析销售费用的变动趋势与产品销售额或销售量的对比,可以及时发现销售费用异常波动,结合行业竞争态势及企业自身竞争能力,判断销售费用波动的合理性,关注是否存在人为主观操纵的痕迹;④将销售费用与市场同行业的平均销售费用对比,若销售费用占比低于行业平均水平,则存在两种可能。一种是公司有强有力的营销能力,未来市场前景较好;但同时也可能是由于销售费用直接影响公司利润,企业为了粉饰报表而刻意隐瞒了销售费用。所以需要深入分析销售费用占营业收入比例异于行业水平的原因。

(2)管理费用质量分析

管理费用是指企业为组织和管理生产经营活动而发生的各种费用。包括的具体项目有:企业董事会和行政管理部门在企业经营管理中发生的,或者应当由企业统一负担的公司经费、工会经费、待业保险费、劳动保险费、董事会费、聘请中介机构费、咨询费、诉讼费、业务招待费、办公费、差旅费、邮电费、绿化费、管理人员工资及福利费等。一般情况下,企业规模、组织架构、战略规划及管理手段等方面变化不大的情况下,企业的管理费用规模不会有太大变化。与销售费用相类似,对管理费用质量的考察,也可以从支出的有效性、长期效应以及异常波动的合理性等几个方面进行。

(3)财务费用质量分析

财务费用是指企业在生产经营过程中为筹集资金而发生的各项费用。包括企业生产经营期间发生的利息支出(减利息收入)、汇兑净损失(有些企业如商品流通企业、保险企业进行单独核算,不包括在财务费用)、金融机构手续费以及筹资发生的其他财务费用(如债券印刷费、国外借款担保费等)。为构建或生产满足资本化条件的资产发生的应予资本化的借款费用,应计入有关资产的构建或生产成本,不包括在财务费用的核算范围内。

经营期间的利息支出构成了企业财务费用的主体,而企业贷款利息水平的高低,主要取决于三个因素:贷款规模、贷款利息率和贷款期限。贷款规模的降低可以减少财务费用,但是要关注贷款规模和企业未来战略规划的匹配性,不能盲目降低贷款规模。贷款利息率及贷款期限,既有企业不可控制的因素(资本市场宏观环境的影响),也有企业可控制的因素(企业信誉、贷款规模、贷款期限等),要关注企业可控制因素对企业财务费用下降带来的影响,而对企业因贷款利率宏观下调等不可控因素导致的财务费用降低不应给予过高的评价。

案例5-2:千味央厨费用质量分析[①]

1.营业成本质量分析(见表5.2)

表5.2 2017—2019 年内千味央厨公司营业成本　　　　　单位:万元,%

项目	2019 年度		2018 年度		2017 年度	
	金额	比例	金额	比例	金额	比例
主营业务成本	67,132.70	99.99	53,411.43	100	45,870.16	100
其他业务成本	8.14	0.01	1.54	0	1.67	0
合计	67,140.84	100	53,412.96	100	45,871.83	100

2017—2019 年内,公司营业成本的结构与营业收入的结构基本一致,公司营业成本中主营业务成本占比将近 100%,其他业务成本为销售包装物的结转

---

① 来源:浙江大学经济学院 2020 级研究生赵倩课程作业《财务报表分析》。

成本。公司主营业务成本以原材料成本为主,其次为制造费用和人工成本。2017—2019年内公司原材料成本占同期主营业务成本的比重分别为80.21%、79.31%和79.64%。2017—2019年公司主营业务成本构成基本稳定。

2.期间费用质量分析(见表5.3~5.7)

2017—2019年内,公司期间费用占当期营业收入比重分别为11.42%、11.66%和12.85%,期间费用率较为稳定。

表5.3 公司期间费用构成及变动情况表 单位:万元,%

项目	2019年度		2018年度		2017年度	
	金额	占比	金额	占比	金额	占比
销售费用	4,448.27	5	3,437.52	4.9	3,158.56	5.32
管理费用	6,366.93	7.16	4,405.66	6.28	3,346.00	5.64
研发费用	535.16	0.6	416.38	0.59	346.64	0.58
财务费用	73.67	0.08	−84.28	−0.12	−74.73	−0.13
合计	11,424.03	12.85	8,175.28	11.66	6,776.47	11.42

(1)销售费用质量分析

2017—2019年内,公司销售费用占营业收入的比例分别为5.32%、4.90%和5.00%,2017—2019年各期销售费用率比较稳定。

从费用构成看,公司销售费用主要由运输费、职工薪酬构成,二者合计占销售费用比例在70%以上;其中运输费从2017年的1,257.21万元增长至2019年的2,221.04万元,主要是公司承担运输的直营客户收入增长较快;职工薪酬2017年至2019年分别为1,014.39万元、1,040.76万元和1,241.82万元,2017—2019年内有所增长。

表5.4 2017—2019年公司销售费用明细情况 单位:万元,%

项目	2019年度		2018年度		2017年度	
	金额	占比	金额	占比	金额	占比
运输费	2,221.04	49.93	1,657.00	48.2	1,257.21	39.8
职工薪酬	1,241.82	27.92	1,040.76	30.28	1,014.39	32.12
差旅费	494.18	11.11	451.36	13.13	434.12	13.74
业务宣传费	264.94	5.96	130.2	3.79	218.97	6.93
会务费	122.83	2.76	14.55	0.42	143.96	4.56
仓储费	70.78	1.59	79.35	2.31	64.42	2.04
其他	32.68	0.73	64.31	1.87	25.5	0.81

（2）管理费用质量分析

2017—2019 年内公司管理费用占营业收入的比例分别为 5.64％、6.28％和 7.16％，公司管理费用率略有上升。

从费用构成看，公司管理费用主要为发生的职工薪酬、仓储费、折旧摊销和运输费，该四项费用合计占管理费用的比例超过 75％。从变化情况看，职工薪酬由 2017 年的 1,873.84 万元增长至 2019 年的 3,230.22 万元，主要原因为公司管理人员增加；仓储费由 2017 年的 461.05 万元增长至 2019 年的 800.22 万元，主要原因为公司销售规模增大导致公司租赁的仓库数量、面积有所增加；折旧摊销由 2017 年的 135.33 万元增长至 2019 年的 518.80 万元，主要原因为新乡食品加工建设项目的折旧摊销增加；运输费由 2017 年的 115.04 万元增长至 2019 年的 413.85 万元，主要原因为公司产成品、原材料在工厂和仓库之间的调拨费等运输费用有所增加。

表 5.5　2017—2019 年公司管理费用明细情况　　　　单位:万元,％

项目	2019 年度		2018 年度		2017 年度	
	金额	占比	金额	占比	金额	占比
职工薪酬	3,230.22	50.73	2,198.50	49.9	1,873.84	56
仓储费	800.22	12.57	807.95	18.34	461.05	13.78
折旧摊销	518.8	8.15	189.32	4.3	135.33	4.04
运输费	413.85	6.5	289.96	6.58	115.04	3.44
办公费	324	5.09	297.12	6.74	185.96	5.56
中介服务费	249.52	3.92	109.5	2.49	136.46	4.08
租赁费	232.04	3.64	129.08	2.93	123.7	3.7
检测费	99.12	1.56	85.19	1.93	78.63	2.35
差旅费	81.36	1.28	59.2	1.34	61.4	1.84
维修费	37.02	0.58	22.47	0.51	32.03	0.96
其他	380.78	5.98	217.37	4.93	142.56	4.26
合计	6,366.93	100	4,405.66	100	3,346.00	100

（3）研发费用质量分析

2017—2019 年内公司研发费用占营业收入的比例分别为 0.58％、0.59％和 0.60％。主要为研发人员薪酬、研发材料费及设备折旧等，具体构成情况如下：

表 5.6 2017—2019 年公司研发费明细表 单位:万元

项目	2019 年度	2018 年度	2017 年度
职工薪酬	371.63	285.14	246.62
其他	163.52	131.24	100.02
合计	535.16	416.38	346.64

(4)财务费用质量分析

2017—2019 年内公司财务费用分别为－74.73 万元、－84.28 万元和 73.67 万元,2017 年、2018 年财务费用为负,主要是当年银行存款产生利息收入所致;2019 年公司银行借款 3,000 万元,当年利息费用 97.08 万元。

表 5.7 2017—2019 年公司财务费用明细表 单位:万元

项　目	2019 年度	2018 年度	2017 年度
利息支出	97.08	—	—
减:利息收入	29.67	90.83	76.5
银行手续费	6.14	6.55	1.77
汇兑损益	0.13	—	—
合计	73.67	－84.28	－74.73

(三)企业对核心利润实现过程进行操纵的手段及其对利润质量的影响

企业操纵利润的动机主要有两个:一是有意做高利润,粉饰财务报表;二是有意做低利润,降低税负水平。企业操纵利润的主要方式有:(1)固定资产延迟折旧。主要的做法有:企业有意拖延,不把在建工程确认为固定资产,推迟开始计提折旧的时间;企业通过延长固定资产折旧年限从而减少折旧费,增加净利润。(2)坏账准备少计提,通过对应收账款的坏账比例下调,增加净利润。(3)通过关联方交易,以低于市场的价格向关联方购入存货,以高于市场的价格出售给关联方,做出虚高利润。

企业在不同时期采用的操纵利润手段会发生变化,随着政策和制度的完善,企业操纵利润的手段会更加隐蔽,我们需要不断研究企业操纵利润的方式,进一步进行全方位的考察。企业通过各种手段提高利润,会迷惑投资者,因为这种利润通常都是不可持续的,利润质量较低。

二、对利润结构的质量分析

（一）利润自身结构的质量分析

1.企业毛利率的相对水平及其走势

企业的毛利等于营业收入减营业成本，是企业日常经营活动中产生的。毛利率等于毛利除以营业收入。需要关注毛利率大小及其走向，良好的财务状况要求企业的毛利率在同行业中处于平均水平以上，且不断上升。毛利率能反映公司产品的竞争力和获利潜力。它是企业净利润的起点，没有足够高的毛利率便不能形成较大的盈利。如果企业的毛利率显著高于同行业水平，说明公司产品附加值高，产品定价高，与同行业比较存在成本上的优势，有竞争力。如果公司毛利率显著降低，则可能是公司所在行业竞争激烈，预示该企业盈利能力的下降。企业毛利率的平均水平能够反映行业整体的发展状况，通过判断行业的发展趋势可以预测企业的毛利率走势。企业毛利率相对行业内其他公司的水平，能够看出企业是否相对其他企业具有竞争优势，以及在同行业中所处的地位。

企业的毛利率较高可能存在以下几方面的原因：(1)毛利率高是由行业周期性波动导致的毛利率的暂时走高，此时应关注周期性影响是否能够使得毛利率持续走高；(2)企业相对于行业内其他企业在产品、管理、战略等方面具有较强的核心竞争力，使得毛利率较高，此时应关注企业的核心竞争力能否持续；(3)企业会计处理故意选择调高毛利率的手段，此时应关注注册会计师出具的审计报告的意见类型及措辞。

同样，毛利率较低时，我们应关注是不是行业周期性波动导致，是否企业缺乏核心竞争力，是否存在会计处理不当等多方面问题。

2.企业自身经营活动的盈利能力及资产管理质量

以产品生产、销售为主的企业，自身经营活动的盈利能力可以通过核心利润及核心利润率来反映。通过行业内企业的比较以及企业自身年度间的趋势，可以判断企业在行业中的地位以及未来的发展趋势。企业的资产管理可以通过考察"资产减值损失"项目规模的大小来进行考察。经常进行大规模的资产减值以及盈余管理倾向，很有可能说明企业资产管理不善。

3.企业盈利能力的持续性和实现质量

企业的盈利主要分为营业利润和营业外收支，可以通过考量营业利润和营业外收支的占比，来分析盈利能力的持续性。营业利润是指企业在日常经营生活中产生的利润,这种盈利通常是可持续性的,反映了企业经营较好。营业外收支通常是指如非流动资产处置损益以及补贴收入等一些非正常损益项目引起的偶然收入,这种盈利通常是不可持续的,因此我们可以通过判断营业利润和营业外收支的占比来分析企业盈利能力的可持续性。

企业的实现质量可以通过将包括资产减值损失和公允价值变动损益在内的未实现损益与利润表中的已实现损益进行比较来加以考量。如果企业中未实现损益占比过大,会使企业造成资产泡沫和利润泡沫,在一定程度上会影响企业的利润质量。

案例 5-3:吉祥航空利润自身质量结构分析[①]

1.企业毛利率分析(见表 5.8)

表 5.8　吉祥航空与主要航空公司毛利率表　　　　　　单位:%

	2015 年	2016 年	2017 年	2018 年	2019 年
吉祥航空	25.98	22.04	20.57	15.02	14.02
春秋航空	20.11	12.80	12.14	9.68	11.41
东方航空	17.79	16.21	11.24	10.90	11.30
海航控股	26.88	22.91	13.54	7.30	7.42
平均值			19.50	14.07	12.79

吉祥航空与同行业主要竞争对手相比,可以看到,毛利率的下降是行业普遍趋势,说明近年来行业内竞争逐渐激烈,白热化的市场竞争和市场份额的瓜分殆尽导致航空业整体毛利率下滑严重。结合宏观分析,可以看到我国航空运输业的利润水平波动较大,主要受到国内外宏观经济形势、国际原油价格动荡、人民币汇率波动、重大突发性事件(如流行病疫情、雪灾、地震等)和其他特别事项等因素的影响。与头部民航春秋航空相比,吉祥航空的毛利率更高,但是净利率更低,这说明吉祥航空与春秋航空相比核心竞争能力不足,与头部民航仍然无法分庭抗礼,要成为行业龙头仍然任重道远。

---

① 来源:浙江大学经济学院 2020 级研究生楼昕宇《财务报表分析》课程作业。

2.企业经营活动的盈利能力分析(见表 5.9)

表 5.9　吉祥航空盈利能力分析表　　　　　　　　单位:%

	2015 年	2016 年	2017 年	2018 年	2019 年
经营活动净收益/利润总额	80.86	73.36	73.34	50.11	58.33
价值变动净收益/利润总额	1.27	−0.27	0.83	11.65	−0.69
营业外收支净额/利润总额	17.87	26.92	9.28	8.93	7.90
所得税/利润总额	26.64	24.74	25.97	26.76	27.56
扣除非经常损益后的净利润/净利润	80.37	73.06	88.03	76.54	90.95

吉祥航空经营活动净收益整体下降明显,在 2019 年略有回升,说明企业经营活动当期实现利润的含金量上升,整体质量较高。从公司的营业收入观察,近几年居民生活水平提升,公司业务也具有较好的发展趋势。前期震荡调整结束,开始步入正常发展期。价值变动净收益年际变化剧烈,但尚不构成利润总额的巨大影响因子;营业外收益净额对利润总额的影响也在逐年降低,从 2015 年接近 20%已经下降到不足 10%,所得税占利润总额比例维持在 27%,相对稳定性高,公司利润的波动主要来自营业收入。说明上市公司自主经营的资源配置战略的实施后果较为理想,显示了公司自身经营活动在业内具有较明显的竞争优势和较强的盈利能力。

(二)企业利润结构与相应的现金流量结构之间的对应关系分析

通过对企业利润结构和相应的现金流量结构之间的对应关系进行分析,可以判断企业利润结构的现金获取质量。企业获得收益一般都是通过获得利润和获得现金这两种途径来实现。较高的利润质量,意味着无论是营业利润还是投资收益,都具有较强的现金获取能力。

1. 核心利润产生现金净流量的能力

为了测评盈利结构与对应的现金流量结构的趋同性,主要是将核心利润进一步调整为"同口径的核心利润",再与经营活动产生的现金净流量进行比较。就可以反映公司自身经营活动产生的核心利润获取现金的能力。

同口径核心利润＝核心利润＋固定资产折旧＋其他长期资产价值摊销＋财务费用－所得税费用

在稳定发展条件下,同口径核心利润应与现金流量表中经营活动产生的现金流量净额数据大体相当。如果差距巨大,应该分析可能存在的原因。

可能的原因主要有以下几种:

（1）企业收款不正常，回款不足，引起经营活动产生的现金流量净额恶化。比较企业利润表中近两年的营业收入数字，资产负债表中的商业债权规模变化和商业负债规模变化，以及现金流量表两年的销售回款情况，我们可以据此做出初步判断，企业的销售回款是否正常。

（2）企业存在不恰当资金运作行为。如某些企业"支付的其他与经营有关的现金流量巨大"，其他活动成了主流活动。

（3）企业在经营活动的收款和付款方面主要与关联方发生业务往来。企业与关联方之间的业务往来，不论是在核心利润的各个要素的确认上，还是各项经营活动的现金流量的流出规模与时间控制上，均具有较强的可操纵性。在这种情况下，同样难以按照一般的报表之间的逻辑关系进行分析。

2. 投资收益产生现金流入量的能力

企业的投资收益有以下几个来源渠道：（1）金融资产处置收益；（2）金融资产持有期间取得的利息及股利收益；（3）长期股权投资转让收益；（4）权益法确认的长期股权投资收益；（5）成本法确认的长期股权投资收益等。

在企业主要以长期股权投资和长期债权投资为主，且年内没有发生投资转让的情况下，与本期投资收益相对应的现金应回收金额为：

现金应回收金额＝现金流量表中的"取得投资收益收到的现金"金额＋年末资产负债表中"应收股利"与"应收利息"之和－年初资产负债表"应收股利"与"应收利息"之和

三、对利润结果的质量分析

从结果来看，企业利润各项目均会引起资产负债表项目的相应变化：企业收入增加，对应资产的增加或负债的减少；费用的增加，对应资产的减少或负债的增加。对企业利润质量的分析，主要关注企业利润各个项目所对应资产负债表项目的质量分析。

从利润主要项目所对应的资产负债表项目来看，主要涉及货币资金、应收账款、应收票据、其他应收款（或应收股利、应收利息）、存货、长期股权投资、固定资产、无形资产等。

案例 5-4：老板电器利润质量分析[①]

杭州老板电器股份有限公司（以下简称老板电器）是中国厨房电器行业的领

---

① 来源：浙江大学经济学院 2017 级研究生王鼎盛《财务报表分析》课程作业，本书作者有补充。

导者,也是迄今为止历史最悠久的专业厨房电器品牌。截至 2018 年底,公司品牌价格指数为行业平均的 135%,是国内厨电行业上市公司中唯一一家定位高端品牌的企业。

面对行业整体发展压力,公司作为厨电行业龙头企业,上下一心、努力拼搏,公司主力产品零售量和零售额的增长均明显优于行业平均增长幅度,保证了业绩的平稳增长。截至 2018 年底,公司主力产品吸油烟机零售量、零售额的市场份额分别为 19.76%、26.62%,燃气灶零售量、零售额的市场份额分别为 17.56%、23.89%,均持续保持行业第一。

1. 对核心利润实现过程的质量分析

(1)核心利润(见图 5.4)

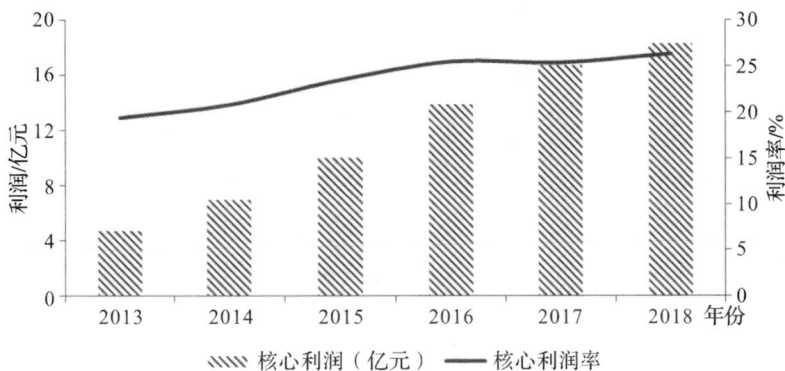

图 5.4 核心利润

核心利润＝营业收入－营业成本－营业税金及附加－销售费用－管理费用－财务费用,相较于利润总额而言,核心利润将投资收益、营业外收支等排除在外,能更好地反映企业日常经营活动产生利润的能力。

从图中可以看出,老板电器的核心利润逐年增长,且近 6 年的核心利润率均维持在 20% 以上。说明该公司的主营业务在不断发展,公司处于稳定增长阶段,增速可持续性较强。下面对核心利润的实现过程做更详细的分析。

(2)营业收入质量分析(见图 5.5～5.8)

近几年,国内外宏观经济形势错综复杂,地产调控对厨电行业的影响日趋显现,厨电行业整体低迷。从行业整体来看,主要厨房电器产品均呈现了近年来少有的下降态势。面对行业整体发展压力,老板电器仍能维持营业收入的增长稳定,并且销售收现率逐年增加,说明企业营业收入的质量在提高。

从营业收入的品种构成来看,吸油烟机和燃气灶是营业收入的主要增长点,

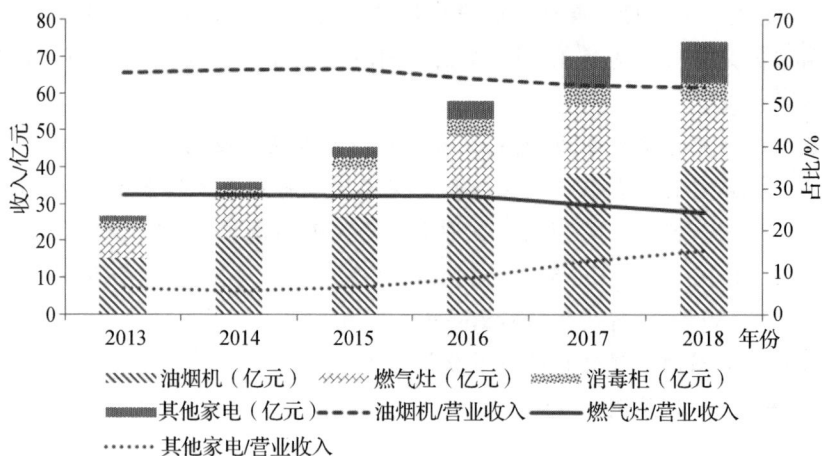

图 5.5　营业收入品种构成

特别是吸油烟机,其"大吸力"的品牌宣传深入人心,良好的品牌效应使得吸油烟机销售成为公司的营业收入主要来源。根据上述趋势图可以看出,随着行业整体承压,公司在保持主营业务持续增长的同时,还在积极开发智能厨房电器的研发、设计、生产与销售,诸如嵌入式洗碗机、烤箱、蒸箱等符合居民多样化需求的电器。

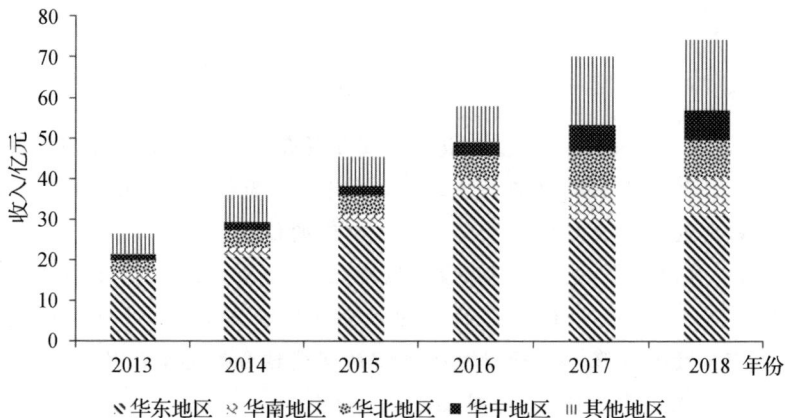

图 5.6　营业收入区域构成

从营业收入的区域构成来看,营业收入主要来自华东地区、华南地区、华北地区和华中地区。近年来,营业收入的区域结构有所变化,除了华东地区以外,各地区的营业收入均稳步上升。一方面,随着各地区的经济发展,高端品牌定位的老板电器受到来自全国各地的追捧,城镇化率的上升提高了各地区的居民需求。另一方面,老板电器的品牌效应得到了良好的扩散,其主要市场不再拘泥于华东地区,从某种程度来说,为公司的战略布局打下了坚实的用户基础。

（3）费用质量分析

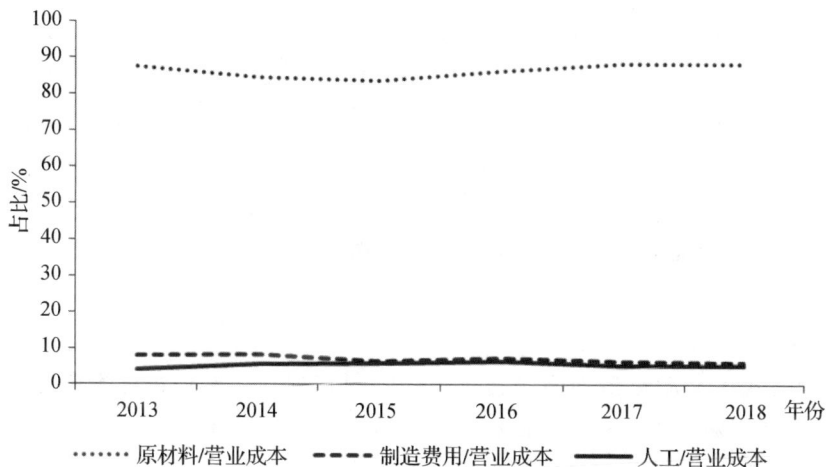

图 5.7 营业成本构成

费用方面主要包括营业成本、销售费用、管理费用和财务费用四个方面。先看营业成本,从营业成本的构成来看,80％以上的成本是原材料,原材料主要是外购的,在老板电器的前五大供应商中,有四家是浙江省内的企业,均不是关联方,且长期以来存在合作关系,可以认为其材料采购的成本应该基本与市场公允持平或略低于公允。同时,企业的存货发出计价方法历年来没有改变,固定资产的折旧中,对房屋及建筑物的折旧年限为 20 年,机器设备的折旧年限为 10 年,运输设备及其他设备的折旧年限为 5 年,均采用年限平均法,残值率均为 5％,折旧方法较为稳健。因此,我们可以认为老板电器的营业成本不存在人为粉饰报表。

再看三项期间费用,从规模上看,随着生产经营规模的扩大,销售费用和管理费用都在合理增加,不存在异常波动。通过计算销售费用、管理费用与核心利润的比值,可以看到 5 年来都呈现一个下降的趋势,意味着产生每单位核心利润所需的销售费用和管理费用更少了,企业的营销效果、管理效率有所提高。财务费用为负值,是因为企业没有有息负债,同时又有利息收入,而汇兑损失的规模

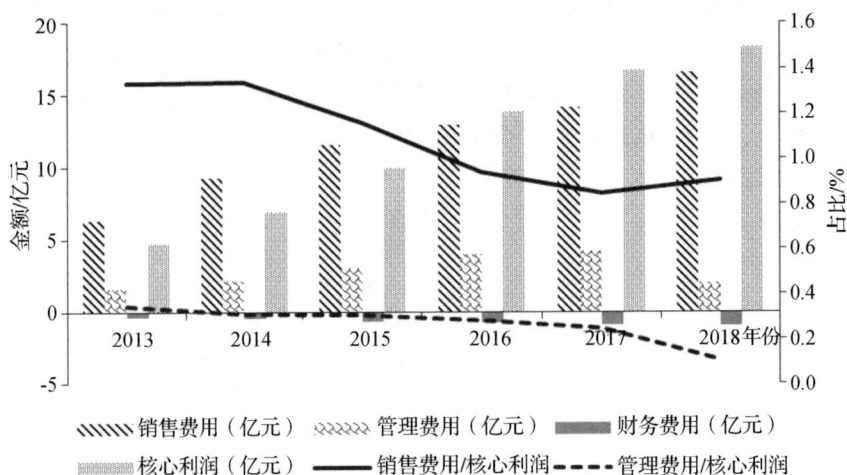

图 5.8　期间费用

远小于利息收入的规模,历年来为1‰左右,所以利息收入记在财务费用科目的贷方,使得利润表上的财务费用的填列数为负数。从财务费用的绝对值来看,5年来有所增加,是因为企业的利息收入在增长。

2.对利润结构的质量分析

(1)利润结构与盈利模式(见图5.9～5.11)

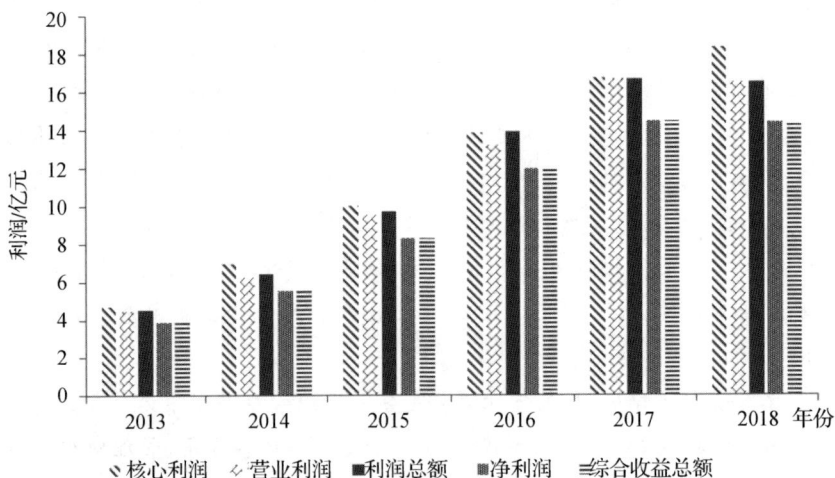

图 5.9　利润结构

从各年的柱状图中可以看出,老板电器核心利润、营业利润和利润总额三者相差不大,说明老板电器以自身开展经营活动为内容,以消耗经营性资产为基础,以产生核心利润和经营活动引起的现金净流量为主要业绩表现,是自身经营主导型的盈利模式。

（2）利润自身结构的质量分析

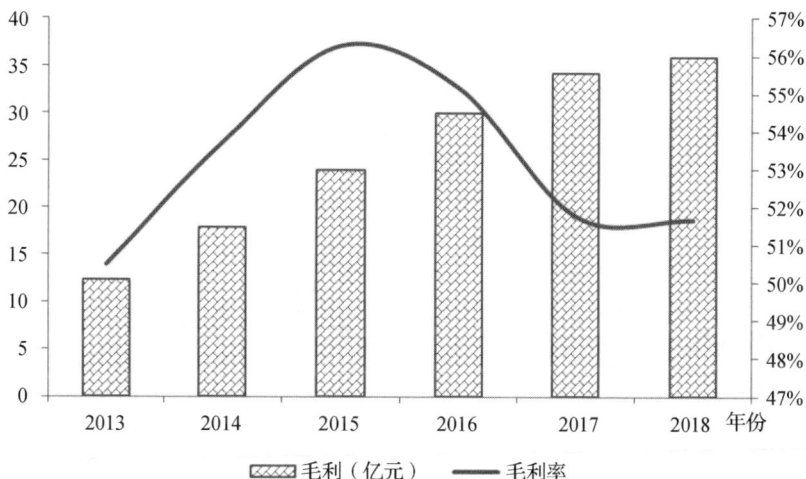

图 5.10　毛利和毛利率

老板电器的毛利率各年均维持在 50％以上,在厨电行业中处于较高水平,与华帝股份相比,高出一成左右,主要原因是其产品具有较强的核心竞争力,预计该毛利率水平能在未来持续保持。

老板电器是以产品经营为主的企业,因此核心利润率能综合体现企业自身经营活动的盈利能力,而净资产收益率和总资产报酬率也能从其他角度进一步说明。从这三个指标来看,在行业整体承压的情况下,公司仍能保持较高的收益率和稳定增长的核心利润率,可见公司前景可观。

另外,企业资产减值损失的规模历年来都比较小,且波动不大,应该不存在盈余管理的倾向。营业外收支净额大约是营业利润的 5％,企业的净利润中主要还是营业利润,因此利润的可持续性较强。

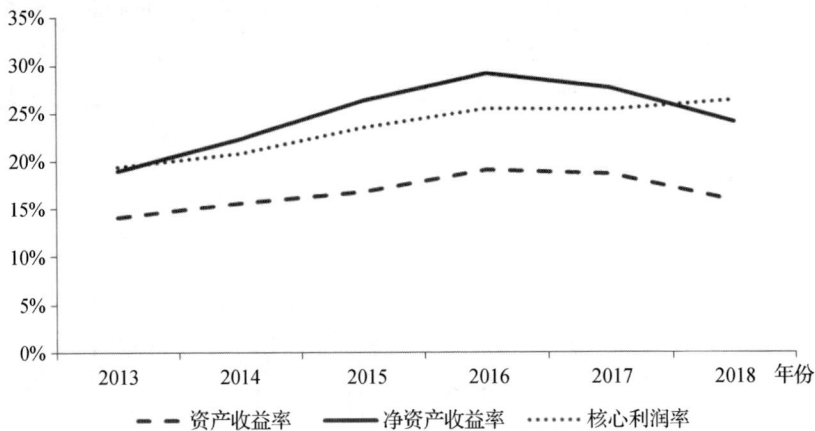

图 5.11　盈利能力

（3）利润结构与相应的现金流量结构之间的对应关系分析

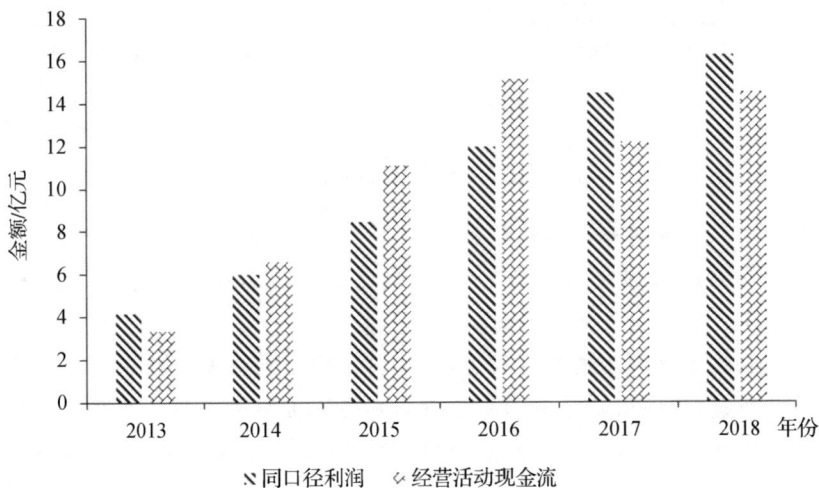

图 5.12　同口径核心利润

同口径核心利润＝核心利润＋折旧＋其他长期资产摊销＋财务费用－所得税费用

因为老板电器是自身经营主导型的盈利模式，因此主要分析核心利润产生现金净流量的能力。图中将同口径核心利润于经营活动产生的现金流量净额作对比。在2017—2018年，行业整体承压，导致部分现金流回收有困难，而在其余年份,两者金额大体相当,经营活动产生的现金流量净额略大,具有正常的逻辑关系,没有报表操纵之嫌。

四、利润结构与盈利模式分析

从企业业绩的形成情况来看,企业盈利模式主要分为以下四种:

1.经营活动主导型。企业以自身开展经营活动、消耗经营性资产、产生核心利润和经营活动引起的现金净流量为主要业绩表现,经营活动主导型的企业,其核心利润是利润总额的主要部分。

2.投资主导型。以投资活动为内容,以消耗投资资产为基础,以产生广义投资收益和投资活动引起的现金流入量为主要业绩表现。

3.资产重组型。以对企业的经营资产或者投资资产进行重组为内容,以优化企业的经营资产或者投资资产为基础,以产生利润和相应的现金流量为业绩表现。

4.会计操纵型。以会计方法对财务信息进行账面调节为主要手段,在报表中直接"产生"利润。

企业的利润结构是否合理,体现在以下两个方面。

(1)企业的营业利润和利润总额的结构基本合理

所谓营业利润和利润总额的结构基本合理,是指企业的利润总额主要是由营业利润带来的,而不是由营业外收入带来的。

(2)企业的利润结构与资产结构相适应

在企业的息税前利润的构成中,投资收益与"息税前利润减去投资收益以后剩余的其他利润"(以下简称"其他利润")之间的数量结构和企业资产总额中的对外投资与"资产总额减去对外投资以后剩余的其他资产"(以下简称"其他资产")之间的数量结构相匹配。基本思路是:企业的资产总额带来了息税前利润,其中,对外投资带来了投资收益,其他资产带来了其他利润。因此,利润结构应该与资产结构相适应。

五、利润质量恶化的主要表现

会计利润在一定程度上体现了企业的盈利能力,同时也是对企业经营者进行业绩考评的重要依据。但由于会计分期假设和权责发生制的使用决定了某一期间的利润并不一定意味着具有可持续性、利润带来的资源并不一定具有确定的可支配性。此外,企业经营者出于自身利益的考虑,往往会运用各种手段调节利润、粉饰利润表,从而导致会计信息失真并误导投资者、债权人及其他利益相关者。判断利润表恶化的主要表现可以从以下几个方面来进行。

（一）企业盲目扩张,进入的行业竞争激烈且风险过大

企业发展到一定程度以后,必然在业务规模、业务种类等方面寻求扩张。但是如果企业在一定时期内扩张过快,涉及的领域过多、过宽,经营风险加大,利润质量会出现恶化迹象。

（二）企业反常压缩酌量性成本

酌量性成本是指企业管理层可以通过自己的决策而改变其规模的成本,如研究和开发成本、广告费支出等。如果企业相对于总规模或营业收入的规模降低此类成本的话,应该属于反常压缩。这种压缩有可能是企业为了当期的利润规模而降低或推迟本应发生的支出,是为了粉饰当期利润。也就预示着企业利润质量可能出现进一步地恶化。

（三）企业变更会计政策和会计估计

按照我国《企业会计准则——会计政策、会计估计变更和会计差错更正》,会计政策,指企业在会计核算时所遵循的具体原则以及企业所采纳的具体会计处理方法;会计估计,则指企业对其结果不确定的交易或事项以最近可利用的信息为基础所作的判断。

按照会计的一致性原则的要求,企业变更会计政策和会计估计前后各期应保持一致,不得随意变更。

按照我国《企业会计准则——会计政策、会计估计变更和会计差错更正》的要求,会计政策的变更,必须符合下列条件之一:

(1)法律或会计准则等行政法规、规章的要求;

(2)这种变更能够提供有关企业财务状况、经营成果和现金流量等更可靠、更相关的会计信息;

如果企业赖以进行估计的基础发生了变化,或者由于取得新的信息、积累更多的经验以及后来的发展变化,企业也可以对会计估计进行修订。但是,企业有可能在不符合上述要求的条件下变更会计政策和会计估计,此时的目的就有可能是为了改善企业的报表利润。

（四）应收账款规模的不正常增加、应收账款平均收账期的不正常变长

应收账款规模不正常增加、平均收账期的不正常延长一方面可能是由于行业整体情况不景气,另一方面可能是企业自身在行业中的竞争地位下降,通过放

宽信用政策来刺激销售收入的增长,但是会导致增加坏账的风险。

（五）企业存货周转过于缓慢

在存货周转过于缓慢的情况下,表明企业在产品质量、价格、存货控制或营销策略等方面存在一些问题。在一定的营业收入的条件下,存货周转越慢,企业占用在存货上的资金也就越多。过多的存货占用,除了占用资金、引起企业过去和未来的利息支出增加以外,还会使企业发生过多的存货损失以及存货保管成本。企业存货出现积压,影响销售规模,影响获利水平。

（六）企业的业绩过度依赖非主营项目,缺乏盈利的持久性

一般来说,企业有主营业务利润、投资收益以及营业外收入形成企业利润总额。在正常情况下,上述三类应当在利润总额中占有一定的比例,而这种比例的形成也应当反映企业各类活动的实际。但是,在企业主要利润增长点潜力挖尽的情况下,企业为了维持一定的利润水平,就有可能通过非主营业务实现的利润来弥补主营业务利润、投资收益的不足。例如,通过对企业固定资产的出售利得来增加利润,或大量从事主营业务以外的其他业务以求近期盈利等。显然,这类活动在短期内使企业维持住表面繁荣,但会使企业的长期发展战略受到冲击。

（七）企业计提的各种准备过低

从企业目前的会计实践来看,企业应当在其对外披露的资产负债表上为短期债权、短期投资、存货以及长期投资计提贬值准备,此外,企业还要对其固定资产计提折旧。但是,企业计提贬值准备以及计提折旧的幅度,取决于企业对有关资产贬值程度的主观认识以及企业会计政策和会计估计的选择。在企业期望利润高估的会计期间,企业往往选择计提较低的准备和折旧。这就等于把应当由现在或以前负担的费用或损失人为地推移到企业未来的会计期间,从而导致企业的后劲不足。因此,以计提过低准备和折旧的方法使企业利润得到的业绩,不应获得好评。

（八）企业利润表中的营业费用、管理费用等项期间费用出现不正常的降低

企业利润表中的经营（销售）费用、管理费用等基本上可以分成固定部分和变动部分。其中,固定部分包括折旧费、人头费等不随企业业务变化而变化的费用;变动部分则是指那些随企业业务变化而变化的费用。这样,企业各个会计期间的总费用将随企业业务的变化而变化,不太可能发生随着企业业务的增长而降低费用的情况。但是,在实务中,经常会发现在一些企业的利润表中,收入项

目增加、费用项目降低的情形。在这种情况下,信息使用者完全可以怀疑这是企业在报表中"调"出利润的痕迹。

（九）企业举债过度,资金紧张,支付能力下降

企业举债过度,除了发展、扩张性原因以外,还有可能是企业通过正常经营活动、投资活动难以获得正常的现金流量的支持。在回款不利、难以支付经营活动所需要的现金流量的情况下,企业只能依靠扩大贷款规模来解决。

第五节　所有者权益变动表分析

一、所有者权益变动表

所有者权益（股东权益）变动表,是反映企业在某一特定日期股东权益增减变动情况的报表。股东权益增减变动表包括在年度会计报表中,以前是资产负债表的附表,现在新准则下成为主表。所有者权益变动表有利于财务报表使用者了解企业净资产状况。在新旧准则中这张表地位的变动,源于我国会计准则与国际会计准则趋同的大势所趋。

所有者权益变动表至少应当单独列示反映下列信息的项目:

（1）综合收益总额,在合并所有者权益变动表中还应单独列示归属于母公司所有者的综合收益总额和归属于少数股东的综合收益总额;

（2）会计政策变更和前期差错更正的累积影响金额;

（3）所有者投入资本和向所有者分配利润等;

（4）按照规定提取的盈余公积;

（5）所有者权益各组成部分的期初和期末余额及其调节情况。

二、所有者权益变动表所包含的财务状况质量信息

（一）注意区分"输血性"和"盈利性"变化

"输血性"变化是指企业外部股东入资导致所有者权益增加,"盈利性"变化是指企业内部盈利增强使得所有者权益增加。所有者权益增加如果是由"输血性"变化的原因,投资者要注意一定风险,由于外部投资新项目前景发展存在一定风险。"盈利性"变化导致所有者权益增加且盈利质量较高,说明企业发展情况较好。

（二）注意所有者权益内部相互项目结转的财务效应

所有者权益内部项目结转是指借贷双方都是所有者权益科目,如分配利润、转增资本、盈余公积弥补亏损等。所有者权益内部项目结转虽然对资产质量和结构没有直接影响,但是对企业未来的股权价值变化和利润分配前景可能会产生较大影响。

（三）注意关注企业股权结构变化

企业股权结构变化一方面可能是原有股东结构的调整,另一方面可能是由于进入了新的投资者,股权结构的变化可能会影响企业的投资战略以及经营计划,影响原有投资者对企业发展前景的判断。

（四）注意会计核算因素的影响

由于会计政策变更和差错更正,企业会计核算会进行相应的变更。这种变更只是带来数字上的影响,不影响企业自身的财务状况。但是要注意企业频繁地进行差错更正,有可能是为了粉饰利润表。

案例 5-5：华谊兄弟影视公司所有者权益变动表质量分析[①]

见表 5-8,在可比影视公司中,两家国有影视公司中国电影、上海电影的每股收益较为稳定,每股净资产和每股未分配利润 2016 年以来趋于上升。四家可比民营影视公司 2016 年以来的每股收益都趋于下降,其中北京文化和万达电影每股收益的波动程度较大,华策影视最为稳定,其次为华谊兄弟;2014 年以来,北京文化和万达电影的每股净资产和每股未分配利润都出现较大幅度波动,华策影视每股净资产和每股未分配利润的波动程度在可比公司中最小,华谊兄弟 2016 年以来的每股净资产在可比影视公司中都是最低水平,每股未分配利润的波动程度虽然大于华策影视,但小于北京文化和万达电影。对于留存收益率,除中国电影和上海电影两家国有影视公司 2019 年有所抬升,三家民营公司华谊兄弟、华策影视和万达电影的留存收益率都出现下滑,其中,华谊兄弟 2019 年的留存收益和净利润都为负值,华策影视和万达电影 2019 年的净利润为负。四家民营影视公司近两年都由于商誉减值计提造成净利润下降,其中华谊兄弟由于2017 年以来逐渐进行股权处置,资产减值损失增加,2018 和 2019 都出现净亏损,公司的净资产收益率近两年都为负值;虽然受疫情影响,两家国有影视公司

[①] 来源:浙江大学经济学院 2020 级研究生杨含《财务报表分析》课程作业。

的净资产收益率 2019 年有所下滑,但与民营影视公司相比更为稳定。

表 5.8　华谊兄弟影视公司所有者权益情况分析表

项　　目	年份	华谊兄弟	中国电影	上海电影	华策影视	北京文化	万达电影
每股收益 (元)	2014	0.73	0.35	0.58	0.62	0.21	1.60
	2015	0.76	0.62	0.69	0.48	0.05	1.07
	2016	0.29	0.59	0.75	0.27	0.86	1.16
	2017	0.30	0.52	0.69	0.36	0.43	1.29
	2018	−0.39	0.80	0.63	0.12	0.17	0.74
	2019	−1.42	0.57	0.37	−0.83	−3.22	−2.28
每股净资产 (元)	2014	4.06	2.79	2.12	5.18	2.38	6.00
	2015	7.14	3.42	2.79	5.42	2.60	7.76
	2016	3.24	5.24	5.17	3.65	6.08	8.85
	2017	3.48	5.54	5.62	3.90	6.60	9.94
	2018	3.06	5.98	6.21	3.90	6.83	7.14
	2019	1.59	6.42	6.66	2.99	3.49	6.66
每股未分配 利润(元)	2014	1.48	1.23	1.03	1.47	0.25	4.62
	2015	1.90	1.78	1.55	1.27	0.28	2.53
	2016	1.15	1.79	1.74	1.02	0.83	3.40
	2017	1.41	2.05	2.10	1.32	1.17	4.38
	2018	0.97	2.47	2.40	1.39	1.28	3.47
	2019	−0.38	2.77	2.48	0.56	−2.01	1.49
ROE	2016	9.66%	13.39%	16.99%	7.87%	11.23%	26.33%
	2017	9.68%	10.59%	12.35%	9.41%	1.57%	13.71%
	2018	−9.03%	14.09%	10.22%	3.57%	7.71%	13.90%
	2019	−55.11%	9.94%	5.18%	−23.98%	−60.05%	−28.46%

参考文献

[1]张新民,钱爱民. 财务报表分析[M]. 北京:中国人民大学出版社,2021.

[2]何青.财务报表分析[M].北京:中国人民大学出版社,2014.

[3]《企业会计准则第14号—收入(2017)》

思考题

1. 如何分析企业利润质量?

2. 企业利润质量恶化有哪些表现?

3. 如何理解所有者权益变动包含的财务质量含义?

| 第六章 |

现金流量质量分析

随着会计师事务所对乐视网 2016 年年报出具非标准审计意见,乐视网一时间成了媒体唱衰的对象,通过对其 2016 年现金流量表以及资产负债表和利润表等数据分析让我们来了解乐视网的财务状况质量。

现金流量结构分析

1.经营活动产生的现金净流量—10.68 亿元。对比去年同期经营活动产生的现金净流量 8.75 亿元减少 19.43 亿元,经营活动产生的现金净流量由正变负,说明该公司 2016 年经营活动产生的现金的能力比去年同期有所下降。其中:①销售商品、提供劳务收到的现金同比增加 45.9 亿元,购买商品、接受劳务支付的现金同比增加 51.59 亿元,再结合资产负债表和利润表的相关指标,虽然营业收入增加 89.7 亿元,但是应收款项 2016 年对比 2015 年增加 50.53 亿元,可知 2016 年部分对外销售硬件由先款后货改为有销售账期,营业收入虽然有所增长,但应收款项的增加却导致了现金流入并没有同比例的增加,经营活动产生的现金流入的能力变弱。②人工成本支出同比增加 5.03 亿元和客户贷款及垫款净增加额同比增加 7.21 亿元,这两项的增长也是经营活动现金净流量减少的主要原因。

2.投资活动产生的现金净流量—96.75 亿元。对比去年同期投资活动产生的现金净流量—29.85 亿元减少 66.9 亿元,结合资产负债表的有关指标,长期股权投资同比增加 20.69 亿元、无形资产投资增加 20.02 亿元、固定资产同比增加 5.11 亿元、其他非流动资产同比增加 11.47 亿元,可判断企业处于大规模投资阶段。

偿债能力分析

2016 年现金流动负债比为 −8.6%,对比去年同期 11.74% 大幅下降,2016 年现金债务总额比为 −4.9%,对比去年同期 6.65% 大幅下降,表明企业偿还短期债务和长期债务的能力大幅下降,主要原因还是销售信用政策的改变及大规模投资。

获利能力分析

2016 年净利润现金比率为 −4.83%、对比去年同期 4.03% 大幅下降,2016 年销售净现率为 −4.87%、对比去年同期 6.7% 大幅下降,获利能力大幅下降,主要是 2016 年该公司销售信用政策的变化导致企业现金面临着不足和销售收入产生现金流量的能力变弱。

综上,乐视网通过改变销售政策扩大了销售收入,占领了市场,但是由于应收款项的增加加大了发生坏账的风险,人工成本支出的增加也导致了经营活动现金净流量的大幅减少;同时由于乐视网是以内容为核心竞争力,对硬件、平台、版权等大幅投资也导致了投资现金的大幅流出;由于销售信用政策的变化和大规模的投资也降低了其支付能力、偿债能力和获利能力,最终导致乐视网资金流紧张、财务风险加大,财务状况质量较去年有所下降。

(来源:杨志伟.以现金流量分析企业财务状况质量[J].经贸实践,2017-04-15)

◎思考:

1. 本案例通过对现金流量表以及现金流量表和资产负债表、利润表之间的相关关系,对企业的财务状况进行分析。那么应该如何运用现金流量表分析问题?

2. 现金流量表各个项目之间以及现金流量表与其他报表之间又存在什么样的联系?

现金是公司的血液,理解现金流量对分析一家企业至关重要。现金流量表是以现金制为基础编制的财务状况变动表。编制现金流量表的目的是为财务报表的使用者提供企业在一定会计期间内现金和现金等价物的流入和流出的信息,说明企业的偿债能力、支付股利能力和利润的质量,以了解和评价企业获取现金和现金等价物的能力,分析企业投资者和理财活动对财务状况的影响,并以此来预测企业将来的现金流量。

本章框架

➢ 现金流量表及其主要内容

➢ 现金流量表质量分析

➢ 影响现金流量变化的主要原因分析

第一节　现金流量表及其主要内容

一、现金流量表及相关概念的含义

现金流量表,是指反映企业在一定会计期间现金和现金等价物流入和流出的报表。从编制原则上看,现金流量表按照收付实现制原则编制,将权责发生制下的盈利信息调整为收付实现制下的现金流量信息,便于信息使用者了解企业净利润的质量。从内容上看,现金流量表被划分为经营活动、投资活动和筹资活动三个部分,每类活动又分为各具体项目,这些项目从不同角度反映企业业务活动的现金流入与流出,弥补了资产负债表和利润表提供信息的不足。通过现金流量表,报表使用者能够了解现金流量的影响因素,评价企业的支付能力、偿债能力和周转能力,预测企业未来现金流量,为其决策提供有力依据。现金流量表的现金是广义的现金,不仅包括库存现金,还包括银行存款、其他货币资金以及现金等价物。

1.现金。现金(cash)是企业的库存现金以及可以随时用于支付的存款。不能随时用于支取的存款不属于现金。

2.现金等价物。现金等价物(cash equivalents)是指企业持有的期限短、流动性强、易于转换为已知金额现金,价值变动风险很小的投资。期限短,一般是指从购买日起三个月内到期。现金等价物通常包括三个月内到期的债券投资等。权益性投资变现的金额通常不确定,因而不属于现金等价物。企业应当根据具体情况,确定现金等价物的范围,一经确定不得随意变更。

3.现金流量。现金流量,是指现金和现金等价物的流入和流出,是企业现金流动的金额数量,是对企业现金流入量和流出量的总称。现金流入量是指企业在一定时期内从各种经济业务中得到现金的数量,如销售商品、提供劳务收到的现金,借款收到的现金等。现金流出量是指企业在一定时期内为各种经济业务付出现金的数量,例如企业接受劳务、购置固定资产、偿还借款、对外投资等。现金流量净额是现金流入量减去现金流出量的差额,也叫净现金流量或现金净流量。

二、现金流量表的格式

现金流量表格式分为一般企业、商业银行、保险公司、证券公司等企业类型予以规定。企业应当根据其经营活动的性质,确定本企业适用的现金流量表格式。我国企业现金流量格式大多采用直接法编制,直接法是指通过现金收入和现金支出的主要类别列示活动的现金流量。

现金流量表的结构分为六个部分,具体见表6-1。

表 6-1　现金流量表

编制单位:　　　　　　　　　　　　　　　　　　　　　　　　单位:元

项　目	金额
一、经营活动产生的现金流量	
二、投资活动产生的现金流量	
三、筹资活动产生的现金流量	
四、汇率变动对现金的影响	
五、现金及现金等价物净增加额	
六、期末现金及现金等价物余额	
现金流量表补充资料	

三、现金流量表的主要内容

(一)经营活动产生的现金流量

经营活动是指企业投资活动和筹资活动以外的所有交易和事项。各类企业由于行业特点不同,对经营活动的认定存在一定的差异。对于工商企业而言,经营活动主要包括销售商品、提供劳务、购买商品、接受劳务、支付职工薪酬、支付税费等。对于商业银行而言,经营活动主要包括吸收存款、发放贷款、同业存放、同业拆借等。对于保险公司而言,经营活动主要包括原保险业务和再保险业务等。对于证券公司而言,经营活动主要包括自营证券、代理承销证券、代理兑付证券、代理买卖证券等。

1.经营活动流入的现金。经营活动现金流入主要包括三方面:销售商品、提供劳务收到的现金,收到的税费返还,收到其他与经营活动有关的现金。

(1)"销售商品、提供劳务收到的现金"项目,反映企业从事正常经营活动所获得的、与销售商品或提供劳务等业务收入相关的现金收入(含销售收入和应向购买者收取的增值税额)。具体包括本期销售商品、提供劳务收到的现金,以及前期销售和前期提供劳务本期收到的现金和本期预收的账款,减去本期退回本期销售的商品和前期销售本期退回商品支付的现金。企业销售材料和代销代购业务收到的现金,也包括在本项目中。此项目是企业现金流入的主要来源,通常具有数额大,所占比例高的特点。

(2)"收到的税费返还"项目,反映企业当期收到的各种税费返还款,包括收到的增值税返还、消费税返还、营业税返还、所得税返还,以及教育费附加返还等,体现企业在税收方面销售政策优惠所获得的已缴纳税金的回流金额。但是即征即退、先征后返属于政府补助性质的税收优惠,计入营业外收入。出口退税虽也属于税收优惠,但不属于政府补助,也不计入营业外收入。

(3)"收到其他与经营活动有关的现金"项目,反映了企业除了销售商品、提供劳务,以及收到的税费返还之外,所收到的其他与经营活动有关的现金流入,如罚款收入、流动资产损失中由个人赔偿的收入等。这部分资金来源在企业"经营活动现金流入量"中所占比重很小,通常带有一定程度上的偶然性因素。

2.经营活动流出的现金。经营活动现金流出主要包括四方面:购买商品、接受劳务支付的现金,支付给职工以及为职工支付的现金,支付的各项税费,支付其他与经营活动有关的现金。

(1)"购买商品、接受劳务支付的现金"项目,反映企业本期购买商品、接受劳务实际支付的现金(包括增值税进项税额),以及本期支付前期购买商品、接受劳务的未付款项和本期预付款项,减去本期发生的购货退回收到的现金。企业购买材料和代购代销业务支付的现金,也在本项目反映。

(2)"支付给职工以及为职工支付的现金"项目,反映企业实际支付给职工的现金以及为职工支付的现金,包括本期实际支付给职工的工资、奖金、各种津贴和补贴等,以及为职工支付的其他费用。但是不包括支付离退休人员的各项费用和支付给在建工程人员的工资等。支付的离退休人员的各项费用,包括支付的统筹退休金以及未参加统筹的退休人员的费用,在"支付的其他与经营活动有关的现金"项目中反映;支付的在建工程人员的工资在"构建固定资产、无形资产和其他长期资产所支付的现金"项目中反映。

(3)"支付的各项税费"项目,反映企业按规定支付的各种税费,包括本期发生并支付的税费,以及本期支付以前各期发生的税费和预交的税金,如支付的教育费附加、矿场资源补偿费、印花税、房产税、土地增值税、车船使用税、预交的营业税等。不包括计入固定资产价值、实际支付的耕地占用税等。也不包括本期退回的增值税、所得税,本期退回的增值税、所得税在"收到的税费返还"项目反映。

（4）"支付其他与经营活动有关的现金"项目,反映与经营活动有关的其他现金流出,如捐赠现金支出、罚款支出、支付的差旅费、业务招待费现金支出、支付的保险费等。

（二）投资活动产生的现金流量

投资活动是指企业长期资产的构建和不包括在现金等价物范围内的投资及其处置活动。长期资产是指固定资产、无形资产、在建工程、其他资产等持有期限在一年或一个营业周期以上的资产。这里所讲的投资活动,既包括实物资产投资,也包括金融资产投资。这里之所以将"包括在现金等价物范围内的投资"排除在外,是因为已经将包括在现金等价物范围内的投资视同现金。不同企业由于行业特点不同,对投资活动的认定也存在差异。例如,交易性金融资产所产生的现金流量,对于工商业企业而言,属于投资活动现金流量,而对于证券公司而言,属于经营活动现金流量。

1. 投资活动流入的现金。投资活动产生的现金流入主要包括五个项目:收回投资收到的现金、取得投资收益收到的现金、处置固定资产、无形资产和其他长期资产收回的现金净额、处置子公司及其他营业单位收到的现金净额、收到其他与投资活动有关的现金。

（1）"收回投资收到的现金"项目,反映企业出售、转让或到期收回除现金等价物以外的交易性金融资产、持有至到期投资、可供出售金融资产、长期股权投资等而收到的现金。不包括债权性投资收回的利息、收回的非现金资产,以及处置子公司及其他营业单位收到的现金净额。

（2）"取得投资收益收到的现金"项目,反映企业因股权性投资而分得的现金股利,因债权性投资而取得的现金利息收入。股票股利由于不产生现金流量,不在本项目中反映。包括在现金等价物范围内的债券性投资,其利息收入在本项目中反映。本项目可以根据"应收股利""应收利息""投资收益""库存现金""银行存款"等科目的记录分析填列。

（3）"处置固定资产、无形资产和其他长期资产收回的现金净额"项目,反映企业出售、报废固定资产、无形资产和其他长期资产所取得的现金（包括因资产损毁而收到的保险赔偿收入）,减去为处置这些资产而支付的有关费用后的净额。

（4）"处置子公司及其他营业单位收到的现金净额"项目,反映企业处置子公司及其他营业单位所取得的现金减去相关处置费用以及子公司及其他营业单位持有的现金及现金等价物后的净额。

(5)"收到其他与投资活动有关的现金"项目,反映企业除上述项目之外,收到的其他与投资活动有关的现金流入。

2. 投资活动流出的现金。投资活动现金流出主要包括四部分:购建固定资产、无形资产和其他长期资产支付的现金,投资支付的现金,取得子公司及其他营业单位支付的现金净额,支付其他与投资活动有关的现金。

(1)"购建固定资产、无形资产和其他长期资产支付的现金"项目,反映企业购买、建造固定资产、取得无形资产和其他长期资产所支付的现金及增值税款、支付的应有在建工程和无形资产负担的职工薪酬现金支出,但为购建固定资产而发生的借款利息资本化部分、融资租入固定资产所支付的租赁费除外。此项目表明企业扩大再生产能力的强弱,可以了解企业未来的经营方向和获利能力,揭示企业未来经营方式和经营战略的发展变化。

(2)"投资支付的现金"项目,反映企业取得的除现金等价物以外的权益性投资和债权性投资所支付的现金以及支付的佣金、手续费等附加费用。此项目表明企业参与资本市场运作,实施股权及债权投资能力的强弱,主要分析投资方向与企业的战略目标是否一致。

(3)"取得子公司及其他营业单位支付的现金净额"项目,反映企业购买子公司及其他营业单位购买出价中以现金支付的部分,减去子公司及其他营业单位持有的现金和现金等价物后的净额。

(4)"支付其他与投资活动有关的现金"项目,反映企业除上述各项目之外,支付的其他与投资活动有关的现金流出。

(三)筹资活动产生的现金流量

筹资活动是指导致企业资本及债务规模和构成发生变化的活动。这里的资本既包括实收资本(股本),也包括资本溢价(股本溢价);这里的债务指对外举债,包括向银行借款、发行债券以及偿还债务等。通常情况下,应付账款、应付票据等商业应付款等属于经营活动,不属于筹资活动。

1. 筹资活动流入的现金。筹资活动产生的现金流入主要包括三个项目:吸收投资收到的现金、取得借款收到的现金、收到其他与筹资活动有关的现金。

(1)"吸收投资收到的现金"项目,反映企业以发行股票等方式筹集资金实际收到的款项净额(发行收入减去支付的佣金等发行费用后的净额)。以发行股票等方式筹集资金而由企业直接支付的审计、咨询等费用,在"支付的其他与筹资活动有关的现金"项目反映,此项目表明企业通过资本市场筹资能力的强弱。

(2)"取得借款收到的现金"项目,反映企业举借各种短期、长期借款而收到的现金。此项目数额的大小,表明企业通过银行筹集资金能力的强弱,在一定程度上代表了企业商业信用的高低。

(3)"收到其他与筹资活动有关的现金"项目,反映企业除上述项目之外,收到的其他和筹资活动有关的现金流入。

2.筹资活动流出的现金。筹资活动现金流出主要包括三个项目:偿还债务支付的现金,分配股利、利润或偿付利息支付的现金,支付其他与筹资活动有关的现金。

(1)"偿还债务支付的现金"项目,反映企业以现金偿还债务的本金,此项目有助于分析企业资金周转是否已经进入良性循环状态。

(2)"分配股利、利润或偿付利息支付的现金"项目,反映企业实际支付的现金股利、支付给其他投资单位的利润或用现金支付的借款利息、债券利息,利润的分配情况可以反映企业现金的充裕程度。

(3)"支付其他与筹资活动有关的现金"项目,反映除上述项目之外,支付的与其他筹资活动有关的现金流出。

(四)汇率变动对现金及现金等价物的影响

编制现金流量表时,应当将企业外币现金流量以及境外子公司的现金流量折算成记账本位币。外币现金流量以及境外子公司的现金流量,应当采用现金流量发生日的即期汇率或按照系统合理的方法确定、与现金流量发生日即期汇率近似的汇率折算。汇率变动对现金的影响额应当作为调节项目,在现金流量表中单独列报。

汇率变动对现金的影响,指企业外币现金流量以及境外子公司的现金流量折算成记账本位币,所采用的是现金流量发生日的汇率或按照系统合理的方法确定的、与现金流量发生日即期汇率近似的汇率,而现金流量表"现金及现金等价物净增加额"项目中外币现金净增加额是按资产负债表日的即期汇率折算的。这两者的差额即为汇率变动对现金的影响。

在编制现金流量表时,对当期发生的外币业务,也可不必逐笔计算汇率变动对现金的影响,可以通过现金流量表补充资料中"现金及现金等价物净增加额"数额与现金流量表中"经营互动产生的现金流量净额""投资活动产生的现金流量净额""筹资活动产生的现金流量净额"三项之和比较,其差额即为"汇率变动对现金的影响额"。

第二节　现金流量表质量分析

一、现金流量表分析的目的和意义

现金流量表可以反映企业净利润的含金量,揭示企业的偿债能力和支付股利的能力,预测企业未来产生现金流量的能力,也能够反映企业活动产生现金流量的结构关系。分析企业的现金流量表,可以帮助我们从动态上了解企业现金变动情况和变动原因,判断企业获取现金的能力,评价企业盈利的质量,提供反映公司财务弹性的基本信息,为股票定价(公司估值)提供有价值的信息等等。另外,通过对现金流量表的深入分析,我们还可以了解企业的一些深层次财务问题,诸如:

(1)企业现金究竟是怎样增加的?

(2)企业债务是如何偿还的?

(3)企业当期的净利润都去了哪里?

(4)有的报告期净利润增加,可为什么企业现金流量反而减少?

(5)有的报告期发生净亏损时,为什么企业现金净流量反而增加?

(6)企业扩充厂房、设备所需资金从何而来?

(7)企业出售厂房及设备所得现金是怎样处置的? 为什么?

(8)企业发行股票与债券所得的现金用于何处?

(9)企业现金净减少的原因究竟何在?

(10)企业现金股利水平是否合适,可否再作增减调整? 股利的稳定性(持续支付的可能性)如何?

(11)如果外部资源突然变得稀缺(如银行信用收缩),企业能够从内部筹集到所需的资金吗?

(12)如果企业业务衰退,企业能够继续履行其义务吗?

特别对于高负债的企业,现金流量表可能比利润表更加重要,能够为我们提供其财务状况是否健康的信息。

二、现金流量表主要项目的运转规律分析

现金流量表将现金流量分为三类:经营活动产生的现金流量、投资活动产生的现金流量以及筹资活动产生的现金流量。下面将按不同的类别进行分析。

1.正常情况下,经营性活动除了要保证企业正常周转之外,还应该能够足够补偿长期经营性资产折旧与摊销,支付利息、现金股利的能力。

经营性活动现金流量是三种现金流量中最稳定、最有可能维持企业经常性资金流转和扩大再生产的现金流量。当经营性活动现金流量小于零时,说明企业不能维持货币运行,应通过其他活动补偿,在企业成长初期,这是正常状态;当经营性活动现金流量等于零时,说明企业恰好维持经营活动,但不能补偿应计和摊销费用,短期经营没有问题,但是长期经营无法维持,所以经营性活动现金流量应大于企业应计和摊销性费用,能为企业扩大再生产提供部分货币。企业经营现金流量净额主要用于以下几方面:

(1)支付利息费用;利息费用是企业进行筹资活动导致的现金流量流出,企业所发生的利息费用,可以分为经营性使用、对外股权投资和债券投资使用和构建固定资产使用。企业的利息费用由于其费用属性的不同被归于不同的利润表项目和资产负债表项目,所引起的现金流出量也归于筹资活动。虽然现金流出量归于筹资活动,但是从根本上来说,处于正常经营发展的企业不能依靠筹资活动的现金流入(主要是股东投资和借款)来支付利息,从良性发展来看,企业的经营活动现金流量应对其利息有足够的支付能力。

(2)支付本年现金股利;现金股利是以现金形式分配给股东的股利,以本年度净利润和累计可供股东分配的利润为基础,这就要求企业当期经营活动产生的现金净流量对当期的现金股利支付有较强的保障能力。

(3)补偿本年度固定资产折旧和无形资产摊销等摊销性费用;固定资产、无形资产的摊销补偿主要有两种方面,一种是固定资产及无形资产自身处置时导致的现金流入,固定资产未来处置时的现金流入多数情况下无法全部补偿企业在固定资产投入使用前对固定资产的现金流入,而无形资产在未来的价值变化难以预测,所以企业不能依靠固定资产及无形资产自身处置来补偿全部费用。补偿的另一种是在固定资产、无形资产的未来经营使用中,通过固定资产折旧、无形资产摊销和长期资产摊销的方式,分期补偿。补偿速度取决于折旧及摊销速度。

(4)补偿本年度已经计提、但应由以后年度支付的应计性费用;虽然所引起的现金流出是在未来,但是用在本期,因此由本会计期间的经营性现金流量进行补偿。

(5)如果还有剩余的现金流量,则剩余的净现金流量可以为企业对内扩大再生产、对外进行股权和债权投资提供额外的资金支持。

2.企业投资活动的现金流量可以分为两类:对外投资现金流量和长期经营

性现金流量,其补偿机制有所不同,整体上反映了企业利用现金资源扩张状况。

投资现金流量的主要补偿方式有:第一,将本会计期间取得的投资对外出售变现。这种情况现金流入量将反映在本会计期间投资活动现金流入量中;第二,本会计期间取得的投资在未来会计期间对外出售变现,这种情况现金流入量将反映在未来会计期间的现金流入量之中;第三,本会计期间取得的投资长期持有,其现金流出主要靠投资收益来补偿。在特定会计期间,如果上述对外投资现金流出量大于现金流入量,则说明企业对外投资呈现扩张态势,如果对外投资现金流出量小于流入量,则说明企业对外投资有所回缩。

长期经营性资产现金流出量的补偿机制的特点是:第一,长期经营性资产使用一定时期后,通过处置的方式补偿一部分现金;第二,在长期经营资产的未来经营性使用中,通过固定资产折旧、无形资产摊销和长期资产摊销的方式,分期补偿。

3.筹资活动的现金流量应当适应企业经营活动、投资活动的需要,在整体上反映企业融资状况及其成效。

在企业经营活动、投资活动需要资金支持时,筹资活动应当及时足额地筹措到款项。在企业经营活动、投资活动产生大量现金时,筹资活动也能及时地清偿相应的贷款,避免不必要的利息支出。当筹资活动现金量净流量小于零,需要关注企业是否面临偿债压力或缺乏投资机会;当筹资活动现金流量大于零,需要关注筹资与投资、经营规划是否协调。

三、现金流量质量以及现金流量的质量特征

分析现金流量表质量的目的主要有:一是从动态上了解企业现金变动情况和变动原因,资产负债表的货币资金只能反映企业在一定时期之内现金变动的结果,它是一个静态时点上的现金存量,要了解过程的发生,得通过现金流量表的分析,才能从动态上揭示现金的变化情况及变动原因;二是判断企业获取现金的能力,现金余额是企业现金流动的结果,只有对现金流量表进行分析,才能对企业获取现金的能力做出准确的判断;三是评价企业盈利的质量,利润表反映的是企业当期的财务结果,而不代表真正实现的收益,如果账面利润满足不了企业资金的需要,企业虽然账面上盈利,但是由于现金流量不足可能仍然会产生财务危机。

具有较好现金流量质量的企业应当具有如下特征:第一,企业现金流量的结构与状态体现了企业的发展战略要求,应与企业的生命周期相吻合。企业的发

展战略决定企业的经营、投资、筹资活动的现金流量流入流出情况,根据现金流量表的情况可以判断企业的战略走向。第二,在稳定发展阶段,企业经营活动的现金流量应当与所对应的利润有一定的对应关系,有足够的支付能力,能为企业扩张提供现金流量的支持。第三,筹资活动应当与经营活动、投资活动对现金的需求相适应,无不当融资需求。

分析现金流量质量并不能只简单地看待其增减数量,而要关注现金流量的变化结果与变化过程的关系,"现金流量净增加额"可能大于、等于或小于零,上述结果本身并不能说明现金流量状况好坏,对现金流量变化原因(过程)的分析更为重要。

四、现金流量的质量分析

(一)经营活动现金流量的质量分析

经营活动现金流量是指某一会计期间由企业自身的生产经营活动所带来的现金流入量和现金流出量,它往往受到宏观经济环境、行业特征及企业结算方式、信用政策和竞争实力等因素的影响。在其他因素相对稳定,业务较少出现波动的情况下,企业经营互动现金流量也应保持一定的稳定性,否则可能存在人为操纵的情况。

1. 充足性分析。经营活动现金流量的充足性是指企业经营现金流量能够满足企业正常的运转和规模扩张的需要。

从绝对量方面分析,主要是分析经营现金流量额能否延续现有的公司经营,判断经营现金流量是否正常。如果单靠内部积累维持目前的生产经营能力,公司经营现金流入量必须能够抵补以下费用:(1)公司日常开支;(2)前期支付的需当期和以后各期收回的费用(主要包括资产折旧与摊销额);(3)已计入当期损益但尚未支付的费用(主要是预提费用)。只有满足下列条件,公司经营现金流量才属正常且具有充足性,公司现有规模下的简单再生产才能够得以持续:经营现金净流量>本期折旧额+无形资产、长期待摊费用摊销额+待摊费用摊销额+预提费用提取额。

从相对量方面分析,主要是考虑经营现金流量能够满足公司扩大再生产的资金需要,根据企业实践经验表明,一般情况下,处于正常发展和运营状态的企业,在存货年度周转速度达2次以上,其经营吸纳现金流量净额如果在核心利润的1.2倍(经验数据)以上,企业的经营活动现金流量会较为充足。

2. 合理性分析。合理性是指现金流量流入顺畅,流出恰当,结构合理,流出量与流入量相匹配,企业经营现金流量的合理性应与企业所在行业、经营特点、管理方式等相适应。例如,人工成本相对原材料购买成本相对较高的企业来说,其为员工支付的现金会显著高于购买商品、接受劳务支付的现金;反之,人工成本不高,外购原材料占生产成本比重比较高的企业,其购买商品、接受劳务所提供的现金为显著高于为员工支付的现金。同样,在现金流入量方面,在企业以产品经营为主且主营业务市场能力较强的情况下,其销售商品、提供劳务收到的现金会成为经营活动现金流入量的主体。在企业对外投资管理为主的情况,其销售商品、提供劳务收到的现金相对规模较小。

诊断财务报表内在逻辑是否合理,销售商品、提供劳务收到的现金=营业收入+收到的增值税销项税额+应收账款、应收票据的减少(减去交易对方以非现金资产清偿债务而减少的经营性应收项目)+预收账款的增加,若等式两边差额较大,企业内部可能存在问题。在分析企业出口业务合理性、真实性时,也可以通过收到的税费返还来检验。如果企业有大量的出口业务收入而现金流量表却没有收到税收返款,则可能是虚增的出口收入。

3. 稳定性分析。

(1)企业经营活动现金流入量的结构分析。

经营现金流入量结构比率=销售商品、提供劳务收到的现金/经营活动产生的现金流入量。该指标表示企业主营业务活动所占的比重,揭示了企业经营活动的主要来源和实际构成。该比例高,说明主营业务现金流量占比较高,企业经营活动现金流量质量较高。反之,说明企业的经营现金大部分来源于税费返还、个人赔偿收入等非经常性经营活动,而主营业务活动创造现金流量能力不强,企业经营活动缺乏稳定可靠的核心现金流量来源,财务基础较为薄弱,经营现金流量的稳定性较差。

分析企业盈利能力情况,将"销售商品、提供劳务收到的现金"与"购进商品、接受劳务付出的现金"进行比较,在企业经营正常,购销平衡的情况下,二者比较是有意义的。该比率大,说明企业的销售利润大,销售回款良好,创现能力强,经营现金流量稳定性较强。

(2)企业经营活动现金流出量的结构分析。

经营现金流出量结构比率=销售商品、提供劳务支付的现金/经营活动产生的现金流出量。企业的现金流出量决定未来企业的流入量。通过该比率考察企业经营现金支出结构是否合理以及企业是否存在异常性支出以及对关联方占用公司资金的情况进行有效的识别,对公司各期现金流入作出合理的估计,从而对公司未来经营现金流量的稳定性给予客观的评价。

案例 6-1:中顺洁柔纸业股份有限公司经营活动现金流量的质量分析①

1. 充足性分析(见图 6.1)

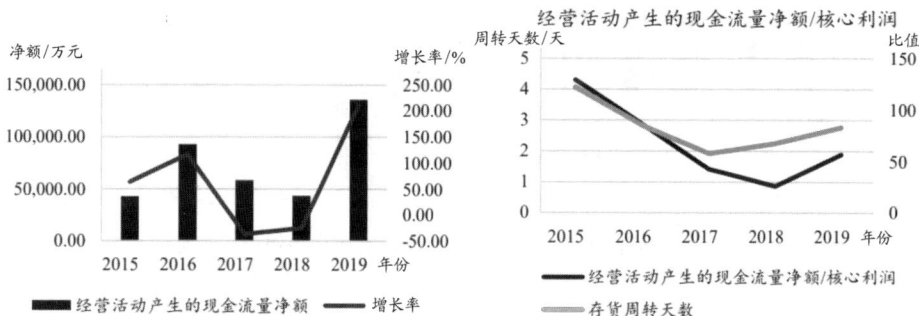

图 6.1　公司经营活动产生的现金流量净额情况

公司经营活动的现金流量持续为正,能够满足正常的运转和规模扩张的需求。2016 年同比增长 116.43%,主要是因为收到货款增加;2016—2018 年呈下降趋势,主要是因为自 2016 年浆价维持高位,导致公司支付原料款增加;2019 年同比增长 211.12%,主要原因是浆价回落,公司支付货款减少。2015—2019 年公司存货年周转速度在 2 次以上,经营活动产生的现金流量净额基本在核心利润的 1.2 倍以上,从相对量上说明了企业经营活动现金流量较为充足,足以补偿折旧与摊销、支付利息和现金股利以及为扩大再生产提供资金来源。

2. 合理性分析(见图 6.2、6.3)

2015—2019 年公司销售商品、提供劳务收到的现金规模较大且逐年增长,是公司现金流入的主要来源,2019 年同比增长 15.85% 至 694,697.41 万元,主要是本期收到货款增加所致。公司销售收现率从 2015 年的 1.07 下降到 2019 年的 1.05,整体波动不大,该比值小于 1.17 说明公司的收入有一部分没有收到现金,但整体维持在较高水平,表明公司内部经营管理稳健,没有严重的虚盈实亏问题,公司经营活动的现金流入质量较高。

2015—2019 年公司支付给职工以及为职工支付的现金规模逐年增长,2019 年同比增长 11.69% 至 54,366.07 万元,是企业现金流出的主要方向。公司在职员工数量和当期领取薪酬的员工人数逐年增长,支付给职工以及为职工支付的现金的增长与公司员工人数增长协同,应付职工薪酬情况正常。2015—2019

① 来源:浙江大学经济学院 2020 级研究生张彤课程作业《财务报表分析》。

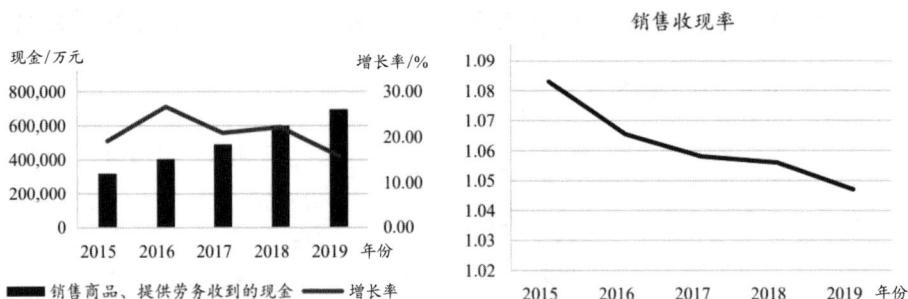

图 6.2 公司销售商品、提供劳务收到的现金和销售收现率

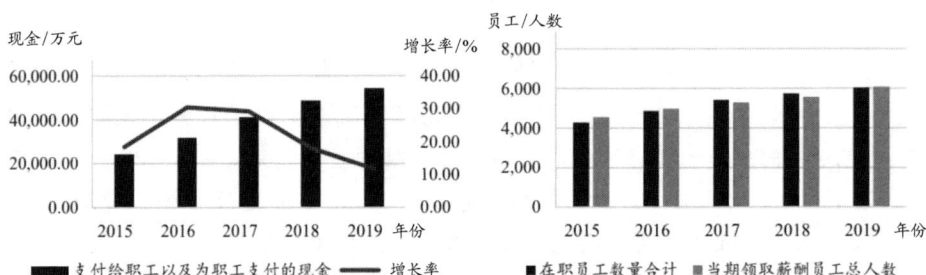

图 6.3 公司支付给职工的现金以及员工数量情况

年支付给职工以及为职工支付的现金比率保持在 0.8 的水平,说明公司劳动效率稳定,职工工资合理,内部人力资源管理效率较高。

3. 稳定性分析

公司现金购销比率维持在 0.6—0.8 之间,基本与商品销售成本率相符合,说明公司没有明显的经营业务萎缩或购进了积压商品的情况,公司经营情况较为稳健。

(二)投资活动现金流量的质量分析

1. 投资活动现金流量的战略吻合性

投资活动主要目的有三个:第一,为企业正常的经营活动奠定基础,如购买固定资产、无形资产及其他长期资产等;第二,为企业对外扩张进行权益性或债权性投资;第三,企业利用闲置资金进行短期投资,从而获取投资收益。前两者企业投资活动的现金流量都应与企业发展战略相吻合。

对内扩张或调整的战略的吻合性分析。投资活动现金流出量中的"构建固定资产、无形资产和其他长期资产支付的现金"和现金流入量中的"处置固定资产、无形资产和其他长期资产收到的现金"之间的规模比较,可以反映企业的发展战略。若两者规模都非常大,说明企业处于长期经营性资产大规模置换和优化阶段,可能与企业战略规划有关,也可能与资产更新换代有关,其是否会带来有利的变化,还需要观察之后的核心利润和经营活动现金流量的表现来加以检验。若前者大于后者,说明企业正扩大经营来进一步市场占有率,表明"经营性主导"的决心。若前者小于后者,说明企业收缩经营的意图,可能是由于外部市场环境严峻或者内部资金紧张导致,具体情况需要具体分析。

对外扩张或调整的战略性分析。通过投资互动现金流出量中"投资支付的现金"与现金流入量中"收回投资所收到的现金"之间规模的比较,可以看出企业对外投资战略及实施情况。若两者规模相当,且都比较大,表明企业正进行对外投资结构性调整,这种调整是否会对企业未来带来有利影响,需要后期密切关注。若前者大于后者,说明企业正处于对外扩张阶段,要关注企业的投资方向是否会对企业盈利及现金流量存在有利影响。若前者小于后者,表明企业对外投资总体呈现收缩态势,需关注企业收缩的真正意图以及收缩会对企业盈利能力带来的影响。

2. 投资活动现金流量的盈利性分析

投资活动引起的现金流入主要有两方面:一是收回投资收到的现金(包括对外投资资本金和处置固定资产、无形资产和其他长期资产的变现价值),该项目不能绝对地追求数额较大。收回投资收回的现金规模增加意味着企业缩小投资,企业可能存在缩小规模投资风险、投资战略改变或企业存在资金紧张的问题,此项目的金额大小应该与企业的发展规划以及投资战略相适应。对于投资活动现金流量还需要关注其持续性。对于投资活动现金流出,要看是由构建固定该资产等引起(意味着主营规模的扩张),还是由投资金融资产支付的现金所引起(一般不会提升公司未来的持续盈利能力及价值);二是取得投资收益收到的现金。对于此项目,应主要通过对比投资收益附注中有关"成本法、权益法核算的长期股权投资收益"和现金流量表中"取得投资收益收到的现金",来分析投资收益的现金获取能力。

案例 6-2：吉祥航空投资活动现金流量质量分析[①]

吉祥航空投资活动现金流量质量分析可见表 6.2。

表 6.2　吉祥航空 2015—2019 年投资活动现金流量表　　　　单位:万元

	2015 年	2016 年	2017 年	2018 年	2019 年
处置固定资产、无形资产和其他长期资产收回的现金净额	2177.52	6398.95	32211.61	62393.62	76767.66
购建固定资产、无形资产和其他长期资产支付的现金	466005.23	352076.01	350778.34	539692.92	375890.44
收回投资收到的现金			4926.85	1013.40	344.71
投资支付的现金	4250.00	9239.82	7775.07	4256.63	751433.84
投资活动现金流入小计	2540.87	6427.03	37631.11	90986.04	173896.05
投资活动现金流出小计	470255.23	363321.83	358553.41	543949.54	1127324.28

分析吉祥航空投资活动现金流可以看到,近年来吉祥航空处置固定资产、无形资产和其他长期资产收回的现金净额有明显提高,尤其是 2018 年较 2017 年提高了 100%,而 2019 年在 2018 年基础上又同比增加了 25%,表明公司在积极进行资产调整,处置一些闲置资产,以提高资产周转率和利用率,增强其盈利能力。另一方面,购建固定资产、无形资产和其他长期资产支付的现金远大于处置固定资产、无形资产和其他长期资产收回的现金净额,说明企业正在原有的生产规模的基础上,通过对内扩张战略进一步提升市场占有率和夯实主业的竞争力。在原有资产结构的经营性资产占主要地位的情况下,这种对内扩张态势也在一定程度上表明企业坚持经营主导型战略的信心和决心。

此外,在投资活动中,吉祥航空投资支付的现金远大于收回投资收到的现金,且 2019 年并未产生投资收回,而当年投资支出呈现巨幅增长,同比增长为原来的 200 倍,表明吉祥在 2019 年产生了巨额对外投资,是其投资战略的转折关键年份,对外投资呈现明显的扩张态势,这与其积极开拓市场的战略布局相一致。综合来看,吉祥的投资现金流主要是以对外投资活动为主,说明企业目前正在实行积极的对外拓张战略。

(三)筹资活动现金流量的质量分析

筹资活动主要是未来满足企业经营活动、投资活动的需要,在整体上反映企

---

① 来源:浙江大学经济学院 2020 级研究生楼昕宇《财务报表分析》课程作业。

业融资状况及其成效,因此筹资活动应与经营活动、投资活动相匹配,在满足其需要的情况下,降低融资成本,避免不当融资需求。

1.融资行为的适应性分析

筹资活动现金流量应与经营活动、投资活动现金流量相适应。若经营活动、投资活动现金流量净额为负值,又没有足够的储备资金可以动用时,企业需进行相应的筹资活动来满足经营、投资活动的需求;若经营活动、投资活动现金流量为正值,需要降低企业闲置余额时,筹资活动应适当调整筹资规模及速度,减少闲置资金。

筹资活动的筹资成本也应与企业开展新业务的收益率相适应,筹资活动产生的现金流入主要用于:一是维持现有生产的必要支出,二是为扩大生产、开展新的业务或者投资到非核心资产上。如果扩大生产、开展新的业务或投资到非核心资产上的收益率低于平均筹资成本,则不合理。

2.融资行为的多样性分析

目前我国企业融资渠道主要有:吸收直接投资、发行股票和债券、银行借款、民间融资及融资租赁等等。不同融资方式资金成本及风险都不相同,企业应根据自身实际情况,选择合适的融资方式,从而达到成本与风险的平衡。

一般来说,债务筹资活动产生的现金净流量越大,企业面临的偿债压力也越大,但如果现金净流入量主要来自企业吸收的权益性资本,则不会面临偿债压力,企业资金实力增强。因此,在分析时可将吸收权益性资本收到的现金与筹资活动现金总流入比较,所占比重大,说明企业资金实力增强,财务风险降低。

案例 6-3:首旅酒店筹资活动现金流量质量分析[①]

首旅酒店筹资活动现金流量质量分析可见表 6.3。

表 6.3　首旅酒店 2015—2019 年筹资活动现金流量　　　　单位:万元

	2015 年	2016 年	2017 年	2018 年	2019 年
筹资活动现金流入小计	323292.00	2059791.70	521300.00	11850.00	42186.73
筹资活动现金流出小计	1447743.96	1447743.96	638645.90	155727.04	121955.85
筹资活动产生的现金流量净额	−38909.78	612047.74	−117345.90	−143877.04	−79769.12

筹资活动产生的现金流量净额仅 2016 年为正,其余年份均为负,说明首旅

---

① 来源:浙江大学经济学院 2020 级研究生施腾《财务报表分析》课程作业。

近三年来一直在大规模地偿还 2016 年并购产生的债务,这也与负债逐年递减的趋势相符。进一步分析发现,筹资活动产生的现金流中,只有少量是来自集团借款的现金流入,更多的是用于偿还并购债务的现金流出,其中 2018 年净偿还金融机构贷款高达 11.74 亿元,2019 年净偿还贷款 6.66 亿元。此外,结合其经营活动产生的现金净流入大于投资活动产生的现金净流出的绝对值,可得首旅酒店的经营状况较好,现金流较充足,对外投资使用的资金多为企业自有资金,且筹资活动的减少说明企业的发展战略趋于稳健保守,倾向于较小的财务风险。未来随着债务的大量清偿,首旅酒店筹资活动现金净流出将持续减少,并有更充裕的自有资金进行投资活动。

第三节　影响现金流量变化的主要原因分析

一、企业现金流量结构与企业的生命周期有关

企业的生命周期一般可以分为初创期、成长期、成熟期和衰退期四个阶段。处于生命周期不同阶段的企业,其各种现金流量的特征也不同(见表 6.4)。

表 6.4　经营活动现金流出质量分析

	经营活动现金流量	投资活动现金流量	筹资活动现金流量
初创期	－	－	＋＋
成长期	＋	－	＋
成熟期	＋＋	＋/－	－
衰退期	－	＋＋	－

(注:"＋"号表示现金流入,"－"号表示现金流出,"＋"越多表示现金流入越多,"－"同理)

初创期,通常企业只有少量销售收入,经营上往往是亏损或者勉强维持盈利,所以经营活动产生的现金流量入不敷出,而投资活动产生的现金流出金额巨大,筹资活动产生的现金流量就是维持企业正常运转的首要资金来源。

成长期,企业销售收入和利润不断增加,经营活动产生的现金净流入在不断地扩大,但还不会有很多的现金结余,所以投资活动继续进行,但相对于初创阶段,相应已经减少了,投资活动现金净流量继续出现负值,在这个阶段筹资活动所产生的现金净流量通常是正数,但是企业对于筹资活动产生的现金流量的依赖性已经大为降低。

成熟期,经营现金流量稳定,现金净流入量大,现金充足,企业投资需求稳定,投资活动现金流的金额比较小,可能是正数,也有可能是负数,这个时候企业倾向于向股东支付股利,甚至进行股票回购或者加速偿还银行借款,因此筹资活动产生的现金净流量为负数。

衰退期,销售收入减少,成本费用居高不下,所以经营活动出现现金净流出,企业为了偿付债务,开始回收投资,处置固定资产,出售持有的股票和债券,通过这样的方式弥补现金的不足,因此衰退期投资活动现金流变成正数,而筹资活动现金流变成了负数。

二、影响经营活动现金流量变化的主要原因分析

影响企业经营活动现金流量变化可能存在多方面的因素,主要有以下几种:

(1)行业特点。企业根据各自行业的具体情况采取预收、赊销、现销等方式,采取不同销售方式的企业,会导致经营活动现金流量表模式不同。

(2)发展阶段。处于不同时期的企业对现金流量的需求不同,在企业发展初期,为了加大占领市场,企业会加大现金的投入。在企业发展较为成熟,市场中竞争优势明显,现金流量净额可能会呈现另外的状况。

(3)营销策略。在同一行业内,企业的竞争优势不同。一般来说,企业竞争优势较弱的企业,为了加大销售自己的产品,可能会采用赊销方式。而企业竞争优势较强的企业,在行业中有较强的议价能力,会较多采用预收账款的销售方式。

(4)关联交易。以关联交易为主的企业,其现金流量是否正常取决于关联交易企业之间的现金流量控制。若关联交易中存在一些异常控制,企业的现金流量被关联交易所占用,那么常规的经营活动再努力可能也无济于事。

三、影响投资活动现金流量变化的主要原因分析

投资活动现金流量变化的主要原因有以下几个方面:

(1)扩张加剧。在企业扩张加剧的情况下,投资活动现金流出量会大幅增加,投资流量净额很可能为负数。

(2)战线收缩和处置不良固定资产。在企业战线收缩和处置不良固定资产的情况下,如果还有相应的现金流入,则这种流入量表现为投资活动现金流入量。

(3)投资收益获取。在企业获得投资收益(收取现金股利和利息)的情况下,这种流入量为投资活动产生的现金流入量。

四、影响筹资活动现金流量变化的主要原因分析

筹资活动现金流量变化主要有以下几方面原因：

（1）融资环境。随着市场环境的进步，企业筹资方式由以前单纯的银行借款和商业信用发展到现在的吸收直接投资、发行股票、发行债券、融资租赁、银行借款和商业信用等多种筹资方式并存。

（2）资本结构。企业资本结构是指企业内各种资金的价值构成及其比例关系。我们常说的狭义的资本结构，即企业各种长期资金的价值构成及比例关系，尤其是长期股权资金和长期债务资金之间的构成及比例关系。恰当安排债务资金比例可降低综合资本成本。债务资金利率通常低于权益资本利率，且债务利息可以在税前扣除，具有抵税作用。但是随着债务比重增加，企业风险也会相应增大，所以企业会根据利弊权衡资本结构。

参考文献

[1]张新民,钱爱民.财务报表分析[M].北京:中国人民大学出版社,2021

[2]何青.财务报表分析[M].北京:中国人民大学出版社,2014

思考题

1. 现金流量表的作用是什么？

2. 什么是现金等价物？

3. 现金流量表中现金的范围与日常所指的现金范围相同吗？

4. 现金流表中的现金流量一般分为几类？

5. 如何进行现金流量的质量分析？

6. 现金流量变化的原因可能是什么？

7. 如何看待现金流量的"正"与"负"？

第七章
合并报表分析[*]

引导案例：恒瑞医药

在恒瑞医药 2019 年年度报告中，合并资产负债表中的长期股权投资和其他应收款规模均远小于母公司对应项目。在比较其他上市公司合并资产负债表与母公司资产负债表时，我们也常常发现合并报表中其他应收款、长期股权投资等项目的规模远远小于母公司自身。为什么会出现这种股权、债权投资项目越合并越小的情况？合并报表"消失"的资金流向了哪里？这些现象反映了企业怎样的经营状况？这是我们本章需要学习的内容。

通过本章的学习，我们将了解合并报表的含义、合并报表和个别报表的显著差异；掌握合并报表编制的一般原理和合并报表编制中应当抵销的内部交易；判断合并报表与个别报表项目差异蕴含的财务状况质量信息和集团内部管理特征。

> **本章框架**
>
> ➤ 合并财务报表概述
> ➤ 合并报表编制的一般原理
> ➤ 合并报表分析

---

[*] 相关细则详见《会计准则第 33 号——合并财务报表（财会〔2014〕10 号）》

第一节　合并报表概述

一、合并财务报表的概念与基本内容

合并财务报表(consolidated financial statement)是指由母公司编制的,将母公司和其全部子公司组成的企业集团作为一个会计主体,综合反映企业集团整体财务状况、经营成果和现金流量的财务报表。其中,母公司是指控制一个或一个以上主体(含企业、被投资单位中可分割的部分,以及企业所控制的结构化主体等)的企业,且应当是依法登记,取得企业法人资格的控股企业;子公司则是指被母公司控制的企业。

合并财务报表所包含的内容主要有以下几项:

(一)合并资产负债表

合并资产负债表是反映以母公司为核心的企业集团在某一特定日期财务状况的报表。它是在母公司和需纳入合并范围的子公司的个别资产负债表的基础上,抵销个别资产负债表所包括的企业集团内部母公司与子公司、子公司相互之间影响企业集团资金总额计量的往来事项编制的。

(二)合并利润表

合并利润表是反映以母公司为核心的企业集团在某一特定时期内的经营成果的报表。它是在母公司和需纳入合并范围的子公司的个别利润表的基础上,抵销个别利润表所包含的企业集团内部母子公司、子公司相互之间影响企业集团利润总额计量的内部交易事项编制的。

(三)合并现金流量表

合并现金流量表反映企业集团在某一时期内营业活动、投资活动和筹资活动所产生的现金流入、现金流出和现金净变化情况的会计报表。它与个别现金流量表一样,也分为营业活动现金流量、投资活动现金流量和筹资活动现金流量三类。

(四)合并所有者权益(或股东权益)变动表

合并所有者权益变动表是反映构成企业集团所有者权益的各组成部分当期增减变动情况的财务报表。它是以母公司和子公司的所有者权益变动表为基础,抵销母公司与子公司、子公司相互之间发生的内部交易对合并所有者权益变动表的影响后,由母公司合并编制的,或者也可以根据合并资产负债表和合并利润表进行编制。

（五）合并财务报表附注

合并财务报表附注包含了对合并资产负债表、合并利润表、合并现金流量表和合并所有者权益变动表等报表中列示项目的文字描述或明细资料,以及对未能在这些报表中列示项目的说明等,可以使报表使用者全面了解企业的财务状况、经营成果和现金流量。

二、合并财务报表的特点

合并财务报表不同于个别财务报表,其主要特点如下:

（一）以个别财务报表为编制基础,以控股公司或母公司为编制主体,反映企业集团整体财务状况

合并财务报表是以构成企业集团的母、子公司的个别财务报表为编制基础,在抵销各项内部交易事项之后编制的,其编制主体是企业集团中对其他企业有控制权的控股公司或母公司,是综合反映企业集团整体财务状况、经营成果和现金流量的财务报表。

（二）反映对象是经济意义上的会计主体,而非法律意义上的主体

会计主体是指会计确认、计量和报告的空间范围,是会计所核算和监督的特定单位或组织,而法律主体只能是独立承担法律责任的有限责任公司和股份有限公司等法人企业。合并财务报表上所列示的资源并不存在一个能够将其合理支配和运用并用以谋求经济效益的法律主体,因此其反映的是经济意义上的会计主体。

（三）编制方法采用特定的方法——抵销分录

合并财务报表采用的抵销分录是指在编制合并财务报表时将应该抵销的相关项目进行调整的分录。

合并抵销是指母公司在编制合并财务报表时,以母公司和子公司的个别财务报表为基础,将母公司与子公司、子公司与子公司之间发生的内部交易对母公司和子公司的个别财务报表有关项目的影响与合并财务报表相关项目的影响之间所存在的差异进行抵销。合并抵销分录就是母公司在合并抵销时所编制的会计分录。

合并抵销分录的编制目的和作用是为了消除内部交易对母公司和子公司的个别财务报表有关项目的影响与合并财务报表相关项目的影响之间所存在的差

异,使内部交易在个别财务报表中的反映与在合并财务报表的反映一致,但这种一致性仅仅是为了编制合并财务报表。

合并财务报表的主要作用有以下几点:(1)展示整个企业集团的资源规模及其结构;(2)有利于避免一些企业集团利用内部控股关系,人为粉饰财务报表的情况;(3)揭示内部关联方交易的程度;(4)比较相关资源的相对利用效率,揭示企业集团内部管理的薄弱环节。

三、合并财务报表的合并范围

合并财务报表的编制主体为企业集团中的母公司,其合并范围"应当以控制为基础予以确定",即不论母公司拥有子公司权益性资本的比例为多少,只要能够控制子公司,该子公司均应纳入合并范围。

这里首先要对控制的概念进行解释。

(一)控制的概念

所谓控制,是指投资方拥有对被投资方的权力,通过参与被投资方的相关活动而享有可变回报,并且有能力运用对被投资方的权力影响其回报金额。其中,相关活动是指对被投资方的回报产生重大影响的活动。被投资方的相关活动应当根据具体情况进行判断,通常包括商品或劳务的销售和购买、金融资产的管理、资产的购买和处置、研究与开发活动以及融资活动等。也就是说,控制是一个企业能够决定另一个企业的财务和经营政策,并能据以从另一个企业的经营活动中获得利益的权力。

投资方应当在综合考虑所有相关事实和情况的基础上对是否控制被投资方进行判断。一旦相关事实和情况的变化导致对控制定义所涉及的相关要素发生变化的,投资方应当进行重新评估。投资方在判断是否拥有对被投资方的权力时,应当仅考虑与被投资方相关的实质性权利,包括自身所享有的实质性权利以及其他方所享有的实质性权利。

实质性权利,是指持有人在对相关活动进行决策时有实际能力行使的可执行权利。判断一项权利是否为实质性权利,应当综合考虑所有相关因素,包括权利持有人行使该项权利是否存在财务、价格、条款、机制、信息、运营、法律法规等方面的障碍;当权利由多方持有或者行权需要多方同意时,是否存在实际可行的机制使得这些权利持有人在其愿意的情况下能够一致行权;权利持有人能否从行权中获利等。某些情况下,其他方享有的实质性权利有可能会阻止投资方对被投资方的控制。这种实质性权利既包括提出议案以供决策的主动性权利,也包括对已提出议案作出决策的被动性权利。

下列两种情况,表明投资方对被投资方拥有权力:

一是投资方持有被投资方半数以上的表决权的。一家公司直接或通过子公司间接拥有被投资单位半数以上的表决权,表明此公司能够控制被投资单位,应当将该被投资单位认定为子公司,纳入合并财务报表的合并范围。但是,有证据表明此公司不能控制被投资单位的除外。

二是投资方持有被投资方半数或以下的表决权,但通过与其他表决权持有人之间的协议能够控制半数以上表决权的。即综合考虑下列事实和情况后,判断投资方持有的表决权足以使其目前有能力主导被投资方相关活动的,视为投资方对被投资方拥有权力:(1)投资方持有的表决权相对于其他投资方持有的表决权份额的大小,以及其他投资方持有表决权的分散程度;(2)投资方和其他投资方持有的被投资方的潜在表决权,如可转换公司债券、可执行认股权证等;(3)其他合同安排产生的权利;(4)被投资方以往的表决权行使情况等其他相关事实和情况。但是,有证据表明此公司不能控制被投资单位的除外。

（二）控制的实现方式

实现控制的具体方式主要有两种,一是通过所有权的方式达到控制目的,二是通过所有权加其他方式达到控制目的,具体如下所述:

1. 以所有权方式达到控制目的

以所有权方式达到控制目的可以有三种方式,即直接拥有、间接拥有和直接加间接。在控股权计算方面,我国与国际惯例存在一些差异,我们举例加以说明。

例 7-1 甲公司直接拥有乙公司 63% 的控股权,则无论是在我国还是按照国际惯例,甲公司均通过直接拥有乙公司 50% 以上的控股权取得对乙公司的控制权。

例 7-2 甲公司拥有乙公司 60% 的控股权,同时乙公司拥有丙公司 70% 的控股权。在我国,甲公司间接拥有丙公司 70% 的控股权,间接控制了丙公司,即甲→乙（60%）,乙→丙（70%）,则甲→丙（70%）。但是按照国际惯例计算,甲公司间接拥有丙公司 42% 的控制权,没有超过一半股权,未能实现对丙公司的控制,即甲→乙（60%）,乙→丙（70%）,则甲→丙（42%＝60%＊70%）。

例 7-3 甲公司拥有乙公司 51% 的控股权和丙公司 35% 的控股权,同时乙公司又拥有丙公司 30% 的控股权。则在我国,甲公司拥有了丙公司 65% 的股权,直接加间接控制了丙公司,即甲→乙（51%）,甲→丙（35%）,乙→丙（30%）,则甲→丙（65%＝35%＋30%）。而按照国际惯例计算,甲公司对丙公司实现了控制,但是仅拥有丙公司 50.3% 的控制权,即甲→乙（51%）,甲→丙（35%）,乙→丙（30%）,则甲→丙（50.3%＝51%＊30%＋35%）。

虽然直接加间接拥有被投资企业50％以上股权,但是下列子公司可以不包括在合并报表范围内:(1)准备关、停、并、转的子公司;(2)已宣告清理整顿的子公司;(3)准备近期出售而短期持有其50％以上股份的子公司;(4)非持续经营、股东权益为负数的子公司;(5)受所在国外汇管制及其他管制,资金调度受到限制的境外子公司。

2.以所有权加其他方式达到控制目的

此方式一般通过以下几项途径实现控制权:(1)通过与被投资企业的其他投资者的协议,持有被投资企业50％以上的表决权;(2)公司章程或协议,有权控制被投资企业的经营与财务政策;(3)在董事会中拥有被投资企业50％以上的投票权;(4)有权任免被投资企业董事会等权力机构的多数成员,等等。

第二节　合并报表编制的一般原理

一、合并资产负债表的编制

合并资产负债表应当以母公司和子公司的资产负债表为基础,在抵销母公司与子公司、子公司相互之间发生的内部交易对合并资产负债表的影响后,由母公司合并编制。其编制的基本程序为调整—汇总—抵销。其中调整是汇总的前提,需要抵销的业务主要包括内部交易(投资和被投资业务),内部往来以及内部购销等,这里将简要介绍其基本抵销分录的编制。

(一)内部交易:投资和被投资业务的抵销

主要操作是将母公司的长期股权投资与母公司在子公司所有者权益中所享有的份额相互抵销,同时抵销相应的长期股权投资减值准备。

1.编制调整分录,统一母子公司的计量属性。数据主要来源于母公司的备查账簿和子公司的公允价值和账面价值不一致的项目,资产评估增值额反应到了合并分录中。基本抵销分录为:

借:资产增值项目

　　贷:资产减值项目

　　　资本公积

2.抵销母公司的投资和在子公司所有者权益中享有的份额。借记数据主要来源于子公司所有者权益的调整后金额,即子公司的净资产公允价值;贷记数据来源于母公司对子公司的股权投资成本金额。基本抵销分录为:

借:实收资本

　　资本公积

　　盈余公积

　　未分配利润

商誉(倒挤＝投资成本－被投资企业公允价值)

　　贷:长期股权投资

(二)内部债权与债务的抵销

母公司与子公司、子公司相互之间的债权和债务项目,是指母公司与子公司、子公司相互之间因销售商品、提供劳务以及发生结算业务等原因产生的应收账款与应付账款、应收票据与应付票据、预付账款与预收账款、其他应收款与其他应付款、持有至到期投资与应付债券等项目。

发生在母公司与子公司、子公司相互之间的这些项目,企业集团内部企业的一方在其个别资产负债表中反映为资产,而另一方则在其个别资产负债表中反映为负债。但从企业集团整体角度来看,它只是内部资金运动,既不能增加企业集团的资产,也不能增加负债。为此,为了消除个别资产负债直接加总中的重复计算因素,在编制合并财务报表时应当将内部债权债务项目予以抵销。

1.应收账款与应付账款的抵销处理

(1)初次编制合并财务报表时应收账款与应付账款的抵销处理

在应收账款计提坏账准备的情况下,某一会计期间坏账准备的金额是以当期应收账款为基础计提的。在编制合并财务报表时,内部应收账款抵销时,其抵销分录为:借记"应付账款"项目,贷记"应收账款"项目;内部应收账款计提的坏账准备抵销时,其抵销分录为:借记"应收账款——坏账准备"项目,贷记"资产减值损失"项目。

(2)连续编制合并财务报表时内部应收账款坏账准备的抵销处理

首先,将内部应收账款与应付账款予以抵销,即按内部应收账款的金额,借记"应付账款"项目,贷记"应收账款"项目。

其次,应将上期资产减值损失中抵销的内部应收账款计提的坏账准备对本期期初未分配利润的影响予以抵销,即按上期资产减值损失项目中抵销的内部应收账款计提的坏账准备的金额,借记"应收账款——坏账准备"项目,贷记"未分配利润——年初"项目。

最后,对于本期个别财务报表中内部应收账款相对应的坏账准备增减变动的金额也应予以抵销,即按照本期个别资产负债表中期末内部应收账款相对应的坏账准备的增加额,借记"应收账款——坏账准备"项目,贷记"资产减值损失"项目,或按照本期个别资产负债表中期末内部应收账款相对应的坏账准备的减少额,借记"资产减值损失"项目,贷记"应收账款——坏账准备"项目。

2.其他债权与债务项目的抵销处理

内部债权债务的基本抵销分录:

借:债务类帐户

　　贷:债权类帐户

如果某些交易衍生出其他账务处理,同样也需要将衍生账户处理抵销掉,如计提减值准备类账务处理。

例:甲公司为 A 公司的控股子公司,2020 年度 A 公司资产负债表年末应收账款中包含有应收甲公司账款 2800 万元,该应收账款累计计提的坏账准备余额为 200 万元,即应收甲公司账款净额为 2600 万元。

基本抵销分录如下:

借:应付账款 2800 万元

　　贷:应收账款 2800 万元

借:应收账款——坏账准备　200 万元

　　贷:资产减值损失　200 万元

（三）内部存货购销的抵销

1.母公司与子公司、子公司与子公司相互之间销售商品或劳务,所包含的未实现内部销售损益应当抵销。

当期内部购进商品并形成存货情况下的抵销处理,按照内部销售收入的金额,借记"营业收入"项目,贷记"营业成本"项目;同时按照期末内部购进形成的存货价值中包含的未实现内部销售损益的金额,借记"营业成本"项目,贷记"存货"项目。

2.连续编制合并财务报表时内部购进商品的抵销处理

（1）将上期抵销的存货价值中包含的未实现内部销售损益对本期期初未分配利润的影响进行抵销。即按照上期内部购进存货价值中包含的未实现内部销售损益的金额,借记"未分配利润—年初"项目,贷记"营业成本"项目。

（2）对于本期发生内部购销活动的,将内部销售收入、内部销售成本及内部购进存货中未实现内部销售损益予以抵销。即按照销售企业内部销售收入的金额,借记"营业收入"项目,贷记"营业成本"项目。

（3）将期末内部购进存货价值中包含的未实现内部销售损益予以抵销。对于期末内部购买形成的存货(包括上期结转形成的本期存货),应按照购买企业期末内部购入存货价值中包含的未实现内部销售损益的金额,借记"营业成本"项目,贷记"存货"项目。

例:母公司向子公司销售产品一批,销售时的分录如下:

母公司：

借：银行存款

　　贷：主营业务收入

借：主营业务成本

　　贷：产成品

子公司：

借：原材料

　　贷：银行存款

从整个集团公司角度来看，母公司实现的销售利润是一种未实现销售利润，销售当年的抵销分录如下：

借：营业收入　　（售出公司）

　　贷：营业成本　　（售出公司）

　　　　存货　　　　（购入公司）

除此之外还有可能编制的抵销分录：

借：存货

　　贷：资产减值损失

（四）内部固定资产交易的抵销处理

母公司与子公司、子公司与子公司相互之间发生的内部固定资产交易要相互抵销。

1.内部交易形成的固定资产在购入当期的抵销处理

首先将与内部交易形成的固定资产相关的销售收入、销售成本以及原价中包含的未实现内部销售损益予以抵销。其次，将内部交易形成的固定资产当期多计提的折旧费和累计折旧（或少计提的折旧费和累计折旧）予以抵销。按当期多计提的折旧额，借记"固定资产——累计折旧"项目，贷记"管理费用"等项目。

2.内部交易形成的固定资产在以后会计期间的抵销处理

首先，将原价中包含的未实现内部销售损益金额予以抵销，因为在以后会计期间该内部交易形成的固定资产仍以原价在购买方的个别资产负债表中列示。同时销售方由于以前会计期间该内部交易实现销售利润，形成销售当期净利润的一部分并结转到以后会计期间，在其个别所有者权益变动表中列示，因此还必须将期初未分配利润中包含的该未实现内部销售损益予以抵销，以调整期初未分配利润的金额。

其次，由于以前会计期间以包含未实现内部销售损益的原价为依据而多计提折旧的抵销。一方面必须按照以前会计期间累计多计提的折旧额抵销期初累计折旧，另一方面由于以前会计期间累计折旧抵销而影响到期初未分配利润，因此还必须调整期初未分配利润的金额。

最后,将本期多计提折旧而计入相关资产成本或当期损益的金额予以抵销,同时将本期多计提折旧而形成的累计折旧额予以抵销,因为该内部交易形成的固定资产在本期仍然计提了折旧。

3.内部交易形成的固定资产在清理期间的抵销处理

固定资产清理时会出现三种情况,即期满清理、超期清理和提前清理。期满清理是指内部交易形成的固定资产使用寿命届满进行清理时的抵销处理。超期清理是指内部交易形成的固定资产超期使用进行清理时的抵销处理,提前清理是指内部交易形成的固定资产使用寿命未满提前进行清理时的抵销处理。

二、合并利润表

合并利润表应当以母公司和子公司的利润表为基础,在抵销母公司与子公司、子公司相互之间发生的内部交易对合并利润表的影响后,由母公司合并编制。

利润表作为以单个企业为会计主体进行会计核算的结果,分别从母公司本身和子公司本身反映其在一定会计期间的经营成果。在以其个别利润表为基础计算的收入和费用等项目的加总金额中,也必然包含有重复计算的因素。因此,编制合并利润表时,也需要将这些重复的因素予以剔除。

编制合并利润表时需要进行抵销处理的项目:

(一)内部营业收入和内部营业成本的抵销

1.母公司与子公司、子公司相互之间销售的商品应抵销,期末的销售收入全部为实现的对外销售。

例:假设P公司2020年利润表的营业收入中有4500万元,系向S公司销售产品取得的销售收入,该产品销售成本为3500万元。S公司在本期将该产品全部售出,其销售收入为5500万元,销售成本为4500万元,并分别在其利润表中列示。

对此,编制合并利润表将内部销售收入和内部销售成本予以抵销时,应编制如下抵销分录:

借:营业收入 4500万元

贷:营业成本 4500万元

2.母公司与子公司、子公司之间销售商品,期末未实现对外销售而形成存货的抵销处理。

在内部购进的商品未实现对外销售的情况下,在编制合并利润表时,应当将销售企业由此确认的内部销售收入和内部销售成本予以抵销。对于这一内部交易,从购买企业来说,则以支付的购货价款作为存货成本入账,并在其个别资产负债表中作为资产列示。这样,购买企业的个别资产负债表中存货的价值中就包含销售企业实现的销售毛利。编制合并资产负债表时,应将购买企业存货价值中包含的未实现内部销售损益予以抵销。应编制的抵销分录为:按内部销售收入的金额,借记"营业收入"项目,贷记"营业成本"项目;同时,对于存货价值中包含的未实现内部销售损益,借记"营业成本"项目,贷记"存货"项目。

3.母公司与子公司、子公司之间销售商品,期末部分实现对外销售、部分形成期末存货的抵销处理。

在这种情况下,可以将内部购买的商品分解为两部分来理解:一部分为当期购进并全部实现对外销售;另一部分为当期购进但未实现对外销售而形成期末存货。

对于内部营业收入的抵销,也可按照如下方法进行抵销处理:按内部销售收入的金额,借记"营业收入"项目,按期末存货价值中包含的未实现内部销售损益的金额,贷记"存货"项目,按其差额,贷记"营业成本"项目。

(二)在企业内部购进商品作为固定资产、无形资产等资产使用时的抵销处理

在购买企业将内部购进的商品作为固定资产、工程物资、在建工程、无形资产等资产使用时,则形成固定资产、工程物资、在建工程、无形资产等资产。

在企业集团内母公司与子公司、子公司相互之间将自身的产品销售给其他企业作为固定资产(作为无形资产等的处理原则类似)使用的情况下,从整个企业集团来说,只能以销售企业生产该产品的成本作为固定资产原价在合并财务报表中反映。因此,编制合并利润表时,应将销售企业由于该内部交易产生的销售收入和销售成本予以抵销;并将内部交易形成的固定资产原价中包含的未实现内部销售损益予以抵销。在对销售商品形成的固定资产或无形资产所包含的未实现内部销售损益进行抵销的同时,也应当对固定资产的折旧额或无形资产的摊销额与未实现内部销售损益相关的部分进行抵销。应编制的抵销分录为:按内部销售收入的金额,借记"营业收入"项目,按固定资产原价中包含的未实现内部销售损益的金额,贷记"固定资产——原价"项目,按其差额,贷记"营业成本"项目;同时,对于本期计提的折旧额或摊销额中包含的未实现内部销售损益的金额,借记"固定资产——累计折旧"项目,贷记"管理费用"等项目。

(三)内部应收款项计提的坏账准备等减值准备的抵销处理

编制合并资产负债表时,需要将内部应收款项与应付款项相互抵销,与此相

适应需要将内部应收款项计提的坏账准备予以抵销。编制合并财务报表将资产减值损失中包含的本期内部应收款项计提的坏账准备抵销时,按照当期内部应收款项计提的坏账准备的金额,借记"应收账款——坏账准备"等项目,贷记"资产减值损失"项目。

(四)内部投资收益(利息收入)和利息费用的抵销处理

企业集团内部母公司与子公司、子公司相互之间可能发生相互提供信贷,以及相互之间持有对方债券的内部交易。在编制合并财务报表时,应当在抵销内部发行的应付债券和持有至到期投资等内部债权债务的同时,将内部应付债券和持有至到期投资相关的利息费用与投资收益(利息收入)相互抵销。应编制的抵销分录为:借记"投资收益"项目,贷记"财务费用"项目。

(五)母公司与子公司、子公司相互之间持有对方长期股权投资的投资收益的抵销处理

在子公司为全资子公司的情况下,应当编制的抵销分录为:借记"投资收益""未分配利润——年初"项目,贷记"提取盈余公积""对所有者(或股东)的分配""未分配利润——年末"项目;在子公司为非全资子公司的情况下,应编制的抵销分录为:借记"投资收益""少数股东损益""未分配利润——年初"项目,贷记"提取盈余公积""对所有者(或股东)的分配""未分配利润——年末"项目。

三、合并现金流量表

合并现金流量表的编制原理、编制方法和编制程序与合并资产负债表、合并利润表的编制原理、编制方法和编制程序相同。首先编制合并工作底稿;然后,根据当期母公司与子公司以及子公司相互之间发生的影响其现金流量增减变动的内部交易,编制相应的抵销分录,通过抵销分录将个别现金流量表中重复反映的现金流入量和现金流出量予以抵销;最后,在此基础上计算出合并现金流量表的各项目的合并金额,并填制合并现金流量表。

合并现金流量表补充资料,既可以以母公司和所有子公司的个别现金流量表为基础,在抵销母公司与子公司、子公司相互之间发生的内部交易对合并现金流量表的影响后进行编制,也可以直接根据合并资产负债表和合并利润表进行编制。

编制合并现金流量表时应进行抵销处理的项目有以下几项:

(1)母公司与子公司、子公司相互之间当期以现金投资或收购股权增加的投资所产生的现金流量应当抵销。

(2)母公司与子公司、子公司相互之间当期取得投资收益、利息收入收到的

现金,应当与分配股利、利润或偿付利息支付的现金相互抵销。

(3)母公司与子公司、子公司相互之间以现金结算债权与债务所产生的现金流量应当抵销。

(4)母公司与子公司、子公司相互之间当期销售商品所产生的现金流量应当抵销。

(5)母公司与子公司、子公司相互之间处置固定资产、无形资产和其他长期资产收回的现金净额,应当与购建固定资产、无形资产和其他长期资产支付的现金相互抵销。

(6)母公司与子公司、子公司相互之间当期发生的其他内部交易所产生的现金流量应当抵销。

此外,母公司在报告期内因同一控制下企业合并增加的子公司以及业务,应当将该子公司以及业务合并当前期初至报告期末的现金流量纳入合并现金流量表,同时应当对比较报表的相关项目进行调整,视同合并后的报告主体自最终控制方开始控制时点起一直存在;因非同一控制下企业合并增加的子公司以及业务,应当将该子公司购买日至报告期末的现金流量纳入合并现金流量表;对于母公司在报告期内处置子公司以及业务,应当将该子公司以及业务期初至处置日的现金流量纳入合并现金流量表。

四、合并所有者权益变动表

合并所有者权益变动表应当以母公司和子公司的所有者权益变动表为基础,在抵销母公司与子公司、子公司相互之间发生的内部交易对合并所有者权益变动表的影响后,由母公司合并编制。

编制合并所有者权益变动表时应进行抵销处理的项目有以下几项:

(1)母公司对子公司的长期股权投资应当与母公司在子公司所有者权益中享有的份额相互抵销。子公司持有母公司的长期股权投资以及子公司相互之间持有的长期股权投资,应当按合并资产负债表下的相关规定由母公司合并编制。

(2)母公司对子公司、子公司相互之间持有对方长期股权投资的投资收益应当抵销。

(3)母公司与子公司、子公司相互之间发生的其他内部交易对所有者权益变动的影响应当抵销。合并所有者权益变动表也可以根据合并资产负债表和合并利润表进行编制。

对于有少数股东的,应当在合并所有者权益变动表中增加"少数股东权益"栏目,反映少数股东权益变动的情况。

第三节 合并报表分析

一、合并报表中包含的财务状况质量信息分析

（一）通过比较母公司报表与合并报表的相关项目，可以识别控制性投资所占用的资源与控制性投资所撬动的增量资源

1. 控制性投资所占用的资源是合并报表小于母公司报表的差额，就是控制性投资直接占用的资源规模（主要集中在可供出售金融资产、长期股权投资、其他应收款和预付款项，但并不是企业所有的可供出售金融资产和长期股权投资都属于控制性投资），即直接占用资源＝母公司长期股权投资－合并报表长期股权投资

2. 控制性投资所撬动的增量资源是合并报表资产总计与母公司报表资产总计的差额，即控制性投资所撬动的增量资源＝合并资产总计－母公司资产总计

案例 7-1：青岛海尔合并报表控制性投资分析[①]

表 7.1　2014—2016 年青岛海尔母公司、合并报表控制性投资占用变动

单位：万元

	2014 年		2015 年		2016 年	
	母公司	合并报表	母公司	合并报表	母公司	合并报表
预付款项	1,894.72	74,707.88	1,254.04	55,687.20	1,000.00	57,854.34
其他应收款	94.80	27,280.07	6,134.44	47,857.41	32,295.33	118,041.81
可供出售金融资产	71,128.35	163,128.16	52,294.26	283,731.82	547.82	155,587.87
长期股权投资	832,912.34	335,660.97	1,414,173.31	495,890.83	2,234,207.89	1,105,781.96
资产总计	1,354,138.37	7,500,645.71	1,615,987.93	7,596,067.28	3,622,485.01	13,125,529.0

由表 7.1，2014—2016 年，青岛海尔母公司的预付款项、其他应收款和可供出售金融资产均小于合并报表，不计入控制性投资占用资源；长期股权投资方面，利用母公司长期股权投资与合并报表长期股权投资的差额衡量控制性投资

---

① 来源：经济学院 2017 级研究生王雅楠《青岛海尔财务报表分析》课程作业。

直接占用的资源,由表 7.1 可以看出,随着公司规模的扩大和子公司的发展,子公司占用的资源逐年增加,控制性投资占比迅速提高,在 2016 年占母公司长期股权投资比例为 50.51%,控制性投资占用超过 112 亿元。

用合并报表中资产总额与母公司资产总额的差额衡量控制性投资撬动的增量资源,2014—2016 年,增量资源由 614 亿元左右增加到 950 亿元,增加了 54.61%,撬动效应加强,2016 年母公司利用 110 亿的控制性投资撬动了 950 亿元的增量资源,说明母公司对子公司的投资利用效率较高。

案例 7-2:比亚迪 2018 年控制性投资分析

表 7.2　比亚迪 2018 年控制性投资的资源占用与撬动效应　　　　单位:元

	合并报表	母公司报表
长期股权投资	3,560,880,000	20,400,165,000
其他应收款	1,010,378,000	25,999,084,000
预付款项	358,822,000	5,001,316,000
资产总计	19,457,107,000	61,136,247,000

资料来源:比亚迪股份有限公司 2018 年年度报告

表 7.2 为比亚迪 2018 年年报的部分节选财务数据,其中合并报表长期股权投资、其他应收款、预付款项均小于母公司相对应的数据,是比较典型的母公司长期股权以控制性投资为主的企业,即母公司采用投资主导型战略。

其中控制性投资占用的资源:

直接占用资源=母公司长期股权投资-合并长期股权投资
=20,400,165,000-3,560,880,000=16,839,285,000(元)

其他应收款被子公司占用资源=母公司其他应收款-合并其他应收款
=25,999,084,000-1,010,378,000=24,988,706,000(元)

预付款项被子公司占用资源=母公司预付款项-合并预付款项
=5,001,316,000-358,822,000=4,642,494,000(元)

控制性投资撬动的增量资源:

控制性投资所撬动的增量资源=合并资产总计-母公司资产总计
=19,457,107,000-61,136,247,000=133,434,830,000(元)

通过上述计算可知,比亚迪利用近 22 亿元撬动子公司约 1334 亿元的增量资源,这样的撬动效应有利于企业可持续经营,但同时还应将比亚迪的撬动效应与同行业相比较,以判断其在同业中的经营管理水平。

3.控制性投资撬动资源差异的原因分析

不同的企业集团控制性投资资源撬动子公司的资源有较大的差异,有的企业用较少的控制性投资资源撬动了较多的子公司资源,有的企业用较多的控制性投资资源仅撬动了较少的子公司资源,造成这些差异的原因主要有以下几个:

一是子公司对少数股东入资的吸纳能力不同。在其他条件均相同的情况下,子公司对少数股东入资的吸纳能力越强,则相同的控制性投资资源撬动的子公司的资源就会越多。

二是子公司的贷款能力不同。在其他条件均相同的情况下,子公司获取贷款融资的能力越强,则相同的控制性投资资源撬动的子公司资源就会越多。

三是子公司利用商业信用的能力不同。子公司利用商业信用的能力是指其流动负债中有大量的应付票据、应付账款以及预收款项。在其他条件均相同的情况下,子公司利用商业信用的能力越强,则相同的控制性投资资源撬动的子公司的资源就会越多。

四是子公司的盈利能力不同。在其他条件均相同的情况下,子公司盈利能力越强,则子公司的资产就会增加,从而使相同的控制性投资资源撬动的子公司的资源增多。

五是子公司所处的发展阶段不同。公司发展阶段可以大致分为初创、成长、成熟和衰退四个阶段,子公司若处于初创阶段,其贷款能力、商业信用利用能力和盈利能力均未良好的展现,其资金来源主要是股东的入资,在此阶段,控制性投资资源撬动的子公司的资源就不会多。

(二)合并报表可以揭示企业集团的资源规模和结构

合并报表可以展示以上市公司为母公司所形成的纳入合并报表编制范围的企业集团所存在的资源规模及其结构。

(三)合并报表可以揭示内部关联方交易的程度

以上市公司为母公司所形成的纳入合并报表编制范围的有关各方称为内部关联方,内部关联方交易在进行合并报表编制时均需要剔除,在合并报表中不予反映。由此可以推断,企业集团内部依赖关联交易的程度越高,经合并抵销后相关项目的合并金额就会越小。

案例7-3：首旅酒店关联交易程度分析

表7.3　首旅酒店2019年内部关联交易程度分析　　　　单位：万元

	合并报表	母公司报表
应收账款	18931.91	615.76
应付账款	12940.85	1230.74
其他应收款	12901.87	14334.53
其他应付款	204246.65	279245.80
预收账款	25723.17	1763.55
预付账款	17542.38	8.93
营业收入	831110.35	27168.61
营业成本	52490.50	2695.45

由表7.3可以看出，首旅酒店2019年其他应收款和其他应付款合并后较母公司报表减少，说明母公司和子公司间存在内部关联交易，共占用了1432.66万元其他应收款和74999.15万元其他应付款，但关联交易金额占比不高，因此母子公司间关联交易程度较低。此外，营业收入和营业成本合并后大幅增加，说明首旅酒店集团的营业收入和营业成本主要来自子公司，且由子公司从事大部分经营业务。

（四）通过比较相关资源的相对利用效率来揭示企业集团内部管理的薄弱环节

通过比较合并报表和个别报表的固定资产、存货、货币资金、营业收入、营业成本等项目，可以了解在上市公司和上市公司以外的其他纳入合并报表编制范围的公司之间，哪一部分资产的利用效率更高一些。

案例7-4：康佳集团内部管理效率分析

表7.4　康佳集团股份有限公司资产负债表（2014年）　　　　单位：百万元

项目	2014年12月31日		2013年12月31日	
	合并	母公司	合并	母公司
存货	3904.44	2500.54	3582.67	2333.11

项目	2014 年 12 月 31 日		2013 年 12 月 31 日	
	合并	母公司	合并	母公司
流动资产	12870.31	10250.36	12504.11	9878.17
固定资产	1783.7	534.36	1908.5	599.95
资产总计	16779.36	13818.34	15743.28	13169.85

由表 7.4 可看出，康佳集团的存货、流动资产、固定资产等在年初和年末的结构总体来看基本相同；进一步来看，在以上市公司为母公司的企业集团内，存货有六成集中在上市公司，而产生存货的技术装备，也就是固定资产，则主要集中在上市公司以外的子公司。这就说明，从资产的管理效率来说，上市公司对固定资产的利用是高效的，而子公司对固定资产的使用则相对较低。

（五）通过比较合并报表和母公司报表，可以揭示企业集团在融资、营销等方面的集权和分权管理模式

案例 7-5：美的集团管理模式分析

表 7.5　美的 2017 年与 2018 年部分财务数据节选　　　　　单位：千元

项目	2018 年		2017 年	
	母公司	合并	母公司	合并
货币资金	15,361,626	27,888,280	29,349,926	48,274,200
存货	—	29,645,018	—	29,444,166
短期借款	575,000	870,390		2,584,102
长期借款		32,091,439		32,986,325
财务费用	(815,949)	1,823,040	(328,000)	975,062
销售费用		—	(31,085,879)	(26,738,673)

由表 7.5 可以看出，美的集团公司合并报表中货币资金、短期借款、长期借款和财务费用规模远远大于母公司，因此认为其融资采用的是分权管理的模式，即美的母公司和子公司根据各自的资金需求分别进行融资的资金模式。企业的存货集中在子公司，结合固定资产和在建工程的分布情况，可以认为美的的生产和对外销售均由子公司承担。因此大致可以判断美的集团的营销模式采取的是分散管理的模式，由子公司负责企业的对外营销，母公司几乎不对外营销。

（六）通过比较母公司利润表和合并利润表主要项目之间的差异，比较和分析评价母、子公司的基本获利能力和费用发生的相对效率

通过比较两个报表的毛利率的差异，可以确定母子公司基本的获利能力，而通过比较各项经营性费用的绝对额以及费用率，则可以分析母子公司费用发生的特点与相对效率。

以恒瑞医药为例（见表 7.6），母公司的毛利率略低于合并毛利率，说明子公司整体的毛利率水平高于母公司，而合并报表的研发费用率显著高于母公司的研发费用率，子公司承担了更多的研发任务，需要更多的研发投入。在销售费用率和管理费用率方面，合并报表与母公司报表数值较为接近，由于管理费用与营业收入通常不具有线性关联，管理费用率不一定能够准确地反映企业管理费用的有效性。销售费用率则体现出母子公司产品的市场竞争力在整个集团内相互助力，均衡发展。

表 7.6　恒瑞医药 2019 年母子公司利润表指标对比　　　　　　单位：万元

项目	合并报表	母公司报表
营业收入	2,328,857.66	2,129,835.93
营业成本	291,294.41	398,922.59
毛利	2,037,563.26	1,730,913.34
毛利率	87.49%	81.27%
销售费用	852,496.76	784,754.31
销售费用率	36.61%	36.85%
管理费用	224,117.97	200,015.45
管理费用率	9.62%	9.39%
研发费用	389,633.60	249,308.51
研发费用率	16.73%	11.71%

（七）合并报表可以分析和判断以母公司为控制主体的整个集团与集团外的现金流转状况和资本运作状况

分析判断主要依据合并现金流量表中经营活动现金流量净额，对外投资现金流量，筹资活动中对子公司活动吸收的少数股东资本和贷款带来的现金流量等信息。

表 7.7　2019 年首旅酒店合并报表与母公司报表现金流对比　　单位：万元

项目	合并报表	母公司	差额
经营活动现金流入小计	940,073.36	29,028.11	911,045.25
经营活动现金流出小计	759,640.20	23,113.35	736,526.85
经营活动产生的现金流量净额	180,433.15	5,914.76	174,518.39
投资活动现金流入小计	173,976.54	21,342.32	152,634.22
投资活动现金流出小计	200,414.46	18,833.74	181,580.72
投资活动产生的现金流量净额	−26,437.92	2,508.58	−28,946.50
收到其他与筹资活动有关的现金	7,621.73	114,937.95	−107,316.22
筹资活动现金流入小计	42,186.73	114,937.95	−72,751.22
支付其他与筹资活动有关的现金	840.00	16,400.02	−15,560.02
筹资活动现金流出小计	121,955.85	121,183.38	772.47
筹资活动产生的现金流量净额	−79,769.12	−6,245.44	−73,523.68

　　从表 7.7 中可以看出，首旅酒店 2019 年 97％的经营活动现金流和 90％的投资活动现金流发生在子公司，说明主要由子公司承担经营业务和对外投资行为；但投资活动产生的现金净流量在母公司报表中为正，合并后为负，说明母公司更多的收取投资带来的净收益，而子公司对外投资额很大且远大于投资收益回报，现金流呈现净流出；与筹资活动有关的现金流入合并后减少，说明母公司主要通过在集团内进行内部融资来筹措资金，子公司为母公司提供绝大部分的现金支持。

（八）合并报表有助于了解整个企业集团的扩张战略及其实施后果

表 7.8　上汽集团 2018 年部分财务数据节选①　　单位：元

项目	母公司	合并报表
购建固定资产、无形资产和其他长期资产支付的现金	7,984,770,761.69	31,975,144,862.13
处置固定资产、无形资产和其他长期资产收回的现金净额	34,425,154.17	1,655,877,795.34
投资支付的现金	16,789,454,679.25	252,687,177,282.00
收回投资收到的现金	10,106,368,460.67	261,188,782,080.49

①　数据来源于上汽集团 2018 年财务报告。

在表 7.8 中,上汽集团合并报表"购建固定资产、无形资产和其他长期资产支付的现金"的现金流出是"处置固定资产、无形资产和其他长期资产收回的现金净额"的现金流入的 19 倍,而母公司报表中,前者是后者的 231 倍。说明不论是集团整体还是母公司自身,都正在试图通过对内扩张战略来进一步提升市场占有率和夯实主业的竞争实力,母公司的对内扩张意图更加明显,但两者的对内扩张战略是吻合的。这也表明了上汽集团作为行业内龙头企业,坚持"经营主导型"经营战略的信心和决心。

合并报表中,"投资所支付的现金"与"收回投资所收到的现金"规模相当,且金额较大,说明合并报表上体现的是企业正处于对外投资的结构性调整阶段.在母公司中前者约为后者的 1.67 倍,表明母公司的对外投资呈现总体扩张态势。

(九)合并报表能够起到对企业财务危机的预警作用[①]

合并报表较于母公司报表贡献了更具体的子公司增量信息。忽视母公司以经营或者投资主导型为企业战略导向有可能使利益相关者错误地运用两种报表所包含的信息,不能及时有效对可能面临的财务危机进行预警和决策。一方面合并报表与母公司报表的差异能揭示母公司的战略导向,另一方面王秀丽等人(2017)指出在特定战略导向下合并报表的总体预警效果优于母公司报表,即当母公司采用经营主导型战略时,母公司报表的预警效果优于合并报表;当母公司采用投资主导型战略时,合并报表的预警效果较明显优于母公司报表。

二、合并财务报表分析中存在的主要问题

合并报表具有与企业个别报表不同的特征,这决定其存在特殊性和局限性,具体来说,主要存在以下问题:

(一)母子公司财务报表编制基础不一定可比

母公司与子公司财务报表的编制基础不一定具有可比性,会计原则、计价基础、摊销方法上的差异都会对报表数据的有效性带来影响,特别是不同行业的母公司与子公司在合并后,可能会扭曲财务比率关系。

(二)公司合并后,财务状况的好坏及处理

财务状况差的公司和财务状况好的公司合并,合并后的数据模糊不清。

---

① 王秀丽,张龙天,贺晓霞.基于合并报表与母公司报表的财务危机预警效果比较研究[J].会计研究,2017(6):38-44

（三）公司间的内部交易处于模糊不清的状态

具体而言，这些问题可能是以下几种。

1. 企业集团偿债能力分析中存在的问题

由于企业集团只是一个经济实体，而非独立的法律主体，集团成员利益趋向会有所不同，在母公司和非全资子公司以及各非全资子公司之间不能任意划拨资金，因此在分析企业集团偿债能力时，若只简单地进行比率分析，可能得出错误结论。比如存在母公司以其投入资本部分对子公司承担有限责任，子公司债权人求偿权不能追溯至合并报表列示的所有资产，母公司债权人求偿权不能直接向子公司追偿而只能从母公司资产中得到满足等情况时，母公司与子公司的偿债能力相对独立，合并报表中企业的流动比率与速动比率等偿债能力指标就无法合理的反映出企业集团短期偿债能力。

2. 企业集团财务风险分析中存在的问题

企业集团非全资子公司存在两种融资方式，一是采用母公司提供的担保取得贷款的方式，即母公司主导集团债务融资；二是母公司从银行获得贷款后再转贷给子公司，即母公司集中进行集团融资、投资管理的模式。在这两种融资模式中企业集团承担的财务风险是不同的。第一种融资方式中，母公司在子公司不能到期还本付息时必须以其资产为子公司偿还债务，使得整个企业集团为少数股东承担了一部分债务以及相关的财务风险。第二种融资方式中，母公司仅以其持股比例为限承担债务，即仅承担其持股比例与贷款金额的乘积部分，这就不包括少数股权所应承担的部分，因此其财务风险小于前者。但是这两种融资方式下，企业的合并报表是相同的，无法反映出财务风险的不同。

3. 企业集团营运能力分析中存在的问题

在对企业集团运营能力进行分析时，流动资产周转率、存货周转率、应收账款周转率和总资产周转率等周转率指标均以合并报表中的数据为计算基础，抵销后的周转额可以代表整个集团对外完成周转的存货或流动资产规模。相较于集团内单一公司完成的周转额，后者会因为中间环节的增多而增大，从而存在虚假反映资金周转速度加快的可能。因此，以合并报表数据为基础计算的周转率指标可以敏感且客观的反映企业集团整体资金周转效率的实际情况。

但是，企业集团常采用多元化经营的方式以分散风险，其合并报表可能合并了不同地区、不同行业的企业个别报表，从而存在掩盖不同地区、不同行业的企业之间资产的周转效率、经营风险水平差异的可能，特别是在各个地区财务指标衡量标准不同的情况下，将个别报表合并后会大大削弱合并报表财务分析和财务预测的意义，此时的合并数据便失去了其鲜活性。

4.企业集团的利润分配能力分析

合并财务报表分析中存在的主要问题是合并报表难以满足债权人的信息需求,也不具备利润分配的功能,只有将合并报表与个别公司报表结合起来分析才能满足投资者的不同需求,这也是要求企业双重披露的原因。

综上,为了克服合并报表自身的特殊性与天然的局限性,使用者必须将企业集团的母子公司个别与合并报表一起进行展开分析,从而提高合并报表决策的有用性。

参考文献

[1] 会计准则第 33 号——合并财务报表(财会〔2014〕10 号)

[2] 王秀丽,张龙天,贺晓霞.基于合并报表与母公司报表的财务危机预警效果比较研究[J].会计研究,2017(06):38-44.

思考题

1.个别报表、汇总报表和合并报表有哪些显著区别?

2.如何理解合并范围、少数股权等概念?

3.在合并报表的编制过程中应抵销的集团内部交易有哪几类?

4.合并报表的作用有哪些? 合并报表包含了哪些关于财务状况质量的信息? 应如何加以分析和使用?

课后案例:伊利股份 2016 年合并财务报表分析①

合并报表固然能够反映整个企业集团的经营情况和经营规模,但并不能揭示各个公司的财务状况、经营成果和资金流转情况,不能替代母公司和各子公司报表的作用。不论是母公司的股东还是各子公司的股东,他们所关心的是各自公司的获利能力,即他们每年能得到的股利。对于债权人,其更关注的是母子公司的经营能力。伊利股份 2015 年纳入合并范围的子公司 94 户,与期初相比,增加 4 户,减少 6 户;2016 年纳入合并范围的子公司 73 户,与期初相比,增加 2 户,减少 23 户。观察伊利股份的子公司名单,发现大部分的子公司业务都与母公司具有高度的相关性,且处于同一产业链条中。下面对其母公司报表和合并公司报表进行简单的对比分析(见表 7.10～7.13)。

---

① 参考浙江大学经济学院 2017 级研究生祝凯利课程作业《财务报表分析》。

（一）资产负债表对比分析

1. 主要项目分析

理论上讲,如果母子公司之间没有业务往来,那么集团公司的资产、负债和所有者权益规模都应该大于母公司。因此在分析集团公司和母公司资产负债表时,着重分析母公司项目金额大于集团公司的差额部分,以此来分析母子公司之间的业务往来和债权债务关系。表7.9列示了三年中集团公司和母公司之间差额为负的项目,即分析越合并越小的情况。

表7.9　伊利股份集团公司和母公司项目差额表　　　　单位:百万元

	2014 年	2015 年	2016 年
预付款项	−2,605.41	−3,483.28	−857.12
应收股利	−137.56	−1.65	0
长期股权投资	−0.01	−0.01	−0.02
非流动资产合计	3,458.39	3,310.66	−4,794,029,661.74
应付票据	0.00	−0.26	1.65
应付账款	740.51	1,292.61	−1,261.36
流动负债合计	4,607.14	3,449.45	−299.27
递延所得税负债	0.00	−69.72	−120.95
其他综合收益	−15.81	196.88	361.95

在这三年中,集团公司的预付账款、长期股权投资都低于母公司。前者说明母公司对子公司有预付款项,即母公司存在占用子公司资金的情况;后者说明母公司对子公司进行了长期股权投资。2014年和2015年应收股利差额为负,说明子公司对母公司有股利支付义务。2015年应付票据项目为负,表明母公司对子公司有应付票据短期负债。2016年应付账款差额为负,说明母公司对内部子公司有应付账款,以上都说明母公司存在占用子公司资金的状况。

母公司的流动资产在集团公司流动资产中所占的比重逐年下降,其非流动资产占比和总资产占比却在逐年上升,这表明母公司总体上时处于相对扩张的。母公司在负债项目上的占比都是逐年提高的,说明母公司的负债对子公司的依赖程度越来越低。母公司的所有者权益合计在集团所有者权益中的比重越来越低,表明归属于母公司的所有者权益占比逐渐降低。见表7.10。

再观察具体的货币资金、存货、固定资产等项目。母公司的货币资金数在

2016 年大幅下降,降到 23.22%,说明货币资金从集中在母公司转为集中在子公司。同时,子公司占有大部分的存货和固定资产,尤其是固定资产的占有,超过了 90%。

表 7.10　伊利股份母公司项目占比变动表　　　　　　单位:%

项　　目	2014 年	2015 年	2016 年
流动资产合计	66.20	63.82	36.45
非流动资产合计	81.30	83.32	125.14
资产总计	73.27	73.58	79.53
流动负债合计	75.44	81.05	102.01
非流动负债合计	5.13	7.29	10.84
负债合计	68.92	76.19	95.64
所有者权益合计	78.05	71.06	68.41
货币资金	58.81	50.85	23.22
存货	32.02	22.77	36.56
固定资产	9.42	8.90	9.71

2. 相关指标分析

表 7.11　伊利股份母公司相关指标分析表　　　　　　单位:%

指标名称	2014 年	2015 年	2016 年
归属母公司股东的权益/全部投入资本	67.22	74.21	97.72
归属母公司股东的权益/负债合计	0.90	1.03	1.44
存货周转率	32.51	34.06	34.51
应收账款周转率	169.90	153.51	128.89
总资产周转率	1.92	2.04	2.01

　　表 7.11 中,母公司在三年间前两个指标在不断增加。归属母公司股东的权益/全部投入资本的提高,说明资本投入对母公司的权益贡献率越来越高,这符合公司为股东赚取收益的目标定位。归属母公司股东的权益/负债合计表明母公司股东权益对负债的保障程度,这一指标的提高说明母公司债权人的权益保障程度在不断提高。总体来看,母公司股东和债权人的状况都在不断改善。

　　营运能力指标中,母公司的应收账款周转率在不断上升,存货周转率在持续下降,而总资产周转率上下波动,且波动幅度不大。母公司的存货管理状况在改善,应收账款的增加导致应收账款周转率下降,说明企业在扩大信用销售规模。总资产管理状况良好,没有明显的恶化迹象。

(二)利润表对比分析

由表 7.12 可以看到,母公司在 2014 年和 2016 年的主营业务收入都超过了集团公司的主营业务收入,三年中母公司的主营业务成本均超过了集团的主营业务成本,而母公司的营业利润要低于集团公司。这说明母公司有相当一部分主营业务的开展是面向子公司的。

通过对毛利率对比分析,可以看出,母公司的毛利率水平同集团公司的毛利率水平、销售净利率水平均处于不断上升的过程,说明母公司的盈利能力也在不断提高。母公司的毛利率水平低于集团公司的毛利率水平,说明子公司的获利水平高于母公司的获利水平。

表 7.12　伊利股份主营业务项目对比分析表　　单位:百万元

	2014 年		2015 年		2016 年	
	合并报表	母公司	合并报表	母公司	合并报表	母公司
主营业务收入	53,959.30	54,268.65	59,863.49	59,209.28	60,312.01	60,597.80
主营业务成本	36,400.00	43,510.86	38,375.58	45,390.51	37,427.44	45,602.14
营业利润	4,389.69	2,311.39	4,894.32	3,021.41	5,520.41	3,907.91
毛利率	32.54%	19.82%	35.89%	23.34%	37.94%	24.75%
销售净利率	7.72%	4.22%	7.785	5.26%	9.40%	7.11%

(三)现金流量对比分析

表 7.13 列示了集团公司和子公司三种现金流量的净额。2014 年母公司经营活动产生的现金流量净额大于集团公司的现金流量净额,说明母公司经营活动有很大一部分是面向子公司的。2015 年和 2016 年,集团公司经营活动产生的现金流量净额超过了母公司,说明子公司的经营收入水平有所提升。投资活动产生的现金流量一直为负值,2014 年和 2016 年母公司的投资活动产生的现金缺口大于集团公司的现金流量缺口,说明母公司对子公司有大量现金净流出,2015 年集团公司的现金流量缺口大于母公司的现金流量缺口,说明子公司也出现对外现金净流出。

表 7.13　现金流量净额项目分析表　　　　　　　　单位:百万元

项目名称	2014 年		2015 年		2016 年	
	合并报表	母公司	合并报表	母公司	合并报表	母公司
经营活动产生的现金流量	2,436.49	4,057.12	9,536.50	2,199.08	12,817.33	9,391.72
投资活动产生的现金流量	−998.65	−2,672.89	−3,486.94	−303.28	−3,243.21	−5,194.24
筹资活动产生的现金流量	2,882.48	−615.56	−6,279.12	−3,636.25	−8,814.53	−7,640.69

2014 年伊利股份母公司存在筹资活动净流出,而集团公司出现筹资活动净流入,说明子公司在 2014 年度承担了主要的筹资活动,2015 年和 2016 年集团公司的筹资活动净流出大于母公司的筹资活动现金净流出量,说明子公司一部分筹资来源于母公司。

综合上述分析,伊利股份母公司和子公司之间存在业务往来、投资与被投资关系及债权债务关系。母公司的盈利能力、偿债能力、营运能力都有所提高,总体表现不错。

第八章
财务报告的其他重要信息分析

引导案例:利用会计变更操纵利润——TCL 公司

TCL 通讯是 TCL 集团下的子公司,专注于为客户提供拥有优质用户体验的智能终端产品,其中包括手机、平板、移动互联设备、可穿戴设备及配件等。1993 年在深圳上市,成为中国第一支通讯股。2003 年 1 月 22 日,TCL 通讯接到了中国证监会广州证管办下发的一则《关于责成 TCL 通讯设备股份有限公司限期整改有关问题的通知》,证管办责令 TCL 通讯对年度会计报表反映出来的问题限期整改。

TCL 通讯确认的重大会计差错有:(1)2000 年度及以前年度,公司在计提应收款项坏账准备、存货跌价准备及长期投资减值准备时,由于账龄分类不准确、公司内部分单位未严格执行有关资产减值准备的会计政策等原因造成年度及以前年度的准备计提严重不足,少计提的资产减值准备合计分别约为 6949 万元及 942 万元。(2)2000 年度,由于收入确认标准的差错,确认未实现的销售收入,多计利润约 426 万元。(3)2000 年度及以前年度,由于成本结算的差错,造成少计算成本分别约 2265 万元及 350 万元。(4)2000 年度,公司所得税返还款于年末并未实际收到,而公司已冲减了 2000 年度的所得税费用,造成少计所得税费用约 300 万元。(5)2000 年度及以前年度,公司将实际已发生的广告费用记入待摊费用摊销,造成少计费用分别约 1915 万元及 77 万元。(6)2000 年度,公司将研究开发费用记入长期待摊费用摊销,造成少计费用约 1200 万元。(7)2000 年度,公司未将公司内部本部与分公司间交易产生的存货未实现利润予以抵销,造成多计利润约 840 万元。(8)2000 年度,公司由于其他会计差错,造成少计费用约 221 万元。

综上，TCL通讯通过增加收入、减少费用，少计提减值准备等手段达到操纵利润的目的。

通过本章的学习，我们将了解会计政策和会计估计变更、关联交易、资产负债表日后事项、审计报告、分部报告的含义，及其对公司财务报表分析的具体影响。

本章框架

➤ 会计政策、会计估计变更和差错更正
➤ 关联方关系及其交易的披露
➤ 资产负债表日后事项
➤ 审计报告所包含的质量信息
➤ 分部报告分析

第一节　会计政策、会计估计变更和差错更正①

一、会计政策变更

（一）会计政策的概念和内容

会计政策是指企业在会计确认、计量和报告中所采用的原则、基础和会计处理方法。

通常应在会计报表附注中予以说明的会计政策有合并政策、外币折算、收入的确认、存货的计价、固定资产的处理、长期投资的核算、坏账损失的核算、借款费用的处理以及其他比如无形资产的摊销、财产损益的处理等等。

（二）会计政策变更的条件

企业会计政策需要满足一致性的规定，也就是说企业应当对相同或者类似的交易或者事项采用相同的会计政策进行处理。但是，其他会计准则另有规定的除外。

企业采用的会计政策，在每一会计期间和前后各期应当保持一致，不得随意变更。但是，满足下列条件之一的，可以变更会计政策：（1）企业根据法律、行政

---

① 企业会计准则第28号——会计政策、会计估计变更和差错更正

法规或国家统一会计制度等要求变更会计政策的,按国家相关会计规定执行。其中,"国家统一的会计制度"包括企业会计准则及其应用指南、企业会计准则体系,是国家统一的会计制度的重要组成部分。(2)会计政策变更能够提供更可靠、更相关的会计信息的,应采用追溯调整法处理。

下列事项不属于会计政策变更:(1)本期发生的交易或者事项与以前相比具有本质差别而采用新的会计政策;(2)对初次发生的或不重要的交易或事项采用新的会计政策。

(三)会计政策变更的处理方法

会计政策变更的处理方法有两种,一种是追溯调整法,另一种是未来适用法。不同的处理方法,对会计主体的资产、负债、损益有很大影响,当然也会影响到会计报表的可靠性。

追溯调整法是指对某项交易或事项变更会计政策,视同该项交易或事项初次发生时即采用变更后的会计政策,并以此对财务报表相关项目进行调整的方法。采用追溯调整法处理会计政策变更能够提供更可靠、更相关的会计信息。用会计政策变更影响数调整列报前期最早期间的期初留存收益,其他相关项目的期初余额和列报前期比较数据也应一并调整,但确定该项会计政策变更累积影响数不切实可行的除外。留存收益包括当年和以前年度的未分配利润和按照相关法律规定提取并累积的盈余公积。调整期初留存收益是指对期初未分配利润和留存收益两个项目的调整。

未来适用法是指变更后的会计政策应用于变更日及以后发生的交易或事项,或者在会计估计变更当期和未来期间确认会计估计变更影响数的方法。在采用未来适用法时,其前提是会计政策变更的累计影响数不能合理确定。例如存货的计价方法由其他方法改为后进先出法,因为改为后进先出法的那一年度年初的存货价值很难再按后进先出法进行调整,在这种情况下,变更年度的基期存货余额一般只能是变更前按其他方法计算出来的结果,往往就难以确定会计政策变更后的累计影响数,在这种情况下,会计处理方法当然是采用未来适用法。

企业如果因账簿、凭证超过法定保存期限而销毁,或因不可力而毁坏、遗失,也可能使会计政策变更的累计影响数无法计算。在这种情况下,会计政策可以采用未来适用法进行会计处理。如果类似的企业账簿、凭证保存得好,累计影响数能计算出,则应采用追溯调整法。两种方法的结果很可能会大相径庭。

(四)会计政策变更对企业财务状况质量分析的影响

很多情况下,企业有可能出于其他方面的考虑而变更会计政策,比如达到盈余管理的目的。此外,不论何种原因引起企业的会计政策变更,均会导致企业在不同会计年度之间财务信息出现不可比性。

由于外部信息使用者很难判断哪种会计政策和估计是恰当的,公司管理当局往往根据自己的利益来变更会计政策和估计来达到盈余管理的目的,常用的手段有变更折旧方法和折旧年限、变更存货计价方法、变更坏账准备计提方法和变更长期股权投资的核算方法等。

二、会计估计变更

会计估计变更是指由于资产和负债的当前状况及预期经济利益和义务发生了变化,从而对资产或负债的账面价值或者资产的定期消耗金额进行调整。如固定资产使用年限发生变化,重新计算折旧额。

以下各项属于常见的需要进行估计的项目:

(1)坏账;

(2)存货遭受毁损、全部或部分陈旧过时;

(3)固定资产的耐用年限与净残值;

(4)无形资产的受益期;

(5)收入确认中的估计。

企业赖以进行估计的基础发生了变化,比如无形资产的摊销年限;或者取得了新的信息、积累了更多的经验,比如计提坏账的比例改变等,均是发生会计估计变更的原因。会计估计变更的依据应当真实、可靠,其账务处理应遵循以下几点:

(1)对会计估计变更应当采用未来适用法处理。

(2)会计估计变更仅影响变更当期的,其影响数应当在变更当期予以确认;既影响变更当期又影响未来期间的,其影响数应当在变更当期和未来期间予以确认。

(3)企业难以对某项变更区分为会计政策变更或会计估计变更的,应当将其作为会计估计变更处理。

案例 8-1:中顺洁柔 2015 年会计估计变更

中顺洁柔在 2015 年进行了重要会计估计变更,主要是由于市场竞争激烈,销售定价管理体系实施对公司显得越发重要,精确核算采购成本、强化成本管理、提升公司同行业竞争水平作为公司管理重大事项实施,采用当日中国人民银行公布的人民币中间价作为外币交易业务折算的即期汇率已不能准确反应采购成本。因此公司董事会决定修改外币交易中采用的即期汇率类型,采用汇卖价作为即期汇率。相关会计估计变更经公司第三届董事会第六次会议审议通过,该项变更使公司 2015 年利润总额减少 393,017.68 元。该会计估计变更的依据真实、可靠,不存在利用会计估计变更来调节年度间的盈亏状况的现象,有利于提升财务报表的质量。

三、新会计准则的限制性措施

为了防止企业利用会计政策和会计估计的变更来调节年度间的盈亏状况,新的会计准则做出了一些规范。

(一)限制上市公司利用存货计价方法的改变调节盈余

存货发出计价方法取消了后进先出法、移动平均法,相应缩小了企业选择存货发出计价方法的范围。存货发出计价方法的选择,对当期利润的影响体现在存货的价格波动上,当存货价格处于上涨时期,采用后进先出法,则当期销售成本增加,利润虚减;采用先进先出法,则当期销售成本减少,利润虚增。当存货价格处于下降时期,则正好相反,即采用后进先出法会减少当期销售成本,增加利润;采用先进先出法会增加当期销售成本,减少利润。

企业可以根据需要选择其中的一种作为存货发出计价的方法,但是,上市公司也可以借口改变存货发出计价方法,以达到盈余管理的目的。新的存货准则的实施,有利于遏制该类企业通过变更存货发出计价方法实施盈余管理的行为。

(二)限制上市公司利用资产减值准备调节盈余

由于资产减值准备的计提,很大程度上取决于管理人员凭借相关经验,给以预测评估,没有固定的模式,具有很强的主观性。因此,很多上市公司便会利用这一空间,通过过多或过少地计提资产减值准备,然后通过以后年度的冲减或弥补来进行盈余管理。比如,他们可以在盈利状况较好的年度多计提减值准备,增加当年费用,从而相应减少当期利润,为将来做虚增利润做好准备;而在以后年度,因为利润下滑甚至出现亏损,则会根据实际需要适当冲回,以增加该年度的利润来达到相应的目的。这种通过资产减值准备的计提然后冲回的做法,在亏损公司尤其是连续亏损面临退市的上市公司为了实现扭亏为盈,继续保持上市资格时表现得尤其明显。

新的会计准则规定,减值损失一经确定,在以后会计期间不得转回。可以转回的资产仅仅包括应收账款、存货、消耗性生物资产、建造合同形成的资产、递延所得税资产、融资租赁中出租人未担保余值等资产、采用公允价值后续计量的投资性房地产、未探明矿区权益。

新准则严格限制了计提与冲减的随意性,压缩了企业自主利用资产减值准备进行盈余管理的空间。

(三)限制上市公司利用编制合并报表范围的变动调节盈余

与《合并会计报表暂行规定》相比,新的合并财务报表准则所依据的基本合并理论已发生变化,从侧重母公司理论转为侧重实体理论。母公司必须将所有能控制的子公司纳入合并范围,而不以投资比例作为唯一的衡量标准。也就是说,该变化更加关注实质性控制,遵循了实质重于形式的原则。之前,很多上市公司,为了美化相关会计数据,就会通过降低经营状况不好的子公司的投资比例,将其从合并范围中剔除,或者提高盈利单位的投资比例,将其纳入合并范围来提高企业集团整体业绩。显然,新会计准则的变革,限制了这一现象的发生,企业盈余管理行为得到了有效的控制。

四、前期差错更正

(一)前期差错的含义

前期差错,是指由于没有运用或错误运用编报前期财务报表时预期能够取得的可靠信息或者前期财务报告批准报出时能够取得的可靠信息这两种信息,而对前期财务报表造成遗漏或错报。主要包括计算错误、应用会计政策错误、疏忽或曲解事实和舞弊产生的影响以及存货、固定资产盘盈等。

(二)前期差错的原因

(1)采用法律或会计准则等行政法规、规章所不允许的会计政策;

(2)账户分类以及计算错误;

(3)会计估计错误;

(4)在期末应计项目与递延项目未予调整;

(5)漏记已完成的交易;

(6)对事实的忽视与误用;

(7)提前确认尚未实现的收入或不确认已实现的收入;

(8)资本性支出与收益性支出划分差错,等等。

案例 8-2:康美药业财务造假

2018 年 12 月 28 日,康美药业收到中国证券监督管理委员会(以下简称"中国证监会")《调查通知书》(编号:粤证调查通字 180199 号),公司对此进行自查以及必要的核查。根据 2018 年半年报披露,公司货币资金余额为 399 亿元,有息负债高达 347 亿元,占净资产的比例分别为 119% 和 104%。公司在发布年报的同时,还发布了《前期会计差错更正报告》,修正了 2017 年的年报数据,解释了被广泛质疑的"存贷双高"的原因。直接承认 2017 年多计入货币资金 299 亿元,存货少计入 195 亿元,坐实财务造假质疑。

通过企业自查后,对 2017 年财务报表进行重述,结果如下:

① 由于公司采购付款、工程款支付以及确认业务款项时的会计处理存在错误,造成公司应收账款少计 641,073,222.34 元;存货少计 19,546,349,940.99 元;在建工程少计 631,600,108.35 元;由于公司核算账户资金时存在错误,造成货币资金多计 29,944,309,821.45 元。

② 公司在确认营业收入和营业成本时存在错误,造成公司营业收入多计 8,898,352,337.51 元;营业成本多计 7,662,129,445.53 元;公司在核算销售费用和财务费用存在错误,造成公司销售费用少计 497,164,407.18 元,财务费用少计 228,239,962.83 元。

③ 由于公司采购付款、工程款支付以及确认业务款项时的会计处理存在错误,造成公司合并现金流量表销售商品、提供劳务收到的现金项目多计 10,299,860,158.51 元;收到其他与经营活动有关的现金项目少计 137,667,804.27 元;购买商品、接受劳务支付的现金项目多计 7,301,340,657.76 元;支付其他与经营活动有关的现金项目少计 3,821,995,147.82 元;购建固定资产、无形资产和其他长期资产支付的现金项目少计 352,392,491.73 元;收到其他与筹资活动有关的现金项目多计 360,457,000.00 元。

(三)关注前期差错信息的质量含义

许多上市公司披露的前期差错在对企业盈亏的影响上呈现出在特定会计期间方向一致性的特征,如果是这样,就应对这种差错产生的真实原因进行分析。

第二节　关联方关系及其交易的披露[①]

一、与关联方关系及其交易有关的概念

一方控制、共同控制另一方或对另一方施加重大影响,以及两方或两方以上同受一方控制、共同控制或重大影响的,彼此构成关联方。

---

① 企业会计准则第 36 号——关联方披露

控制,是指有权决定一个企业的财务和经营政策,并能据以从该企业的经营活动中获取利益。

共同控制,是指按照合同约定对某项经济活动所共有的控制,仅在与该项经济活动相关的重要财务和经营决策需要分享控制权的投资方一致同意时存在。

重大影响,是指对一个企业的财务和经营政策有参与决策的权力,但并不能够控制或者与其他方一起共同控制这些政策的制定。

下列各方构成企业的关联方:

(1)该企业的母公司。

(2)该企业的子公司。

(3)与该企业受同一母公司控制的其他企业。

(4)对该企业实施共同控制的投资方。

(5)对该企业施加重大影响的投资方。

(6)该企业的合营企业。

(7)该企业的联营企业。

(8)该企业的主要投资者个人及与其关系密切的家庭成员。主要投资者个人,是指能够控制、共同控制一个企业或者对一个企业施加重大影响的个人投资者。

(9)该企业或其母公司的关键管理人员及与其关系密切的家庭成员。关键管理人员,是指有权力并负责计划、指挥和控制企业活动的人员。与主要投资者个人或关键管理人员关系密切的家庭成员,是指在处理与企业的交易时可能影响该个人或受该个人影响的家庭成员。

(10)该企业主要投资者个人、关键管理人员或与其关系密切的家庭成员控制、共同控制或施加重大影响的其他企业。

仅与企业存在下列关系的各方,不构成企业的关联方:

(1)与该企业发生日常往来的资金提供者、公用事业部门、政府部门和机构;

(2)与该企业发生大量交易而存在经济依存关系的单个客户、供应商、特许商、经销商或代理商;

(3)与该企业共同控制合营企业的合营者;

(4)仅仅同受国家控制而不存在其他关联方关系的企业,不构成关联方。

二、关联方交易

关联方交易,是指关联方之间转移资源、劳务或义务的行为,而不论是否收取价款。关联方交易的类型通常包括下列各项:

(1)购买或销售商品；

(2)购买或销售商品以外的其他资产；

(3)提供或接受劳务；

(4)担保；

(5)提供资金(贷款或股权投资)；

(6)资产租赁；

(7)代理；

(8)研究与开发项目的转移；

(9)许可协议；

(10)代表企业或由企业代表另一方进行债务结算；

(11)关键管理人员薪酬；

(12)关联重组。

三、对关联方交易的披露

企业无论是否发生关联方交易,均应当在附注中披露与母公司和子公司有关的下列信息:

(1)母公司和子公司的名称。母公司不是该企业最终控制方的,还应当披露最终控制方名称。母公司和最终控制方均不对外提供财务报表的,还应当披露母公司之上与其最相近的对外提供财务报表的母公司名称。

(2)母公司和子公司的业务性质、注册地、注册资本(或实收资本、股本)及其变化。

(3)母公司对该企业或者该企业对子公司的持股比例和表决权比例。

企业与关联方发生关联方交易的,应当在附注中披露该关联方关系的性质、交易类型及交易要素。交易要素至少应当包括:

(1)交易的金额。

(2)未结算项目的金额、条款和条件,以及有关提供或取得担保的信息。

(3)未结算应收项目的坏账准备金额。

(4)定价政策。

四、关联方及其交易对企业财务质量分析的影响

关联方之间由于存在着密切的关联关系,完全可以在不依赖正常市场交易的条件下,通过内部操控完成关联交易,以达到某种目的。例如,在某个关联方

需要较多利润的条件下,其他关联方就有可能通过向其以低于市场水平的价格提供产品或劳务,把其他关联方的利润转移到需要较多利润的关联方,从而将其包装成盈利能力很强的企业。

当前上市公司关联交易中存在的问题主要有以下几个:

一是利用会计准则或其他政策法规的不完善,掩饰非正常关联交易。将实质上的关联交易通过特定方式转化为非关联交易,从而逃避对其进行披露。目前我国对于关联交易的管理缺乏高层次的、系统的法律规范,缺乏对上市公司故意将某些关联交易信息隐藏不报或拒不披露的惩罚性规定和相关的禁止性规定,即使发现上市公司在关联交易中的不当行为,监管部门也无法律依据和合适途径加以阻止和进行相应惩罚。

二是关联交易内容披露时对投资者有用的信息量很少。一般仅披露关联企业与上市公司的关系、经营性质、主营业务、注册地址、法人代表等,而对有关交易要素如交易金额或相应的比例、未结算项目的金额或相应的比例、交易价格、定价政策等往往不予披露;即使披露了,也未说明有关资产是否经过审计、评估,是否按照独立企业的核算原则予以定价等,使投资者很难了解到关联交易的实际情况。

三是对关联交易的内容披露含糊不清。一个典型的例子是对国有控股情况的披露。国家持股一般有 4 种方式:国资局持有、财政局持有、委托某企业集团持有、组建国有资产经营公司,而其中大部分是通过后两种形式存在。许多上市公司在揭示股东持股情况时,仅以国家股列示,掩盖了许多关联方;有的公司只说明关联交易,未说明关联方究竟是何关系;有的只说明交易量,没有说明金额的数量,使人迷惑不清。

四是对关联交易的披露避重就轻。上市公司在披露关联方交易信息时,涉及处于核心地位的关联方交易往往会含混其词,语焉不详,让读者甚是费解。许多公司在披露关联方交易信息时,往往对其交易和交易的内容避而不谈,或轻描淡写,更谈不上将关联方交易与真正的市场交易进行比较,使读者根本分不清此种关联交易到底是有利的还是不利的,也无法确定关联方交易对公司财务状况及经营成果的影响。这种会计信息的模糊披露方式,使信息使用者产生不信任感和不安全感,也为上市公司粉饰业绩、转移利润提供了"遮羞布"。

第三节 资产负债表日后事项①

一、资产负债表日后事项的含义及其种类

资产负债表日后事项,是指资产负债表日至财务报告批准报出日之间发生的有利或不利事项。财务报告批准报出日,是指董事会或类似机构批准财务报告报出的日期。包括资产负债表日后调整事项和资产负债表日后非调整事项。

资产负债表日后调整事项,是指表明资产负债表日后发生的情况的事项,应当调整资产负债表日的财务报表,通常包括下列各项:

(1)资产负债表日后诉讼案件结案,法院判决证实了企业在资产负债表日已经存在现时义务,需要调整原先确认的与该诉讼案件相关的预计负债,或确认一项新负债。

(2)资产负债表日后取得确凿证据,表明某项资产在资产负债表日发生了减值或者需要调整该项资产原先确认的减值金额。

(3)资产负债表日后进一步确定了资产负债表日前购入资产的成本或售出资产的收入。

(4)资产负债表日后发现了财务报表舞弊或差错。

资产负债表日后非调整事项,是指表明资产负债表日后发生的情况的事项,不应当调整资产负债表日的财务报表。通常包括下列各项:

(1)资产负债表日后发生重大诉讼、仲裁、承诺。

(2)资产负债表日后资产价格、税收政策、外汇汇率发生重大变化。

(3)资产负债表日后因自然灾害导致资产发生重大损失。

(4)资产负债表日后发行股票和债券以及其他巨额举债。

(5)资产负债表日后资本公积转增资本。

(6)资产负债表日后发生巨额亏损。

(7)资产负债表日后发生企业合并或处置子公司。

(8)资产负债表日后,企业利润分配方案中拟分配的以及经审议批准宣告发放的股利或利润,不确认为资产负债表日的负债,但应当在附注中单独披露。

---

① 企业会计准则第 29 号——资产负债表日后事项

案例 8-3：伊利股份资产负债表日后事项①

资产负债表日后重要的非调整事项为公司重要的捐献承诺。2017 年 1 月 19 日伊利股份公司公告将以自有资金的方式每年捐赠 5000 万元给内蒙古伊利公益基金会，连续捐赠三年，合计金额 1.5 亿元。截止财务报告日，公司已经对内蒙古伊利公益基金会的实施捐赠 5000 万元。利润分配方面，伊利股份拟向全体股东每 10 股派发现金红利 6.00 元（含税），其总额 3,647,400,064.80 元。其他资产负债表日后事项说明包括公司在 2017 年 2 月授予的股票期权 4,260 万份和限制性股票 1,420 万股。

二、资产负债表日后事项对企业财务质量分析的影响

财务报表使用者应当以考虑了调整事项对企业未来影响后的财务信息作为评价企业未来财务状况的依据。日后事项中的调整事项，已经进行了报表调整，其对财务质量的影响，已经体现在报表中。非调整事项，则由于其对企业未来财务信息有着重要影响，因此应对其予以足够重视。

第四节 审计报告所包含的质量信息

审计报告是指注册会计师根据中国注册会计师审计准则的规定，在实施审计工作的基础上对被审计单位财务报表发表审计意见的书面文件。

一、审计意见的基本类型

审计意见的基本类型主要有四类（见表 8.1），即无保留意见审计报告、表示保留意见的审计报告、表示否定意见的审计报告和无法表示意见的审计报告。

（一）无保留意见审计报告

1.标准无保留意见审计报告

如果认为财务报表符合下列所有条件，注册会计师应当出具无保留意见的审计报告：

（1）财务报表已经按照适用的会计准则和相关会计制度的规定编制，在所有

---

① 参考浙江大学经济学院 2017 级研究生郭伊凡《伊利股份财务报表分析》课程作业。

重大方面公允反映了被审计单位的财务状况、经营成果和现金流量；

（2）注册会计师已经按照中国注册会计师审计准则的规定，计划和实施审计工作，在审计过程中未受到限制。

当出具无保留意见的审计报告时，注册会计师应当以"我们认为"作为意见段的开头，并使用"在所有重大方面""公允反映"等专业术语。

2.带强调事项段的无保留意见审计报告

当注册会计师出具无保留意见的审计报告时，如果出现下列情形，注册会计师应在意见段之后增加强调事项段：

（1）当存在可能导致对持续经营能力产生重大疑虑的事项或情况，且不影响已发表的意见时，注册会计师应当在审计报告的意见段之后增加强调事项段对此予以强调。

（2）当存在可能对会计报表产生重大影响的不确定事项（持续经营问题除外）、且不影响已发表的意见时，注册会计师应当考虑在审计报告的意见段之后增加强调事项段对此予以强调。

（3）其他审计准则规定增加强调事项段的情形：

①如果注册会计师认为被审计单位的持续经营假设不再合理，管理层选用了适当的其他编制基础，且已在财务报表中作出充分披露；

②财务报表报出后，注册会计师才发现了审计报告日就已经存在的足以改变审计报告类型的事项，管理层修改了财务报表，报表使用者知道了该情况，注册会计师审计了新的报表；

③如果以前针对上期财务报表出具的审计报告为非无保留意见的审计报告，且导致非无保留意见的事项虽已解决，但对本期仍很重要；

④如果审计本期财务报表时注意到影响上期财务报表的重大错报，而以前未就该重大错报出具非无保留意见的审计报告，如果上期财务报表未经更正，也未重新出具审计报告，但比较数据已在财务报表中恰当重述和充分披露；

⑤如果含有已审计财务报表的文件中的其他信息如果需要修改而被审计单位拒绝修改，注册会计师应当考虑在审计报告中增加强调事项段说明该重大不一致，或采取其他措施。

（二）保留意见审计报告

如果认为会计报表就其整体而言是公允的，但还存在下列情形之一时，注册会计师应当出具保留意见的审计报告：

1.会计政策的选用、会计估计的作出或会计报表的披露不符合国家颁布的企业会计准则和相关会计制度的规定，虽影响重大，但不至于出具否定意见的审计报告。

2.因审计范围受到限制,无法获取充分、适当的审计证据,虽影响重大,但不至于出具无法表示意见的审计报告。

当出具保留意见的审计报告时,注册会计师应当在意见段中使用"除……的影响外"等专业术语。如因审计范围受到限制,注册会计师还应当在范围段中提及这一情况。

案例 8-4:航天通信——保留意见审计报告

天职国际对航天通信 2016 年公司财报出具保留意见审计报告。航天通信子公司智慧海派科技有限公司的部分销售、采购业务通过供应链企业完成,且存在与供应链企业同时签订供应链服务外包协议(或代理协议)、销售合同(或采购合同)的情况,智慧海派根据销售合同采用经销的收入确认政策。由于公司涉及的供应链企业下游客户和上游供应商的确定均存在受智慧海派重大影响的情况,且相关内部控制缺失,导致聘方天职国际无法准确判断智慧海派与供应链企业的交易是经销还是代理,进而影响到其对相关财务报表金额及关联方交易披露的判断,遂出具保留意见。

（三）否定意见审计报告

如果认为会计报表不符合国家颁布的企业会计准则和相关会计制度的规定,未能从整体上公允反映被审计单位的财务状况、经营成果和现金流量,注册会计师应当出具否定意见的审计报告。

当出具否定意见的审计报告时,注册会计师应当在意见段中使用"由于上述问题造成的重大影响""由于受到前段所述事项的重大影响"等专业术语。

（四）无法表示意见审计报告

如果审计范围受到限制可能产生的影响非常重大和广泛,不能获取充分、适当的审计证据,以至于无法对财务报表发表审计意见,注册会计师应当出具无法表示意见的审计报告。

当出具无法表示意见的审计报告时,注册会计师应当删除注册会计师的责任段,并在审计意见段中使用"由于审计范围受到限制可能产生的影响非常重大和广泛""我们无法对上述财务报表发表意见"等术语。

表 8.1 审计意见类型

审计意见类型	表现特征	补充段与审计意见段的关系	常用术语	备注
标准无保留意见	财务报表编制符合合法性和公允性要求，且审计范围未受到限制	不适用	在所有重大方面；公允反映	表述中不能使用过于肯定或模糊的措辞
带强调事项段的无保留意见	整个审计工作结果令人满意，财务报表是公允的，但 CPA 认为有必要或被要求提供其他额外的信息	与审计意见类型无关，所以强调事项段放在意见段之后	我们提醒财务报表使用者关注；本段内容不影响已发表的审计意见	强调事项段可以增加审计报告的信息含量，提高审计报告的有用性，不影响发表的审计意见
保留意见	CPA 认为财务报表整体是公允的，但是审计范围受到一定限制；财务报表没有按照会计准则和相关会计制度的要求编制	与审计意见有因果关系，所以说明段放在意见段之前	除……影响外	如果审计范围受到限制，CPA 应当在注册会计师的责任段中提及这一情况
否定意见	CPA 认为财务报表整体没有公允反映	与审计意见有因果关系，所以说明段放在意见段之前	由于上述问题造成的重大影响；由于前段所述事项的重大影响等	只有当财务报表存在重大错会误导报表使用者，CPA 才发表否定意见
无法表示意见	由于审计范围受到严重限制，以至于无法对财务报表是否公允反映形成审计意见；或由于 CPA 在实质上或形式上的不独立，无法独立、客观、公正地发表审计意见	与审计意见有因果关系，所以说明段放在意见段之前	由于审计范围受到限制可能产生的影响非常重大和广泛，我们无法对上述财务报表发表意见	应当删除 CPA 的责任段

二、审计报告所包含的质量信息

审计报告中不同的语句包含着不同质量的信息。注册会计师的"我们认为"有很强的主观判断性；"在所有重大方面"，对于其中"重大"的认识也有很强的主观性；"公允"一词，一般也带有一定主观性，所以在查阅分析审计报告时也要注意到相同的语句给出的是不同质量的信息。

第五节　分部报告分析[①]

在企业合并浪潮和经济一体化趋势的推动下,企业跨行业、跨地区、跨国界的经营日渐频繁,而分部报告作为合并报表必要的解释与补充,其重要性日渐凸显,也受到越来越多财务报表使用者的关注。因此,我们也要学会对分部报告进行相应的了解与分析。

一、报告分部的确定

经营分部,是指企业内同时满足下列条件的组成部分:(1)该组成部分能够在日常活动中产生收入、发生费用;(2)企业管理层能够定期评价该组成部分的经营成果,以决定向其配置资源、评价其业绩;(3)企业能够取得该组成部分的财务状况、经营成果和现金流量等有关会计信息。

企业存在相似经济特征的两个或多个经营分部,在同时满足下列条件时,可以合并为一个分部:(1)各单项产品或劳务的性质相同或相似;(2)生产过程的性质相同或相似,包括采用劳动密集或资本密集方式组织生产、使用相同或者相似设备和原材料、采用委托生产或加工方式等;(3)产品或劳务的客户类型相同或相似,包括大宗客户、零散客户等;(4)销售产品或提供劳务的方式相同或相似,包括批发、零售、自产自销、委托销售、承包等;(5)生产产品或提供劳务受法律、行政法规的影响相同或相似,包括经营范围或交易定价机制等。

企业以经营分部为基础确定报告分部时,应满足下列三个条件之一:(1)该分部的分部收入占所有分部收入合计的 10% 或者以上;(2)该分部的分部利润(亏损)的绝对额,占所有盈利分部利润合计额或者所有亏损分部亏损合计额的绝对额两者中较大者的 10% 或者以上;(3)该分部的分部资产占所有分部资产合计额的 10% 或者以上。未满足这些条件,但企业认为披露该经营分部信息对财务报告使用者有用的,也可将其确定为报告分部。

通常,报告分部的数量不超过 10 个,如果报告分部的数量超过 10 个需要合并的,以经营分部的合并条件为基础,对相关的报告分部予以合并。

报告分部的对外交易收入合计额占合并总收入或企业总收入的比重未达到

---

① 桑士俊,吕斐适.分部报告的分析与利用——兼论我国有关企业分部信息披露的要求[J].会计研究,2002(8):46-49

75％的,将其他的分部确定为报告分部(即使它们未满足规定的条件),直到该比重达到75％。

二、分部报告包含的信息

1.通过分部报告可以判断该分部销售业务对外部客户的依赖程度。分部销售可能是企业集团内部资源的流转,也就是内销,也可能是部分内销部分外销或者全部外销。内销对整个企业集团来说也是重要的组成部分,因此在编制分部报告时没有剔除内销收入。相较于偏向于内销的分部,如果一个分部的销售主要来自外销,那么该分部对外部客户的依赖程度就很高,面临的客户带来的风险也就比较大。因此,对于外销业务较多的分部,要着重分析其客户具体情况,并据以确定其潜在风险的大小。

2.通过分部报告可以确定每一分部的相对重要性。企业集团的最终利润来自于外销,通过计算每一分部的非公司间销售和利润对整个公司销售和利润的贡献大小,可以确定每一分部的相对重要性。外销收入和利润越多的分部,对整个集团的收入和利润的贡献也就越大,这一分部也就越重要。管理层利用此信息,可以调整公司战略计划,使资源由外销收入少、获利能力小的分部向外销收入高、获利能力强的分部转移,从而实现企业资源的优化配置。对于外部的报表使用者来说则可以了解到公司的收入和利润主要来自于哪些业务、哪些经营部门、哪些地区,并在对这些重要分部加以分析的基础上,判断企业的发展,并作出相应的投资决策。

3.通过分部报告可以确认和比较不同报告分部的增长率水平、销售水平、利润水平以及整个公司增长率变动的原因。对于分部报告,我们可以采用趋势分析法来计算各分部的增长率水平、销售水平和盈利水平的变化,由于分部的增长率会影响整个公司的增长率水平,所以可以以此为基础分析判断整个公司增长率变动的原因。管理层借助于这一判断可以区分出属于朝阳行业和夕阳行业的分部,从而调整产品结构和变动相应的管理人员,优化产业结构和资源配置。对于外部的报表使用者来说,侧重于研究引起整个企业集团增长变动的分部的发展前景和持续发展能力,并对其潜在风险做出特别关注。

4.通过分部报告可以确定每一分部的相对获利能力和整个公司获利水平的关系。分部的经营成果构成了整个企业的经营成果的主要部分,计算每一分部的经营收益率和资产经营报酬率,可以判断每一分部经营成果对企业整体业绩水平变动的影响程度,并可以得出该分部的相对重要性。报表使用者在阅读企业的母公司报表及合并报表时,必须通过分部收益的分解,才能对公司整体收益进行合理的评价并得出较好的评价结果。离开分部信息,合并收益往往会误导信息使用者。报表使用者应当对那些盈利水平较高或亏损较大的分部给予特别的关注,因为它们往往是促成企业将来成功或者失败的关键。

5.通过分部报告可以计算每一分部的总资产变动趋势,从而更好地理解管理层的有关资源配置决策以及每一分部和总公司对资本的要求。采用趋势分析法可计算出每一报告分部的总资产变动趋势。一般而言,总资产不断增加的分部,应是那些有发展前景、销售收入和获利能力较高的分部,而对于发展前景不被看好的分部,甚至经营亏损分部,即使当前不被关停并转,管理层也不会较多地追加投资,通常会减少对这些分部的投资。这体现了管理层资源配置的有序性,以及经营战略的不断优化组合。对于发展速度较快的分部,往往需要较多的资金投入,根据企业的战略规划,计算出每一可报告分部对资本的需求,通过全面预算,也就可以计算出整个公司发展对资本的需求。这一分析,有利于公司战略计划的安排,也有利于外部的报表使用者了解公司管理层资源配置情况以及工作重心的转移情况。

6.通过分部报表比较每一个分部资产相对分布百分比,可以评价公司资产的变动特点。分部资产相对分布百分比是指每一分部的资产占公司总资产的比重,占有资产比重较大的分部一般是管理层较为重视的分部,代表着公司未来的发展方向,因此,借助分部资产相对百分比的变化,报表使用者能从中看出企业资产的流向。

7.通过分部报表计算每一分部的资产周转率,可以确定每一分部资产利用效率以及不同分部对整个公司资产利用效率的影响。分部资产周转率的快慢,反映了每一分部的资产管理水平的高低。资产周转率快的分部通常资产管理水平也就越高,反之资产管理水平也就越低。但资产周转率也不是越快越好,过快的指标也应当引起报表使用者的重视。管理层可以借此评价分部管理人员资产运作的能力,也可将其用作内部业绩考核的重要指标之一。

参考文献

[1]企业会计准则第 36 号——关联方披露

[2]企业会计准则第 29 号——资产负债表日后事项

[3]企业会计准则第 28 号——会计政策、会计估计变更和差错更正

[4]桑士俊,吕斐适.分部报告的分析与利用——兼论我国有关企业分部信息披露的要求[J].会计研究,2002(8).

[5]钱新民,张爱民.财务报表分析[M].北京:中国人民大学出版社,2021.

思考题

1. 会计政策、会计估计的含义是什么？其财务报表分析有何影响？

2. 关联方是什么？包括哪些主体？如何认识关联交易对财务报表分析的重要性？

3. 资产负债表日后事项是什么？其对财务报表分析具体有何影响？

4. 审计意见包含哪几种基本类型？具体含义是什么？包含的质量信息有哪些？

课后案例：我国证券市场第一份否定意见审计报告

重庆渝钛白粉股份有限公司（简称渝钛白公司）是以吸收合并方式接受重庆化工厂后，于 1992 年 9 月 11 日宣告成立的是，以社会募集方式设立的公众股份有限公司。1993 年 7 月 12 日，"渝钛白"在深圳证券交易所上市交易。从 1996 年开始，公司在经营上开始出现亏损（1996 年亏损 1318 万元，公司未予分配）。

重庆会计师事务所对渝钛白公司进行了 1997 年度的审计，并于 1998 年 3 月签发了颇有争议的中国证券史上第一份否定意见审计报告。

1998 年 4 月 29 日，由于否定意见审计报告的签发，公司被监管部门确认为连续两个会计年度的净资产均为负值，且其股东权益低于公司的注册资本，按照规定，公司股票于 1998 年 4 月 30 日开始实行特别处理。

报告指出：1997 年度应计入财务费用的借款即应付债券利息 8064 万元，贵公司将其资本化计入了钛白粉工程成本；欠付中国银行常青市分行的美元借款利息 89.8 万美元（折人民币 743 万元）贵公司未计提入账，两项共影响利润 8807 万元。

我们认为，由于本报告第二段所述事项的重大影响，贵公司 1997 年 12 月 31 日资产负债表、1997 年度利润及利润分配表、财务状况变动表未能公允地反映贵公司 1997 年 12 月 31 日财务状况和 1997 年度经营成果及资金变动情况。

否定意见成因主要考虑以下三个方面的问题：1997 年借款的应付利息属于资本还是费用？欠付银行的借款利息是否应计提入账？此两项会计事项是否重要，是否足以构成发表否定意见审计报告的依据？

（一）1997 年借款的应付债券利息 8064 万元属于资本还是费用

渝钛白公司 1997 年度的亏损总额为 3136 万元。而这笔引起争议的借款利息总额为 8064 万元，从重要性角度来说，这笔利息费用不管是否调整，渝钛白公司当年都同于亏损，只不过是亏多亏少的问题。可见，这一笔利息费用的处理，对渝钛白公司来说,表面上似乎不太重要,实际上,如果这笔 8064 万元的会计事项按公司会计处理方法,最多只是一笔一般性的亏损,但如按照会计师事务所的方法来处理,则整个公司就将资不抵债,而属于另一种性质的亏损了。可见,该笔业务处理非常重要。

根据《企业会计准则》,固定资产价值的构成是指固定资产价值包括的范围。从理论上来说,它应包括企业为购建某项固定资产达到可使用状态前所发生的一切合理、必要的支出,其中当然包括为购建某项固定资产所发生的借款利息。但是,一旦固定资产购建完毕并投入使用,为购建固定资产而发生的借款利息就应进入期间费用,予以资本化,这是有关会计准则重视而又非常明确规定的。不按规定处理,就会引起信息误导,产生不利的导向。

由于对 1997 年渝钛白公司的钛白粉工程究竟已进入投资回收期还是仍处在在建期不能确定,就难以解决上述争议。

渝钛白公司的总会计师认为:一般的基建项目,建设完工即进入投资回收期,当年就开始产生效益。但钛白粉工程项目不同于一般的基建项目,这是基于两个方面的因素:一方面,钛白粉这种基础化工产品不同于普通商品,对各项技术指标的要求非常严格,需要通过反复试生产,逐步调整质量、消耗等指标,直到生产出合格的产品才能投放市场。而试生产期间的试产品性能不稳定,是不能投放市场的;另一方面,原料的腐蚀性很强,如生产钛 H 粉的主要原料硫酸一停工,则原料淤积于管道、容器中,再次开工前,就必须进行彻底的清洗、维护,并调试设备,年报中披露的 900 万元亏损中很大一笔就是设备整改费用。因此总会计师总结说,钛白粉项目交付使用进入投资回报期、产生效益前,还有一个过渡期,即整改和试生产期间,这仍属于工程在建期。也就是说,公司在 1997 年度年报中将 8064 万元的项目建设期借款的应付债券利息计入工程成本是有依据的。

渝钛白公司为了证实总会计师的说法,还以重庆市有关部门的批复文件为依据,坚持认为该工程为在建性质,而非完工项目。

在上述背景下,重庆会计师事务所坚持认为:应计利息 8064 万元人民币应计入当期损益。因为,该公司钛白粉工程于 1995 年下半年就开始投产。1996 年已经可以生产出合格产品。这一工程虽曾一度停产,但 1997 年全年共生产 1680 吨,这一产量尽管与设计能力 15 万吨还相差甚远,但主要原因是缺乏流动资金,而非工程尚未完工,该工程应认定已交付使用。

（二）欠付银行的借款利息 89.8 万美元（折人民币 743 万元）是否应计提入账

截至 1997 年底,渝钛白公司欠付银行利息 89.8 万美元。对此,公司管理当局的解释为:这是 1987 年 12 月原重庆化工厂为上 PVC 彩色地板生产线,向中国银行重庆分行借入的美元贷款60万元造成的。该项目建成后,一直未正常批量生产。1992年公司改制时已部分作为未使用资产,但改制前,重庆化工厂已部分偿还了利息和本金。数年之后(1997年)该行通知公司欠付利息89.8万美元。本年决算期间,公司未能和银行认真核对所欠本金数额,故未予转账。公司打算在1998年度核对清楚后再据实转账,而重庆会计师事务所则坚持认为这笔利息已经发生,应予以确认并计提入账。

注册会计师的依据是:确认费用应遵循权责发生制原则。按照权责发生制原则,凡应属于本期的收入和费用,不论其款项是否已收到或支付,均作为本期的收入和费用处理。由此可见,企业未与银行对账,这是公司内部的管理问题,它不能改变会计准则规定的确认标准。根据会计准则,一笔费用肯定发生并可计算出确定的数额,应与收入配比,在当期予以确认。由于渝钛白公司坚持认为必须在核对账目之后再予确认,注册会计师不得不以否定意见的方式否定上述做法。

(三)以上两项会计事项是否重要是否足以构成发表否定意见审计报告的依据

审计中的基本原则之一重要性原则是影响签发审计报告的一个决定性因素。当未调整审计事项、未确定事项或违反一贯性原则的事项等对财务报表的影响程度在一定范围内时,注册会计师可以发表保留意见;但是如果其影响程度超过一定范围以致财务报表无法被接受,被审计单位的财务报表已失去其价值,则只能发表否定意见。因此,区分重要性指标,就成为注册会计师职业判断的一个重要内容。

重庆会计师事务所正是根据重要性因素,决定了这两个会计事项足以影响报表的整体理解,从而出具否定意见审计报告。

基于以上判断,重庆会计师事务所出具了否定意见审计报告,并与渝钛白公司的管理部门发生了严重的意见分歧,但最后股东大会还是通过方案,同意重庆会计师事务所的意见,并按此意见调整1997年度会计决算报表,将报表中的原资本化计入钛白粉工程成本的借款及应付债券利息8064万元调整进入当期财务费用,将欠付中国银行重庆分行的美元借款利息89.8万美元(折人民币743万元)调整计提入账,两项计亏损8807万元。

至此,渝钛白事件以我国首份否定意见审计报告得到投资者的理解和支持而告结束。

|第九章|
信用分析与评价

引导案例：蒙牛乳业信用状况 *

1999年1月，牛根生等人成立了蒙牛乳业有限责任公司。同年8月成立了内蒙古蒙牛乳业股份有限责任公司，注册资金为1398万元。2004年6月10日，蒙牛乳业在香港挂牌上市，公开发售3.5亿股，股票发行价格达到了最初设计的询价区间3.125～3.925港元的上限，摊薄市盈率高达19倍，IPO融资近14亿港元。在创始初期，市场尚未给企业建立信用机会，投资者进行投资决策多以企业领导者的个人信用为参考。蒙牛原始资本的筹集则主要是建立在牛根生的个人信用基础之上，其较高的个人信用为企业初期筹资带来了较大便利。

如今蒙牛已经发展为国内领先的乳制品供应商，公司品牌优势明显，市场认可度高。公司以"蒙牛"品牌为依托，拥有"特仑苏""纯甄""冠益乳"等多个知名单品品牌优势期权，在液态奶、冰冻品、乳制品等多个领域具有多个产品系列。2018年公司液态奶产品常温及低温品类在市场的份额分别为28.2%和32.5%，具有较高的市场认可度。

随着公司业务规模的扩大，今年来公司收入不断增加。2015—2017年分别为490.27亿元、537.79亿元和601.56亿元；受益于获现能力的提升，公司经营业务产生的净现金流量整体也有所增长。根据2018年业绩公告，受益于产品创新和布局完善以及营销推广等，销量增加带动公司2018年收入同比增长14.66%，净现金流同比增长15.59%。

截至2018年6月末，公司获得多家银行授信额度共计563亿元，其中435

---

* 中诚信国际信用评级《2019年中国蒙牛乳业有限公司主体信用评级报告和跟踪安排》

亿元尚未使用,财务弹性较强;此外,公司为港股上市公司,下属子公司现代牧业和雅士利均为港股上市公司,融资渠道通畅。2019 年中诚信国际信用评级有限责任公司对企业的信用状况分析,给出 AAA 级信用等级评定。

◎思考:如何对企业进行信用分析与资信评级?

本章首先介绍信用分析的含义、信用风险评估模型和企业财务会计信用评价程序。然后介绍资信评级的含义与方法、标普与穆迪公司评级指标体系以及我国信用评级指标体系。

本章框架

➢ 信用分析

➢ 资信评级

第一节　信用分析

一、信用分析概述

(一)信用分析的含义

"信用"一词最早起源于古罗马,当时在罗马的城镇广场上已经出现了一些有钱的放贷人,坐在长凳上与他人进行借贷交易,这种交易以双方彼此的信任为基础建立。而当放贷人错误地判断了借款人的偿债能力导致收不回款项时,自己将陷入经营困境,他的从业标志——长凳就会被打破,从而衍生出"破产"的说法。

信用活动的出现总是伴随着信用风险,对信用风险的分析与管理便应运而生。早在古罗马时期,放贷人就会事先通过对借款人的资金用途、财产收入、偿还能力等进行调查,从而避免信用风险的发生。如今,信用风险分析的范围已经大大地拓展,大至一个国家、企业,小至个人。在发生信用授予活动时,都会用到信用分析的基本方法。

什么是信用分析?信用分析是依据一定的信用标准和信用评价指标,运用科学的评价方法,根据客户(企业)的素质、经营情况、财务状况,对借款人的还款能力与意愿进行综合度量,依此判断客户信用状况。信用分析是进行企业信用风险度量的重要环节。从信息经济学角度来看,信用分析能够有效降低交易双方的信息不对称;从风险管理角度来看,信用分析有助于提高对授信主体的信用状况的预判,增强防范与控制风险的能力。

(二)信用分析的作用

加强信用分析对企业信用管理的意义主要包括:

1.防范信用危机。信用管理是全过程管理,包括资信调查、授信决策、收款催账等。经验表明,实施事前控制(交货前)可以防止70％的拖欠风险,实施事中控制(交货后到合同贷款到期前)可以避免35％的拖欠,实施事后控制(拖欠发生后)可以挽回41％的拖欠损失,实施全面控制可以减少80％的呆账坏账。

授信企业信用管理部门运用信用管理工具对客户资信情况进行调查分析,对客户信用风险进行识别、分析、评估,由信用管理部门对企业拟与客户签订的合同进行审查确认。对于高风险交易事项、重大风险事项的处理方案,经企业信用管理部门决策机构审批,可以保证授信管理有据可循,有效防范可能的信用危机。

2.控制信用风险。企业信用管理的重要环节就是对中期信用管理阶段的债权保障机制以及后期信用管理阶段的应收账款管理和回收机制进行管理。信用分析可以估测客户发生呆账、坏账等信用风险的可能性。由信用管理部门、财务部门对应收账款进行跟踪、监控以及采取适当的方式进行追讨,是授信企业及时发现风险并有效控制信用风险的方法,可以将客户的信用风险控制在一定范围内。

3.提升企业形象。对客户进行科学的信用分析和信用管理,可以带动企业改善经营管理工作,从而降低管理费用、财务费用等,控制和降低坏账率,缩短收账周期,增强现金流量,提升经营效率和综合竞争力,帮助企业抓住机会,寻找信誉更好、更优质的客户。

二、信用风险评估方法

(一)5C 要素分析法

5C 要素分析法是传统的商业银行等金融机构对客户进行信用风险分析评价时采用的分析方法。它主要从以下五个方面对借款人进行全方位的分析:

1.道德品质(character)。指客户履行其偿债义务的可能性,是一种对企业声誉的度量。由于每一笔信用交易都包含了客户对公司的付款承诺,如果客户付款没有诚意,则应收账款的风险就会加大。所以客户的道德品质直接决定了债权人的应收账款回收速度和回收数额,是评估顾客信用品质的首要指标。品质的分析主要通过对客户过去记录与现状的调查,包括企业经营者的年龄、文化、技术结构、遵纪守法情况,开拓进取及领导能力,有无获得荣誉奖励或纪律处分,团结协作精神及组织管理能力。

2.还款能力(capacity)。指顾客或客户的偿债能力,包括流动资产对流动负债的比例、盈利现金流对债务的偿还等。其判断依据通常是客户的偿债记录、经营手段以及对客户公司经营方式的调查。

3.资本实力(capital)。指客户的财务实力和财务状况,衡量企业自有资本和债务的关系,即财务杠杆。高财务杠杆比低财务杠杆所面临的破产概率更大。

4.担保(collateral)。指客户拒付款项或无力支付款项时能被用做抵押的资产,一旦收不到这些顾客的款项,便以抵押品抵补。在授信中采取担保、抵押等措施能够一定程度上减少偿债的风险和损失。

5.经营环境(condition)。指可能影响客户付款能力的经济环境,如客户在困难时期的付款历史或在经济不景气情况下的付款可能性。对经营环境敏感的企业,其偿债能力受外部环境的影响大。

有些银行也将其归纳为"5W"因素,即借款人(who)、借款用途(why)、还款期限(when)、担保物(what)和如何还款(how)。在信用分析时,金融机构对每一要素进行逐一评分,使信用数量化,从而确定其信用等级以作为是否贷款、贷款标准确认和后续跟踪监测的依据。5C要素分析法简便且直接,但同时这种分析方法一定程度上依赖分析专家的专业技能与主观判断。

案例 9-1:企业运用 5C 分析方法进行信用管理

某大型物资贸易公司,在物资市场饱和、以赊销为主的经营状况下,他们根据5C分析法对客户进行评估后将其分为三类:A级客户,公司可以继续满足其赊销的要求;B级客户,即有回款不及时的客户,他们提出的赊销要求,公司要严格调查以往的销售记录和原始档案后决定;C级客户,即让公司出现呆账的,公司则拒绝交易。通过对客户进行信用等级管理,企业可以对不同信用等级的客户投入不同的人力和物力,采取不同的服务方式和给予不同的信用额度,促进企业销售额的增长和信用风险的降低,同时也为公司积累了一批优质的客户。

(二)定量分析模型

1.单变量模型。企业在出现财务危机之前,总会露出一些端倪,提前发现这些端倪,则可以未雨绸缪,提前做好财务预警。单变量预警模型即单变量模型,是一种预测企业财务危机的方法,能考察企业在面临财务危机前财务状况的变化趋势。比如 Fitzpartrick(1932)以 19 家公司为样本,运用单个财务比率将样本企业划分为破产组和非破产组,发现净利润/股东权益和股东权益/负债这两个比率判别企业是否破产的能力最合适。Beaver(1966)选择了行业、规模均相当的已破产与正常经营的 158 家公司,通过对比破产前 5 年的 29 个财务比率,发现破产公司在破产前 5 年就会有比率警报,这些比率会迅速恶化。通过后续学者的研究,债务保障率、资产收益率、资产负债率和资产安全率成为这一模型中使用较多的单变量指标。

这些指标的计算公式为:

债务保障率＝现金流量/负债总额

资产收益率＝净收益/资产总额

资产负债率＝负债总额/资产总额

资产安全率＝资产变现率－资产负债率

债务保障率越高、资产收益率越高、资产负债率越低、资产安全率越高,则证明企业的财务状况越好,发生财务危机的可能性越低。

单变量模型简单方便,可以迅速地发现企业财务状况的变化,不需要经过复杂的统计分析。其具有较强实用性原因是基于以下共识:如果一家企业运营良好,其主要财务指标也应该一贯保持良好。一旦某一单一变量指标出现逆转,则说明企业的经营状况出现了困难。

单变量分析模型有助于找出影响企业财务危机的相关因素,但它也有一定缺陷。企业准确的财务状况需要通过一系列的财务指标来反应,而单一指标无法概括企业财务状况的全貌,对同一公司使用不同指标时很可能得出不同结论。并且在运用单变量分析法时,无法评估各个财务比率对于企业风险重要性的高低。

2.多变量模型。多变量模型是一种综合评价企业信用风险的方法,其运用多种财务比率加权汇总而构成函数。在预测企业的信用风险时,将企业多个财务比率输入模型中,计算得出结果,然后通过该结果来判断企业是否会面临破产。其基本的思想是财务指标反映了企业的信用状况,通过对企业主要财务指标的分析和模拟,从而得出企业破产的可能性,从而预测企业的信用风险。

(1)Altman 的 Z 值积分模型

1968 年,Altman 第一个建立了 Z 统计分析法来预测企业的信用风险。比较著名的"Z 值"有三个——Z_1、Z_2、Z_3,其中 Z_1 适用于上市公司,Z_2 适用于非上市公司,Z_3 适用于非制造企业。

Altman 的 Z 计分模型从企业 22 个财务指标中选择预测破产最有效的 5 个指标作为变量,并赋予这 5 个变量不同权重,通过计算得出 Z 值。上市公司的 Z_1 值表达式为:

$$Z_1 = 1.2X_1 + 1.4X_2 + 3.3X_3 + 0.6X_4 + 1.0X_5$$

其中 Z 为判别函数值，X_1＝营运资本/资产总额，X_2＝留存收益/资产总额，X_3＝息税前利润/资产总额，X_4＝净资产市场价值/负债总额，X_5＝销售总额/资产总额

由上述表达式可以看出，X_1，X_2，X_3，X_4，X_5，分别反映了资产流动性、累计获利情况、资产使用效率、偿债能力、资产周转率五个方面。

对于上述公式衡量的 Z 值而言，Z 值越小，表明企业遭受财务损失的可能性越大。对于上市公司而言，Z_1 值小于 1.81，公司已经濒临破产；如果 Z_1 值大于 2.99，公司则财务状况良好。如果 Z_1 值处于两者之间，属于模糊的灰色区域，则说明企业财务状况存在不稳定，要求管理者高度重视。

对于非上市公司，由于无法取得净资产市值，Altman 提出以账面价值代替，并重新调整了系数，得到 Z_2 模型表达式：

$$Z_2 = 0.717X_1 + 0.847X_2 + 3.107X_3 + 0.420X_4 + 0.998X_5$$

对于 Z_2 值而言，当 Z_2 小于 1.20 时，公司财务状况较差，存在潜在破产危机；当 Z_2 大于 2.9 时，公司则较为安全；1.2~2.9 之间公司则处于财务不稳定的"灰色区域"。

对于非制造企业，Z_3 模型中剔除了 X_5，调整系数后得到如下表达式。同理，当 Z_3 小于 1.23 时，企业风险很大，Z 大于 2.9 时，风险较小。

$$Z_3 = 6.56X_1 + 3.26X_2 + 6.72X_3 + 1.05X_4$$

Z 计分模型开创了信用分析的新思路，它反映了企业破产的可能性，并能通过逐年比较判断破产可能性变化的趋势。1977 年，Altman 等人对原始的 Z-score 模型进行扩展，建立了第二代模型，成为 ZETA 模型。ZETA 模型将变量指标拓展为 7 个，分别是：资产收益率、收益稳定性、利息倍数、累计盈利、流动比率、资本化比率和规模。ZETA 模型适应范围更宽，对不良借款人的辨认精度也大大提高，识别破产前 1 年的准确度大于 90%，破产前 5 年的准确度大于 70%。

阅读：Z 计分模型在中国适用性研究[①]

本例中，选取了 2013 年 ST 公司中的 13 家上市公司作为研究样本，并且选择不同行业，按同时期、资产规模相当的原则选取相对应的 13 家正常上市公司，基于企业 2012 年财务数据为样本建立 Z 值计分模型。选择的行业和企业的财务数据最终得出的 Z 值得分如表 9.1：

---

① 资料来源：王曦苑.Z 计分模型在中国的适用性研究[J].财经界，2014(21)：274-275.

表 9.1 2012 年度各公司的 Z 值得分表

所属行业	企业名	X_1	X_2	X_3	X_4	X_5	Z 值	对比企业	Z 值
出版业	ST 传媒	−0.46	−7.92	−3.77	22.94	0	−10.32	歌华有线	2.18
水上运输业	ST 凤凰	−0.41	−0.51	−0.30	0.29	0.40	−1.612	营口港	1.54
	ST 长油	−0.02	−0.04	−0.03	0.18	0.33	0.25	重庆港九	1.41
交通运输辅助业	ST 国恒	0.25	0.06	−0.01	2.07	0.21	1.83	锦州港	0.90
非金属矿物质业	ST 吉碳	0.03	−0.16	−0.03	1.40	0.61	1.14	四方达	17.86
林业	ST 景谷	−0.27	−0.53	−0.15	2.57	0.24	0.23	大禹节水	3.01
房地产业	ST 兴业	−1.70	−20.26	0.52	3.72	0.08	−26.38	同达创业	5.89
化学农业制造业	ST 国发	−0.44	−0.55	−0.15	2.66	0.88	0.69	辉丰股份	3.32
水泥制造业	ST 贤成	0.12	−0.11	−0.02	1.75	0.13	1.10	盘江股份	2.61
能源材料和机械电子业	ST 联华	−3.44	−15.29	−0.46	126.83	0	49.03	上实发展	1.42
酒精及饮料酒制造业	ST 广夏	0.53	−5.45	1.26	31.79	0.01	16.28	古越龙山	3.94
旅游业	ST 九龙	−0.11	−0.03	−0.06	3.62	0.05	1.84	黄山旅游	3.68
	ST 联合	0.12	−0.04	−0.02	3.69	0.13	2.16	云南旅游	6.30

通过表 9.1 可以看出,样本 ST 上市公司大多数 Z 值都在 1.8 以下,由 Z 值的经验判别区域可知,存在严重财务危机,破产概率很高,这与其 ST 身份基本吻合。ST 联华和 ST 广夏两家公司的 Z 值分别为 49.03、16.278,属于异常情况,主要是由于 X_4 异常偏高引起的。通过同期正常企业分析,可以看出,样本非 ST 上市公司 Z 值在大于 2.9 以上的有七家上市公司,说明这些公司的财务状况良好,发生破产可能性极小,这与非 ST 上市公司的 Z 值处于正常状况的现状基本吻合。而 Z 值小于 1.8 的有四家公司,分别为营口港、重庆港九、锦州港、上实发展,其中有三家都属于交通运输业,由此可以粗略猜测 2012 年交通运输业整体不景气,宏观环境可能不利于该行业的发展。

财务风险的检出力分析. 从统计情况来看,Z 计分模型对 2012 年 13 家 ST 公司和 13 家正常公司财务风险的检出力效果一般,并不理想,但还是有一定可信度的。对 ST 公司的正确判断率 61.54%,误判率为 15.39%;对非 ST 公司的正确判率 53.85%,误判率为 30.77%;总体的正判率 57.69%,误判率为 23.08%。由此可发现处于 2.9<Z<1.8 的企业为 60%,而非 ST 公司则有 40% 处于此区间。

通过对以上 Z 值的描述性统计,我们可以看到,剔除最大值与最小值之后,13 家正常公司的 Z 值平均值为 3.21,高于 1.81 的临界值,而 13 家正常公司的 Z 值平均值为 1.24,低于 1.81 这个临界值。这说明 Z 评分模型的结论和我国的实际情况是相对应的。另外,在 13 家正常公司中,有 9 家即 80% 的公司 Z 值明显高于临界值 1.81,这说明 Altman 提出的 1.81 临界值标准在我国具有一定的适用性。

(2)巴萨利模型

亚历山大·巴萨利在 Z 计分模型的基础上建立了巴萨利模型,且该模型运用比 Z 模型更普遍。该模型由 5 个特定的财务比率指标构成,计算简便,该模型各比例定义如下:

$$Z = X_1 + X_2 + X_3 + X_4 + X_5$$

$X_1 =$（利润总额＋折旧＋摊销＋利息）/流动负债;衡量公司业绩,体现出公司当前利润和短期优先债务的比值

$X_2 =$ 税前利润/（流动资产－流动负债）;衡量的是营运资本回报率

$X_3 =$ 股东权益/流动负债;该指标是资本结构比率,衡量股东权益对流动负债的保障程度

$X_4 =$ 有形资产净值/负债总额;衡量扣除无形资产后的净资产对全部债务的保障程度

$X_5 =$ 营运资本/总资产;表示营运资本或流动资产净值占总资产的比重

上述五个指标之和便是该模型的最终指数。指数高说明企业运营状况良好,实力强;低指数或负数均表明企业前景堪忧。

与 Z 计分模型相比较,巴萨利模型适用范围更宽,被广泛应用于美国金融机构的客户信用分析中,据调查,巴萨利模型的准确率可达到 95%。巴萨利模型的最大优点是易于计算,并且它在预测公司破产可能性的同时,还能衡量公司实力大小,模型指数高即说明公司实力强,反之则弱。

(3)Ohlson 的 Logit 模型

1980 年,Ohlson 第一个利用 Logit 分析模型提出了一种财务预警模型。该模型是一个二元选择模型,参数估计采用最大似然估计法。经过多次变量组合实验,去除一些不显著的变量,就可以得到使最大似然函数值最大时的参数估计值。该模型的具体表达公式为:

$$P = 1/(1 + e^{-y})$$

式中 P 代表公司发生财务危机的概率,y 是线性函数的因变量其表达式为:

$$y = -1.32 - 0.407x_1 + 6.03x_2 - 1.43x_3 + 0.0757x_4 - 2.37x_5 - 1.83x_6 - 0.521x_7 + 0.285D_1 - 1.72D_2$$

其中,x_1 为公司规模,是经物价指数调整后的总资产价值自然对数,x_2 为总负债/总资产,x_3 为营运资本/总资产,x_4 为流动负债/流动资产,x_5 为净利润/总资产,x_6 为经营活动的营运资本流/总负债（经营活动的营运资本流是经营现

金流量假设其他营运资本项目的变化),x_7 为净收益率变动。D_1 与 D_2 都是虚拟变量,D_1 表示如果最近两年净收益为负,则 $D_1=1$,否则 $D_1=0$。D_2 表示如果总负债超过总资产,那么 $D_2=1$,否则 $D_2=0$。

Ohlson 的模型以 1970—1976 年间破产的 105 家公司和 2058 家非破产公司组成的配对样本,在此基础上建立起回归模型。该模型以 3.8% 为破产分界点,P 值大于该分界点则预测企业破产,小于分界点则企业不破产,则该模型能以 87.6% 的准确率区分破产公司,以 82.6% 的准确率区分非破产公司

三、企业财务会计信用评价程序

企业财务会计信用评价是信用评价在企业财务会计领域中的应用,是信用评价与企业会计活动相互结合的产物。企业财务会计信用评价体系的建立离不开科学性、全面性、客观性、可行性、专业性等与会计专业本质相关的原则。在此基础上建立企业会计信用评价指标,依照一定的评价程序和方法,保证企业财务会计信用评价的公开、公平、公正,才能为企业提供正确有效的财务信息以及经营态势,维持企业的良好形象,促进企业的长远发展。

(一)准备阶段

企业财务会计的信用评价首先是准备阶段,主要包括接受申请、签订协议、成立评价小组等。被评价企业向专门的评价机构提出评价申请,表明愿意接受调查和评价,同时提供与评价有关的各种资料。包括企业的主要股东情况、人员构成、主要部门结构、地理位置、生产流程和经营管理状况等。评价机构本着公平公正、科学权威的专业职责,双方进行深入沟通了解,被评价企业必须自愿提供上述资料,与评价机构签订评价的相关手续和协议,由评价机构自主成立评价小组,收集被评价企业的相关资料并整理,从中做出整体推断和评判。

(二)具体分析与审查阶段

具体分析与审查阶段是会计信用评价的重中之重,也是决定评价结果公正与否的核心指标阶段。评价小组通过各种调查方法分析影响企业会计信用的内外部要素,对企业提供的各项资料进行反复检查、整理、核实、讨论和判断,从这些会计信息的综合比较中推断调查结果。同时结合企业未提供的会计信息,包括供应商、政府监管部门等提炼有效信息,综合以上已知和未知的因素,详细分析被评价企业的竞争能力、职工素质和管理层的质量等。

(三)评定阶段

评定阶段是会计信用评价的实施阶段,主要是把上两个阶段的工作按照一

定的程序不断展开,直至向社会大众公布评价结果。这个过程主要涉及一些评价本身的刻板性过程,诸如审核与讨论,核实评价结果、通知被评价企业、再次评价与确认、最后公布等阶段。由于这一过程基本围绕着评价结果的公正客观而定,一定程度上是不可变更的程序,需要谨慎的复审和再次核实,以保证信用评价的有效度。

(四)后续管理阶段

后续管理阶段是对企业财务会计信用评价的补充阶段,主要工作包括对评价结果的跟踪调查和对偏颇评价结果进行及时修正。评价结果公布后,评价小组应结合日常调查情况,对被评价企业进行持续关注,对其经营状况和财务能力、领导和管理层的人员调动以及未来发展走势进行跟踪调查。一旦发现有影响企业信用评价结果的不可控因素或者近期发生的重大事件,需如实申报,从而进行再核实、再讨论,详细分析后对评价结果进行持续更新和改正,以保证评价的真实有效。

第二节　资信评级

一、资信评级概述

(一)资信评级定义及作用

资信评级,也称信用评级,是具有一定资格的信用评级机构,以实事求是,客观公正的态度,根据规范的评估指标体系和科学的评估方法,依据严格的评估程序,对受评对象的内部方面,包括信用记录、管理经营水平、财务状况、企业素质,以及外部方面,包括经济环境、宏观政策等,进行综合评价,体现其未来一段时间履行承诺的能力和可信度,并用清晰简单的符号来表示。

1902年美国穆迪公司创始人约翰·穆迪(John Moody)首次为美国铁路债券评级开创了现代资信评级的先河。其后,普尔出版公司(标准普尔公司)和惠誉公司也先后开始对工业证券进行评级。随着经济环境的变化,资信评级的业务范围和市场规模逐步扩大。目前资信评级已经成为成熟资本市场上债券投资和定价的重要参考指标,是保证资本市场良好运作的基础,其作用主要包括以下几个方面:

1.对投资者而言,降低投资风险

首先对投资者而言,资信评级能够利用评级机构的专业优势降低投资者的信息成本和投资风险。在投资前,投资者往往需要耗费大量的信息成本来对债券发行人或借款人的还本付息能力进行判断。而专业的评级机构相比个人投资者具有明显的规模经济优势与专业优势,具有强大的信息分析能力,能得到更准确的评级结果。投资者通过专业评级机构所提供的研究分析结果进行投资决策,有助于降低投资风险并最大化自己的收益。

2. 对发债人或借款人而言,降低融资成本

其次,资信评级能够降低债券发行人的融资成本。由于证券市场存在信息不对称现象,如果发债人没有资信评级供投资人参考,那么投资者在缺乏足够的信息参考时则会要求更高的风险溢价来补偿其额外的风险。当信息不对称导致发债人融资成本过高时,就会产生逆向选择和道德风险的问题。而资信评级则是给债券贴上了等级标签,投资者根据此等级决策,弥补了信息劣势,则要求的风险补偿减小,从而有效降低发债人的融资成本。举例来说,一般情况下,债券的利率由无风险利率加上一个投资者认可的违约风险利率组成,而违约风险利率则与评级机构的评级结果相挂钩。对发行方而言,如果从评级机构处得到的信用级别越高,违约风险利率越低,资金成本则越低。

3. 对监管部门而言,加强市场监管

资信评级能够协助监管部门提高监管效率,有效防范金融风险。债务工具是许多金融机构资产负债管理的重要工具,直接影响到金融机构的经营风险从而间接影响到金融体系的稳定。对监管部门而言,可以将资信评级作为制定市场准入规范以及定期检查的标准。通过评级制度,监管部门可以过滤掉些资信较差、实力较弱的债券发行者,从而减少偿付风险,保证金融市场的稳定。此外,资信评级还会迫使企业提高会计信息透明度,有助于提高金融监管效率。

随着金融全球化趋势及金融市场波动加剧,各国投资者都面临着前所未有的信用风险挑战,对信用风险的关注日益加强。资信评级也适应这一趋势,不断推陈出新,日臻完善。资信评级一方面减少了投资人的信息收集成本,另一方面降低了企业的融资成本,从而有效扩大了市场,活跃市场交易。资信评级制度为发债人建立了常态化的监督机制,有助于企业改善日常经营,健全财务结构与会计制度,对提高市场有效性,实现资源配置起着重要作用。

(二)资信评级的理念方法和程序

传统的资信评级方法是以构建资信评级指标体系为基础来进行评估的,而运用现代计量经济模型的评级方法也日益引起更多关注。常用的评级模型包括 Z 计分模型、CreditMetrics 模型、KMV 模型等。虽然目前各种评级模型研究发

展迅速,但各种模型常常忽略对特定评级对象的特有风险进行识别,因而在广度和深度上具有一定缺陷。因此,传统的评级方法仍然在国际资信评级机构评级方法中占主导地位。

目前,国际上在资信评级实践中对其理念方法和主要内容形成了几个重要的共识:

1. 主体评级与债项评级相结合

以发行人的主体评级为基础,以债项评级为重点。作为发债主体,企业整体的基本素质、财务状况、经营能力、发展前景等方面将对债券的信用等级确定起到评估基础的作用。同时,募集资金的用途、风险状况、偿债安排等也会直接影响债券的到期偿还。

2. 定性分析与定量分析相结合

在对发行人的外部经济环境、行业特征和内部管理策略与内部控制测评等方面进行主观判断的基础上,结合发行人的财务指标进行定量分析,注重风险测评结果,结合债券的发行条款,对发行人未来的财务数据加以预测。

3. 注重现金流量分析

债务的到期偿还需要大量的现金流支出。在评定指标的设定上,评级公司常常采用历史考察、现状分析和未来预测相统一的方法,考察发行人日常经营活动产生现金净流量的能力以及融资项目产生稳定现金流的能力。同时,评级公司还运用敏感性分析、压力测试、情景模拟等方法考察发行人在不同经营环境下现金流覆盖债务的情况。

资信评级主要的理念方法框架如下(见图9-1):

在此框架下,资信评级的一般程序可以分为以下几个步骤:

(1) 企业申请,签订评级协议;

(2) 推荐评级机构初评;

(3) 评级公司成立评估小组,审核企业资料;

(4) 现场调研受评企业,企业补充资料;

(5) 分析论证,形成评估报告;

(6) 评级公司专家委员会评审定级;

(7) 评级公司颁发企业资信等级证书;

(8) 信贷咨询系统登录,社会公告;

(9) 监察与跟踪评估。

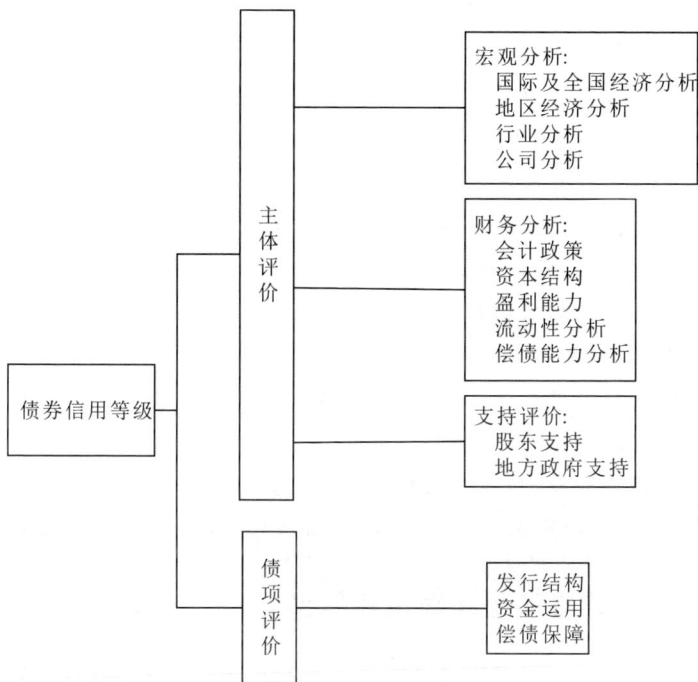

图 9-1　信用评级主要理念方法框架①

阅读：穆迪上调国网国际公司信用评级至中国国家主权级②

2021 年 3 月 10 日，国际信用评级机构穆迪上调国网国际发展有限公司国际信用评级至 A1，与国家电网公司和中国国家主权评级持平。截至目前，已有惠誉和穆迪两家评级机构将国网国际公司信用评级提升至中国国家主权级。

在受新冠肺炎疫情影响全球经济下行和信用评级普遍承压的背景下，惠誉和穆迪相继提升该公司信用评级，体现了国际权威机构对该公司国际业务发展成绩的充分认可和积极评价。国网国际公司获得信用评级提升主要得益于以下方面：

一是国际业务对集团战略重要性不断上升。2020 年，国家电网公司在"建设具有中国特色国际领先的能源互联网企业"的长期战略目标基础上，提出"一业为主、四翼齐飞、全要素发力"的"十四五"发展总体布局，国际业务作为支撑国

---

①　图表来源：何青《财务报表分析》，2014
②　资料来源：澎湃新闻网 2021-03-12

家电网公司发展"一翼"的重要性进一步凸显。

二是国际化经营贡献度持续增长。在公司党委的坚强领导下,国网国际公司化危为机、逆势攻坚,市场拓展多点开花、提质增效硕果累累,境外业务资产规模和经营业绩稳健增长,保障公司评级基本面稳定;同时该公司在国家电网公司利润贡献度的不断提升进一步夯实了公司的战略价值。

三是公司风控能力不断增强。2020年以来该公司再下两城,境外资产投资组合进一步优化;制定境外资金回流策略,加大巴西分红回流,减少存量资产外汇和投资集中风险。公司积极主动管理风险的能力得到评级机构充分认可,有效缓解了国别风险对公司信用评级的影响。

中国国家主权级信用评级的"金色名片",将进一步提升国网国际公司在国际资本市场的优质企业形象,助力公司新市场开拓,促进境外低成本融资、投资、运营的良性发展模式,提升国际业务整体盈利能力和竞争力,更好服务于国家电网公司"一业为主、四翼齐飞、全要素发力"的"十四五"总体发展布局。

二、美国标普与穆迪评级指标体系

信用等级是对可能影响信用质量的因素进行综合分析和评估后,给出的一个可能违约的风险等级。信用等级越高,履约能力越强,信用风险越小;反之,则信用风险更大。资信评级行业经过百年发展,各主要评级机构的信用等级符号系统已经趋向一致。表9-2列示了标准普尔和穆迪对债券质量等级的设置。

表9-2 标普和穆迪债券质量评级表

评级级别	债券质量	
	标准普尔	穆迪
最高级	AAA	Aaa
高级	AA	Aa
中上级	A	A
中下级	BBB	Baa
轻度投机	BB	Ba
高度投机	B	B,Caa
违约	D	Ca,C

在传统方法下,资信评级需要借助一套指标体系进行。资信评级指标体系不仅仅局限于财务方面的指标集合,而是由能反应评级对象特征要素的一系列指标构成。接下来以美国标普公司和穆迪公司为例,对信用评级指标体系进行介绍。

（一）美国标准普尔公司的信用评级指标体系

标准普尔公司的评级分析是以行业分析和竞争地位分析为起点,即使两家公司可能出现同样的财务比率,但由于所处行业差异,最后评级结果可能完全不同。标准普尔设计的评级指标体系,主要包含经营风险指标体系和财务风险指标体系。表9-3列示了标准普尔公司设定的经营风险/财务风险矩阵与信用级别的关系矩阵。

表 9-3　标普设计财务风险/经营风险和信用等级关系矩阵[①]

		财务风险等级				
		小	轻度	中等	较激进	高风险
经营风险等级	优	AAA	AA	A	BBB	BB
	良好	AA	A	A−	BBB−	BB−
	满意	A	BBB+	BBB	BB+	B+
	较差	BBB	BBB−	BBB−	BB−	B
	极差	BB	B+	B+	B	B−

1.经营风险指标体系

经营风险的影响因素主要包括国家风险、行业特征、公司竞争地位、产品组合及市场营销、技术、成本效率、公司战略、管理层素质等等。下面就几个重要因素的含义进行介绍。

（1）宏观经济环境。公司所在的国家经济发展环境及其稳定状况对信用评级有重大影响。主要的宏观因素包括:国家政治稳定性、经济发展前景、通货膨胀水平、实际利率变化趋势、金融系统风险、资本市场成熟度、经济全球化程度等。

（2）行业风险。评级分析需要基于公司所处的特定行业进行分析,不同行业面临的运营风险受该行业发展前景和行业的竞争因素影响。比如,稳定性强的行业则面临的风险较低,而行业内竞争程度加剧也会加大行业风险。行业的风

[①]　资料来源:Standard & Poor's Corporate Ratings Criteria

险评估虽不直接等同于公司能获得的信用等级,但却为公司信用评级提供坚实的背景基础,有助于在整体信用分析中识别关键因素。

(3)行业周期。信用评级是一项前瞻性的行为,不能仅仅局限于当前公司状况,还需要考虑公司目前所处的生命周期以及行业周期,并进行适当调整,使得评级保持一定稳定性。

(4)竞争手段。公司采取的产品组合与经营模式,或是选择价格优势、产品质量、产品差异化、营销能力中的一种或多种作为竞争手段,这些都会影响到公司取得成功的能力,并对其信用评级产生重大影响。

(5)公司规模。根据研究经验表明,公司规模越大,信用等级可能越高。因为规模较大的公司往往具有更强的市场竞争力,能拥有更大的市场份额,可以进行多元化经营来降低风险。而小规模公司则更易受到市场环境的影响,在遇到财务困境时更难获取融资帮助,存在更大的破产风险。

(6)管理者能力评价。对管理者能力的评价依靠较多主观判断,主要包括经营效率评价和风险防范评价。对管理者能力评价时需要结合其背景经验、提高经营效率能力等历史记录进行综合评判。

(7)其他因素。在信用评级中还需要注意很多其他因素,包括公司战略是否经常变动、管理层与股东的利益关系以及轮换程度、公司组织结构是否过于复杂,公司是否有过多的法律纠纷等。

2.财务风险指标体系

财务层面的分析主要是通过量化分析的方法,对财务报表数据进行分析,特别是对财务比率的分析。在财务分析过程中要注意对报表数据适当进行调整。在公司间比较分析时,应注意不同会计方法对分析结果的影响。在具体的评级业务中,评级人员往往会根据实际情况选用针对性较强的财务指标来考察被评对象的财务状况和信用质量,使评级结果能更准确反映公司的信用能力。以下对几个重要指标进行介绍说明。

(1)会计质量。会计质量分析目的是判断根据财务报表统计数据和财务比率,能否恰当衡量公司的财务状况和经营成果,分析结论是否在同类企业中具有可比性,而可比性在信用评级过程中非常重要。因此应根据一定的会计质量标准对财务报表数据进行恰当调整以作出正确的财务风险分析结论。

(2)会计及财务政策。会计政策变更往往能揭示出与信用评级相关的新的信息。在信用评级以及后续跟踪过程中,应当关注会计政策的变化对信用评级的潜在影响。此外,企业自身特定的财务政策反映了企业相关的财务风险管理思想以及财务指标,也是信用评级中需要考虑的因素。

(3)盈利能力。盈利能力是体现企业防范信用风险的关键因素之一,较强的盈利能力意味着公司能够有效通过内部融资积累资本,也增强了吸引外部融资和抵御经营风险的能力。盈利能力是公司财务健康程度和竞争地位的重要衡量标准,也是信用评级分析的主要参考依据。盈利能力的衡量指标主要包括主营业务利润率、息税前资本盈利率、净资产收益率、总资本收益率等。

①主营业务利润率=主营业务利润/主营业务收入。该指标反映的是公司主营业务的盈利能力,其内在含义是公司通过在市场上销售其产品所能获取的利润水平。这一指标在某种程度上也能反映公司的市场竞争力。

②息税前资本盈利率=(利润总额+利息)/(短期债务+长期债务+净资产)×100%。该指标将公司占用的全部资产作为一种投入,对应的是息税前利润总和,以评价公司的投入和产出的效率,反映企业总体的获利能力。

③净资产收益率=税后利润/净资产×100%。该指标体现的是公司股东权益的收益水平,是考察公司盈利能力的核心指标。该指标越高表明股东所获得的收益越高。

④总资本收益率=(净利润+少数股东损益+利息支出)/(股东权益+少数股东权益+长期债务+短期债务)×100%。该指标反映出公司以其拥有的全部资本获取利润的能力。通常而言,该指标应当高于社会平均投资收益率(可选银行同期贷款利率作为参考),否则公司融资经营是不划算的。

(4)资本结构。资本结构是指对公司资金来源结构的分析,主要包括资金来源的构成及稳定性、资金成本的高低、债务的期限结构等等。衡量资本结构的主要指标有:

①全部债务资本化比率=(长期债务+短期债务)/(长期债务+短期债务+股东权益)×100%。该指标反映的是公司通过借贷筹措资本金占所有资本的比例。该指标越高则说明公司负债越重。

②长期债务资本化比率=长期债务/(长期债务+股东权益)×100%。该指标反映的是通过长期借贷的资本占长期资本的比例。该指标过高,则表明公司负债过重;若该指标过低,则公司未能充分发挥其财务杠杆,财务政策偏保守。一般情况下,该指标不超过40%,低于20%较为理想。

③资产负债率=负债总额/资产总额×100%。这一比率反映的是公司负债在总资产中的占比,是衡量公司财务状况、偿债能力的重要指标。

此外,公司的资产组合对资本结构的选择有很大影响。如果公司资产能够产生稳定的现金流,而且资产市值较为稳定,便可以较多地利用债务杠杆。

(5)现金流的充分性。"盈利"是一个会计概念,最终还本付息还需要现金流的支持。现金流量分析是信用评级的又一关键因素。现金流量比率指标主要包括:

①债务保障倍数=(净利润＋折旧＋摊销)/全部债务。其中分子部分反映了公司自身可支配现金偿还债务的能力。该倍数越高,公司融资的空间越大,财务弹性就越高。

②利息保障倍数=(利润总额＋利息支出＋折旧＋摊销)/利息。该指标反映了公司支付利息偿还债务的能力。

③筹资活动前现金流量净额债务保障倍数=筹资活动前现金流量净额/全部债务。筹资活动前现金流量净额反映的是公司通过经营活动及投资活动获取现金偿还债务的能力,这一倍数则体现了公司现金偿债能力的强弱,且该指标越高越好。

④经营活动产生的现金流量净额/总债务。该指标是从公司现金流量的角度考察公司偿还债务的能力。

(6)流动性分析。常用的流动性比例指标包括流动比率、速动比率、营运资本比率等等。其中流动比率和速动比率考察公司的短期债务支付能力。

公司的债务特征也会影响其流动性,比如债务的到期结构、对信用敏感债务的依赖程度、利率波动风险等等。一些潜在的资金需求也会限制公司的流动性,比如资产报废、对外担保债务、担保债务等等。

(7)债务契约。债务契约是指企业经理人员代表股东与债权人签订的、用于明确债权人和债务人双方权利和义务的法律文书。债务契约虽然不能直接提高借款人的信用质量,但能够限制一些可能损害信用质量的行为。在对债券评级的过程中,要注意企业具体的财务限制条款和债券偿付的优先次序。通常情况下,财务限制条款越严格,债务的信用等级就越低。

案例 9-2:标普对工银租赁评级[①]

2019 年 7 月 11 日,标普信评评定工银金融租赁有限公司(工银租赁)主体信用等级为"AAA",展望稳定。

标普信评在工银租赁个体信用状况基础上调 4 个子级获得"AAA"的主体信用等级,以体现该公司对于中国工商银行(以下简称工行)的极高重要性和工行的极高信用质量。该公司是中国最大的商业银行工行的全资子公司,也是工行最大的非银类子公司之一。标普信评认为工银租赁是工行的核心子公司,工银租赁的主体信用等级与母行的信用质量之间是密切相关的。母行不仅对于工银租赁的日常经营提供持续性的支持,而且根据监管规定须在公司出现困难时

---

① 资料来源:《全球金融市场的信用评级:历史、方法与监管反思》

提供特殊性支持。

标普信评为银保监会批准设立的金融租赁公司评定主体信用等级采用的基准为"BBB－"，工银租赁"A＋"的个体信用状况较这一基准高出 5 个子级，反应该公司相比一般金融租赁公司在多个方面的显著优势。标普信评对工银租赁的部分分项评估：初始评级基准 BB＋；调整后评级基准 BBB－；个体信用状况 A＋；集团支持＋4；主体信用等级 AAA；评级为稳定。

由于具有工行的资本金补充，工银租赁的资本充足率水平能够满足业务发展需要和监管要求。虽然盈利会受到利率风险和信用风险的影响，但该公司总体上维持着健康的盈利水平。工银租赁采用母行的风险管理技术，建立了有效审慎的风险管理体系。虽然工银租赁存在显著的资产负债期限结构错配，但基于该公司自身的行业地位和母行背景，其融资渠道广泛，再融资风险低，流动性充足。

（二）美国穆迪公司的信用评级指标体系

穆迪公司的资信评级也是主要围绕经营状况和财务风险展开的。经营状况包括宏观层面和公司微观层面。宏观层面主要包括行业的发展趋势、国家政策和监管环境等，微观层面主要包括管理人员素质、公司竞争地位、公司财务状况和公司架构。财务状况分析指标主要包括收益指标、现金流量指标、资本结构指标等。

其中收益分析指标主要进行四项分析：收益项目分析、固定费用保障分析、资产效率分析、资产和资本收益分析。现金流量分析的重点则是了解现金流量同资本支出和负债的关系，用以说明企业偿还债务以及扩大生产规模的能力。资本结构与债务结构分析指标重点在于了解资本、负债结构和举债经营情况，判断其中出现的风险因素。表 9-4 总结了穆迪公司财务状况分析的具体指标。

表 9-4　穆迪公司的财务分析指标表

		指标名称	计算公式
收益分析指标	收益项目分析指标	产品销售成本率	产品销售成本/净销售额
		折旧及摊销费用与销售比率	折旧及摊销费用/净销售额
		销售和管理费用与销售比率	销售和管理费用/净销售额
		租金费用与销售比率	租金费用/净销售额
		研发费用与销售比率	研发费用/净销售额
		年金成本与销售比率	年金成本/净销售额
		营业利润与销售比率	营业利润/净销售额
		利息费用与销售比率	利息费用/净销售额

续表

		指标名称	计算公式
收益分析指标	收益项目分析指标	其他净利润与销售比率	(其他收入－其他支出＋一次性调整)/净销售额
		税前净利润与销售收入比率	税前收入/净销售额
		纳税率	(所得税－延期缴纳的税收)/税前利润
		红利支付率	(普通股红利＋优先股红利)/净利润
		红利与总现金流量比率	(普通股红利＋优先股红利)/总现金流量
	固定费用保障指标	利息保障倍数	(营业利润＋其他收入－其他费用)/利息费用
		盈利与利息租金比率	(营业利润＋其他收入－其他费用－租赁费用)/(利息费用＋租赁费用)
		总费用支付保证比率	(营业利润＋其他收入－其他费用－1/3租赁费用)/[利息费用＋1/3租赁费用＋优先股红利/(1－法定税率)]
	资产效率指标	资产平均周转率	净销售额/平均资产
		FIFO存货周转率	产品销售成本/(平均存货＋平均LIFO准备)
		应收账款周转天数	(平均应收账款×360)/净销售额
		应付账款周转天数	(平均应付账款×360)/产品销售成本
		FIFO流动投资与销售的比率	(平均应收账款＋平均存货＋平均LIFO准备－平均应收账款－平均发生额)/净销售额
	资产和资本收益指标	EBIT	税前收益＋利息费用
		EBIT与平均总资产比率	(税前收益＋利息费用)/平均总资产
		EBIT与平均净资产比率	(税前收益＋利息费用)/平均净资产
		平均净资产的非杠杆收益率	[营业利润＋利息费用－资本化利息(1－法定税率)]/平均净资产
		每股收益	(营业利润－优先股红利)/平均普通股数
		平均债务成本	利息费用/平均债务

		指标名称	计算公式
现金流量分析指标	现金流量指标	总资本支出与折旧、损耗、摊销比率	总资本支出/(折旧＋损耗＋摊销)
		累计折旧与折旧、损耗、摊销比率	累计折旧/(折旧＋损耗＋摊销)
		总现金流量与总资本支出比率	总现金流量/总资本支出
		总现金流量与净资本支出比率	总现金流量/净资本支出
		留存现金流量与总资本支出比率	留存现金流量/总资本支出
		留存现金流量与净资本支出比率	留存现金流量/净资本支出
		留存现金流量与所使用资本净值比率	留存现金流量/所使用资本净值
		总现金流量与总债务比率	总现金流量/总债务
		留存现金流量与总债务比率	留存现金流量/总债务
资本与债务结构分析指标	资本与债务结构指标	资本总额	总债务＋少数股东权益＋递延税收＋优先股清算价值－累计货币换算调整＋普通股和盈余
		总债务	短期债务＋即将到期长期债务＋长期债务＋资本化租赁
		调整的 EBIT	净收入－股权收益＋税收＋利息费用－资本化利息＋1/3 租赁费用
		调整的资本总额	资本总额＋LIFO 准备＋租金×8
		调整的资产总额	总资产＋LIFO 准备＋租金×8
		调整的 EBIT 与调整的平均资本比率	调整的 EBIT/调整的资本总额平均值
		调整的 EBIT 与调整的平均资产比率	调整的 EBIT/(调整的资本总额－现金和有价证券－未合并子公司股权投资)平均值
		调整的总负债占调整的资本总额比率	(总债务＋租金×8)/调整的资本总额
		养老金调整后的总债务与资本总额比率	[总债务＋租金支出×8＋1/2(归属和非归属利益现值－净计划资产)]/调整的资本总额

续表

		指标名称	计算公式
资本与债务结构分析指标	资本与债务结构指标	调整股本后的双重杠杆总负债与调整的资本总额的比率	(总债务＋租金支出×8)/(调整后资本总额＋在子公司的投资)
		利息敏感性债务与调整的资本总额的比率	(短期债务总额＋可变利率长期债务)/调整后资本总额
		流动性调整后的债务与调整的资本总额的比率	(总债务＋租金支出×8－现金和有价证券)/(调整后资本总额－现金和有价证券)
		普通股与调整后的总资产的比率	(普通股和盈余－累计货币换算调整＋1/2LIFO准备)/(总资产＋LIFO准备＋租金支出×8)
		普通股市值与调整后的总资产比率	(年末每股市值×年末普通股股数)/(总资产＋LIFO准备＋租金支出×8)
		总负债与市场资本总额比率	总债务/〔资本总额－普通股和盈余＋累计货币换算调整＋(年末每股市值×年末普通股数)〕
		总负债与资本净值比率	(总资产－普通股和盈余＋累计货币换算调整－少数股东权益－递延税收)/(普通股和盈余－累计货币换算调整＋少数股东权益＋递延税收＋LIFO准备)
		资产杠杆指数	Σ(各项资产×风险权数)/(普通股权益＋少数股东权益－累计货币换算调整)

总体来看,在指标设计上,标普和穆迪虽然有些微差别,但总体上基本是一致的,均强调财务指标,特别是企业偿债能力和企业盈利能力。另一方面,从信用等级的划分来看,两家国际评级机构的等级设立也基本相同,BBB级(或Baa级)以上的为投资类债券,偿还能力较高,违约风险小,而BBB级以下的则代表投机类,风险较高。

三、我国信用评级指标体系

我国的资信评级起源于20世纪80年代后期,早期的评级机构主要是中国人民银行各省市分行系统的评级机构。1987年我国第一家独立于银行系统的地方性评级机构——上海远东资信评估公司成立。1992年,首家全国性证券评估机构——中国诚信证券评估有限公司成立。随着我国资信评级行业的发展,一些评级机构与国际著名评级机构的合作交流加深,使得国内资信评估机构的评级业务逐步与国际接轨,主要评级机构在评级程序、评级方法、等级设置等方面与国际惯例逐渐接轨。如今我国评级机构数量、市场规模、社会公信力、监管模式都已形成一定的基础,评级业务逐渐渗透进各行各业,对社会经济的影响日益显著。

概况来说,我国信用评级体系主要包括外部环境和产业分析、企业基本素质分析、经营管理能力分析、盈利能力分析、偿债能力分析和发展前景分析六个部分。不同行业或企业的评级指标会存在一定差异,但基本包含这几个部分的相关指标。最终所有定性定量指标以百分制计分,再按各项指标权重加权计算总分。表 9-5 列示了上海市借款企业信用等级评定标准的主干指标以便于理解。

表 9-5　上海借款企业信用等级评定标准主干指标

资信评估要素	评估指标	权重
企业基本素质分析	股东	12
	人力资源素质	
	经营管理者素质	
	竞争地位	
财务结构	净资产与年末贷款余额比率	7
	资产负债率	7
	资本固定化比率	4
偿债能力	流动比率	4
	速动比率	6
	非筹资性现金净流入与流动负债比率	3
	经营性现金净流入与流动负债比率	4
	利息保障倍数	6
	担保比率	5
经营能力	营业收入现金率	4
	应收账款周转速率	4
	存货周转速度	4

续表

资信评估要素	评估指标	权重
盈利能力	毛利率	2
	营业利润率	3
	净资产收益率	4
	总资产报酬率	3
发展前景	宏观环境	18
	行业环境	
	成长性与抗风险能力	

案例 9-3:某建筑施工企业信用评级举例[①]

对待一家待评级的中国建筑施工企业,首先梳理出建筑施工企业资源配置能力和债务政策评级要素和指标。其次根据行业信用品质评价方法和模型确认建筑施工行业信用品质评价结果,从而确认指标阈值划分标准。再次依照指标评价标准对该企业的各个指标进行评分,在得到各指标的分值后,按照各指标的权重根据评级模型计算出企业的资源配置能力得分和债务政策得分。最终将两者得分通过初始级别映射矩阵转换,得到企业的初步评级。在此基础上考虑调整项和外部支持对级别的影响后得出最终主体信用级别。见表9.6。

表9.6　某建筑施工企业信用评级

要素归类	评级要素		模型指标	指标表现	指标分值	对应打分	初步级别
资源配置能力	规模与市场地位		年施工收入评价	3.00	3	4.56	A+
	施工能力	施工领域分散性	施工领域数量	2.00	2		
		施工资质评价	施工资质评价	2.00	2		
	市场开拓能力	新签合同额/年施工收入	新签合同额/年施工收入	1.52	3		
		施工区域分散性	施工区域省份数量	31.00	1		

---

① 《信用评级原理与事务》

续表

要素归类	评级要素	模型指标	指标表现	指标分值	对应打分	初步级别
资源配置能力	盈利能力	EBIT 利润率	10.80	2		
		营业毛利率	17.09	2		
	获现能力	收现比	89.98	3	4.56	
		收现比－付现比	3.34	3		
		经营净现金/EBIT	0.25	3		
	周转能力	应收款项/收入	96.16	5		A＋
债务政策	杠杆水平	资产负债率	59.63	2		
		全部债务资本化比率	19.26	1		
		应收账款/所有者权益	1.76	4		
	短期偿债表现	流动比率	1.44	3	4.40	
		经营活动现金流入/流动负债	1.14	3		
		现金类资产/短期债务	1.00	3		
	长期偿债表现	EBITDA 利息保障倍数	32.28	1		

以某建筑施工企业 Y 为例,对 Y 公司的各项指标进行计算,我们均可以得出相应分值。再通过映射矩阵得出企业初步级别为 A＋级。

在模型初步级别的基础上,考虑到外部支持的一定增信作用,最终得出的 Y 公司指示级别为 AA－级。

参考文献

[1] 孙薇.浅析信用风险评价方法[J].沿海企业与科技,2005(04).

[2] 张红玲.我国企业信用评级体系分析[J].现代经济信息,2010(13).

[3] 关青云.浅谈企业财务会计的信用评价[J].红河学院学报,2012,10(06).

[4] 陈东平.财务报表分析在企业信用评价中的运用[J].西部金融,2014(01).

[5] 曦苑.Z 计分模型在中国的适用性研究[J].财经界,2014(21).

[6] 何青.财务报表分析[M].北京:中国人民大学出版社,2014.

[7] 冯光华. 信用评级原理与事务[M]. 北京：中国金融出版社，2019.

[8] 黄世忠. 财务报表分析——理论、框架、方法与案例[M]. 北京：中国财政经济出版社，2020.

[9] 高明. 全球金融市场的信用评级：历史、方法与监管反思[M]. 北京：中国金融出版社，2021.

思考题

1. 简要阐述信用分析的含义与作用。

2. 5C 要素分析法的"5C"分别是哪 5C？请进行阐明。

3、简要分析 Z 计分模型与巴萨利模型之间的异同。

4. 标普与穆迪评级主要分为哪两大指标体系？并对标普与穆迪评级等级划分进行简要阐述。

5. 如何认识理解我国信用评级体系。

|第十章|
财务报表综合分析

引导案例：如何看待企业的财务比率指标——美的集团

美的集团是国内白色家电行业的龙头企业，提供包括消费电器等在内的一系列产品和服务。根据2019年三季度报告，公司单季度实现总收入671.48亿元，同比增长6.36％；实现归属于上市公司股东的净利润61.29亿元，同比增长23.48％。

美的集团近4年的流动比率和速动比率都处于一个比较平稳的状态。其流动比率在近4年保持在1.4左右，接近行业平均值1.5，而速动比率在0.6左右，明显低于行业的平均水平0.9，说明美的集团的短期偿债能力有待加强。值得注意的是，企业也不能一味地追求高流动比率和高速动比率，过高的速动、流动比率可能是企业的货币资金闲置、应收账款过多或存货超储积压所致，意味着企业流动资产占用过多、资产使用效率较低，会影响企业的获利能力。

美的集团近4年的资产负债率呈上升趋势，2015年到2018年分别为56.51％、59.57％、66.58％和64.94％，而且相对于行业平均水平而言，美的集团的资产负债率偏高。这主要是因为美的集团近几年应付账款增加较快，具体而言，是美的集团生产规模的扩大，原材料的成本增加，原材料的成本增加体现在了应付材料款的增加。

从销售毛利率来看，近年来美的集团的毛利率维持在25％以上，显著高于海信家电和美菱电器，但低于青岛海尔和格力电器，在白色家电二级行业中列25名。同时，美的集团的销售毛利率还具有稳步上升的趋势，2017年销售毛利率为25.03％，2018年为27.54％，2019年前三季度单季度销售毛利率分别为28.36％、30.55％和28.20％，一定程度上表明企业的市场竞争力在增强，业绩效益处于上升状态。

美的集团的每股收益较高,2019第三季度为3.20元,略低于格力电器的3.68元,位于白色家电行业第二名。每股收益直接影响企业分配普通股股利数量,因此其也是普通股股东较为关心的指标之一。

请思考:应该如何认识这些财务比率,怎样利用财务比率来进行分析?

能否以财务比率作为评价企业财务状况质量的唯一依据?

企业的各个方面并不是孤立的,而是相互联系的。例如,企业的营运能力对企业的流动性、偿债能力和盈利能力都有着重要的影响,企业的盈利能力水平又直接关系着企业的偿债能力,等等。在进行财务分析时不能局限于某一个方面。虽然不同的分析主体在分析时有不同的目的,因而会有不同的侧重,但如果脱离企业的整体,仅仅关注企业的某个方面,是不可能得出全面、正确的认识的。因此,在掌握了对企业各个方面的分析技能之后,我们还必须学会对它们进行综合分析,以了解企业整体的情况。所谓综合分析,就是对企业的各个方面进行系统、全面的分析,从而对企业的财务状况和经营成果作出具体的评价与判断。

本章首先系统介绍财务比率分析的相关指标体系,然后介绍财务报表综合分析的内容和方法。

本章框架

➤ 财务比率分析

➤ 财务报表综合分析

第一节　财务比率分析

在财务报表综合分析实践中,财务分析者往往将企业的财务状况分为偿债能力、盈利能力、营运能力等方面,以便于更深入地把握企业财务状况的全貌。财务比率分析法在财务报表的综合分析实践中应用广泛。财务比率通常可以分为以下几类:偿债能力比率、盈利能力比率、营运能力比率(又称活力比率)、现金流量比率以及上市公司的特殊比率等。

一、偿债能力分析

偿债能力是指企业偿还各种债务的能力。企业的负债按偿还期的长短,可以分为流动负债和非流动负债两大类。短期来看,偿债能力是指企业用流动资产偿还流动负债的能力,和企业经营过程中现金流的时间结构有关;长期来看,偿债能力是指企业偿还长期负债的能力,取决于其资产运用持续创造的现金流。

偿债能力是企业经营者、投资人、债权人等都十分关心的重要问题。企业偿债能力的强弱对企业的盈利能力、资产运营、投融资决策等都具有重要意义。通过偿债能力分析,我们可以了解企业的财务状况,揭示企业所承担的财务风险程度,预测企业筹资前景,为企业进行各种投融资活动提供重要参考。

（一）短期偿债能力分析

1. 企业短期偿债能力的影响因素

公司的短期偿债能力与公司的资金流动性是否充足密切相关。具体来说,主要受以下因素影响:

首先,资产的流动性对企业短期偿债能力有着重要影响。资产的流动性越强,短期偿债能力就越强,尤其是流动资产中变现能力较强的资产比重越大,偿债能力越好。

其次,流动负债的规模与期限结构(如借款与自然融资、应付款项与预收款项的比例)影响企业的短期现金流出。

第三,企业的经营收益水平也会对短期偿债能力产生影响。利润是企业经营收益的集中体现,会使企业有持续和稳定的现金流入。

第四,一些因素可能在短期内影响公司短期偿债能力。在短期内,可以提高公司短期偿债能力的因素有:(1)公司可动用的银行贷款指标;(2)公司准备很快变现的长期资产;(3)公司偿债的信誉等。在短期内可能降低公司短期偿债能力的因素有:(1)或有负债;(2)担保责任引起的负债等。

另外,单纯地分析公司的偿债能力指标不能完全反映公司实际的偿债能力,而应该与公司的获利能力、信用状况结合来分析。

2. 短期偿债能力分析指标

在对企业的短期偿债能力进行分析时,经常使用一系列反映短期偿债能力的指标,如营运资本、流动比率、速动比率、现金比率等。

（1）营运资本。营运资本是指流动资产总额减流动负债总额后的剩余部分,也称净营运资本,表示企业的流动资产在偿还全部流动负债后还有多少剩余,它是一个绝对数指标。其计算公式是:

$$营运资本 = 流动资产 - 流动负债$$

营运资本的多少可以反映企业偿债能力的强弱。营运资本越多意味着企业可用于偿还流动负债的资金越充裕,企业的短期偿债能力越强,债权人的债权可以收回的安全性越高。

（2）流动比率。流动比率是指流动资产与流动负债之间的比率,衡量企业资金流动性的大小,充分考虑流动资产规模与流动负债规模之间的关系。其计算公式为:

流动比率＝流动资产/流动负债

一般来说,企业的流动比率越高,表明企业资产的流动性和企业的短期偿债能力越强。但是,如果流动比率太高则说明企业的流动资产占用较多,意味着企业经营资金的周转效率和获利能力较低。从债权人角度来看,该指标越高,说明债权越有保障。从企业和主权投资人的角度来看,该指标应控制在一个合理的范围内。一般情况下,营业周期、应收账款和存货的周转速度是影响流动比率的主要因素,且不同行业的企业会存在流动性比率上的天然差异。国际上公认的标准比率为2,我国部分行业的流动比率参考值为:汽车1.1,房地产1.2,建材1.25,化工1.2,制药1.25,家电1.5,啤酒1.75,计算机2,商业1.65,机械1.8,玻璃1.3等。

需要注意的是,流动比率并不是衡量短期偿债能力的绝对标准。它忽视了管理者偿还到期债务的能力及由此产生的结果。流动比率高,并不能保证有足够的现金偿还,还存在时间匹配问题。此外,流动比率包括了变现能力较差的存货和基本不能变现的预付费用,如果存货中有超储积压物资时,会造成企业短期偿债能力较强的假象。

（3）速动比率。由于流动资产很可能不能马上全部变成现金,存货变现又是其中最为困难的,因此采取了更为谨慎的办法:用流动资产减去存货的差除以流动负债,得到了速动比率。速动比率,又称酸性测验比率,是指速动资产与流动负债之间的比率。它衡量企业流动资产中可以立即变现用于偿还流动负债的能力。速动资产中一般不包括流动资产中的存货、1年内到期的非流动资产及其他流动资产。其计算公式为:

速动比率＝速动资产/流动负债

其中,速动资产的计算方法通常有以下两种:余额法:速动资产＝流动资产－存货－预付账款－1年内到期的非流动性资产。直接法:速动资产＝货币资金＋交易性金融资产＋应收票据＋应收账款＋其他应收款

速动比率越高,企业偿还流动负债的能力越强。从债权人角度来看,该指标越高,说明债权越有保障,企业的短期偿债能力越强。同样,从企业经营者和股东的角度来看,该指标应控制在一个合理的范围内。影响速动比率的重要因素是应收账款的变现能力,投资者在分析时可结合应收账款周转率、坏账准备计提政策一起考虑。国际上公认的标准比率是1,我国部分行业的速动比率参考值为:汽车0.85,房地产0.65,制药0.9,家电0.9,化工0.9,啤酒0.9,计算机

1.25,电子 0.95,商业 0.45,机械 0.9,玻璃 0.45 等。

（4）现金比率。现金比率是指货币资金（或现金）与流动负债之间的比率，是从现金流动角度来反映企业当期偿付短期负债的能力。其计算公式为：

现金比率＝货币资金（或现金）/流动负债

现金比率是衡量企业短期偿债能力最保险的指标，从债权人的角度来看，它比流动比率、速动比率更真实、更准确地反映了企业短期偿债能力。因为现金是企业偿还债务的最终手段，因而企业的现金比率越高，说明企业具有较好的支付能力。但现金比率过高则意味着企业的资产没有得到充分运用，一般来说，20％的现金比率比较合适。

（5）现金流量比率。现金流量比率是指经营活动现金流量净额与流动负债的比率，用来衡量企业的流动负债用经营活动所产生的现金来支付的程度。其计算公式是：

现金流量比率＝经营活动现金流量净额/流动负债

现金流量比率越高，说明单位流动负债对应的经营活动现金流量净额越多，企业的短期偿债能力越好。

（二）长期偿债能力分析

长期偿债能力是指企业偿还长期负债的能力。影响企业长期偿债能力的因素有以下几个：

首先，企业的盈利能力是影响长期偿债能力的最重要的因素。企业能否顺利偿还债务以企业能否持续盈利为前提。

其次，资本结构水平。企业的长期资本来源主要是指权益筹资和长期债务。资本结构对企业偿债能力的影响主要体现在财务风险渠道和融资规模限制等几重效应上。

再次，权益资金的增长和稳定程度。权益资金保持稳定增长的态势，意味着企业资金充足，发展稳定，长期偿债能力较强。

最后，权益资金的实际价值。当企业结束经营时，最终的偿债能力取决于企业权益资金的实际价值，这是影响企业最终偿债能力的最重要因素。

分析企业的长期偿债能力也需要用到一些具体的指标，常用的有资产负债率、权益比率、利息保障倍数、固定支出保障倍数等。

（1）资产负债率。资产负债率是综合反映企业偿债能力的重要指标，它通过负债与资产的对比，反映出在企业总资产中，有多少是通过举债取得的。其计算公式是：

资产负债率＝总负债/总资产

资产负债率是公认的衡量企业负债偿还能力和经营风险的重要指标，这个指标反映了在企业的全部资产中由债权人提供的资产所占比重的大小,反映了债权人向企业提供信贷资金的风险程度,也反映了企业举债经营的能力。资产负债率越高,说明借入资金在全部资金中所占的比重越大,不能偿还负债的风险越高。不同利益主体对资产负债率的衡量角度往往不同。从债权人的角度来看,资产负债率越低越好;从企业经营者和股东的角度来看,资产负债率应保持在合理的范围内。提高资产负债率可以提高企业的财务杠杆,提升净资产收益率,但可能会造成较大的财务风险;降低资产负债率则会降低企业的净资产收益率。

经验研究表明,合理的资产负债率标准是 40%~60%,比较保守的经验判断一般为不高于 50%,而国际上通常认为资产负债率为 60% 时较为适当。此外,资产负债率存在显著的行业差异,分析该比率时应注重与行业平均数的比较,交通、电力一般为 50%~55%,加工业为 65%,商贸业为 80%,金融业为 90%。

需要注意的是,资产负债率不能反映企业的清偿风险,用该指标分析长期偿债能力时,应结合总体经济状况、行业发展趋势、所处市场环境等综合判断。

(2)股东权益比率。股东权益比率是所有者权益同资产总额的比率,反映企业全部资产中有多少是投资人投资所形成的。其计算公式是:

股东权益比率＝股东权益总额/总资产

股东权益比率与资产负债率之和等于 1。这两个比率从不同的侧面来反映企业长期财务状况,股东权益比率越大,资产负债比率就越小,企业财务风险就越小,偿还长期债务的能力就越强。

(3)利息保障倍数。利息保障倍数是指企业生产经营所获得的息税前利润与利息费用的比率,是衡量企业支付负债利息能力的相关指标。其计算公式是:

利息保障倍数＝息税前利润/利息费用
＝(净利润＋利息费用＋所得税费用)/利息费用

由于我国现行利润表中没有单列"利息费用"科目,而是混在"财务费用"科目之中,外部报表使用人一般使用"财务费用"来估计。"利息费用"不仅包括作为当期财务费用反映的利息费用,还应包括资本化的利息费用。

利息保障倍数越高,企业的长期偿债能力越强。国际上公认的利息保障倍数为 3。从稳健性角度出发,通常选择连续 5 年中最低的利息保障倍数作为最基本的偿付利息能力指标。从长期来看,利息保障倍数至少应大于 1,比值越高,说明企业支付利息的能力越强,长期偿债能力也就越强。如果利息保障倍数低于 1,说明企业实现的经营成果不足以支付当期利息费用,意味着企业的财务风险非常高,需要引起高度关注。

需要注意的是,对企业和所有者而言,利息保障倍数不是越高越好。如果一个高的利息保障倍数是由于利息费用低导致的,说明企业财务杠杆程度很低,未能充分利用举债经营的优势。

此外,格雷厄姆(Benjamin Graham)在《证券分析》中也强调了利息保障倍数的计算方法,并对其中的优先扣除法进行了严厉的批评。格雷厄姆所严厉批评的优先扣除法是指,计算低级债券的利息保障倍数时会将高级债券的利息从利息总额和收益总额中同时剔除,这里的高级债券是指需要被优先偿还的债券。例如 A 公司的年收益为 140 万美元,每年需支付给高级债券的利息是 50 万美元,支付给低级债券的利息是 30 万美元,因而高级债券的利息保障倍数为 140/50,即 2.8 倍。那么低级债券的利息保障倍数是多少呢?在优先扣除法下为 90/30,等于 3 倍。难道低级债券比高级债券还有保障,这显然是荒谬的。因此格雷厄姆强调:用这种优先扣除法得出的关于低级债券的计算结果毫无价值可言,并具有误导性,明智的投资者应该拒绝采用这种计算方法得出的结果。

格雷厄姆所进行的上述分析并不是纯理论和偶然的,同时也并不仅仅局限于对低级债券利息保障倍数的计算。当上市公司的长期股权投资在资产负债表中占据相当比重时,在考察利息保障倍数、债务权益比等涉及债务的指标时都可能会发生同样逻辑的偏差[①]。因此读者在进行利息保障倍数的计算和分析时,要引以为戒。

对息税前利润(EBIT)改进的指标是息税折旧及摊销前利润,简称 EBITDA。在计算 EBIT 时,折旧和摊销费用也被扣除了,但事实上,它们不是现金支出的费用。因此,财务分析师通常会计算扣除利息、税费、折旧和摊销之前的收益,即 EBITDA,来衡量公司从其经营活动中产生的可以用以支付利息费用的现金,即:EBITDA = EBIT + 折旧和摊销。类似地,我们也可以计算 EBITDA 与利息费用的比率——EBITDA 利息覆盖率,对企业的长期偿债能力进行分析。

(4)固定支出保障倍数。固定支出保障倍数就是企业息税前利润与固定支出费用的比率,通常用倍数表示,该指标是利息保障倍数的演化,是一个比利息保障倍数更严格的衡量企业偿债能力保证程度的指标。其计算公式是:

固定支出保障倍数=息税前利润/固定支出费用

固定支出保障倍数越高,企业的长期偿债能力越强。偿还固定支出费用能力的不足会威胁到企业的经营,使企业的经营难以保持良好的状态。

[①] 格雷厄姆.证券分析[M]. 海口:海南出版社,2004

二、盈利能力分析

盈利能力是指企业获取利润的能力。它既是一个绝对概念,也是一个相对概念。盈利能力的绝对概念是指企业利润的绝对大小,但这样一个绝对概念缺乏可比性,也不能反映企业的资产利用效率。盈利能力的相对概念是指企业的利润率、资产报酬率等比率,这些比率考虑了资产投入因素,也便于企业间的比较。盈利是企业经营的主要目标,因而盈利能力分析是财务分析的重要内容,追求盈利能力的持续增长是所有企业利益相关者都极为关注的方面。我们在进行企业盈利能力分析时,应该将盈利能力的绝对概念和相对概念结合起来考虑。盈利能力分析指标有:

（一）一般企业盈利能力财务比率

1. 营业毛利率。营业毛利率是指毛利占营业收入的比率,其中毛利是营业收入与营业成本的差。其计算公式为:

$$毛利率＝(营业收入－营业成本)/营业收入$$

该指标表示每一元销售收入扣除销售成本后,有多少钱可以用于各项期间费用和形成盈利。销售毛利率是企业销售净利率的最初基础,体现了获利的基础和空间,没有足够大的毛利率便不能盈利。通常说来,不同行业的毛利率高低各异,但同一行业的毛利率一般相差不大。与同期企业的平均毛利率相比较,可以揭示企业在定价政策、产品或生产成本控制方面存在的问题。

2. 营业利润率。营业利润率是指企业一定时期营业利润同营业收入净额的比率。其计算公式为:

$$营业利润率＝营业利润/营业收入$$

从利润表来看,企业的利润可以分为五个层次:主营业务毛利(主营业务收入－主营业务成本)、主营业务利润、营业利润、利润总额、净利润。其中利润总额和净利润包含着非主营业务利润因素,所以能够更直接反映主营业务获利能力的指标是毛利率、主营业务利润率和营业利润率。

营业利润率越高,说明企业商品销售额提供的营业利润越多,企业的盈利能力越强;反之,该比率越低,说明企业盈利能力越弱。

3. 成本费用利润率。成本费用利润率是指利润与成本费用总额的比率,它们是全面考核企业各项耗费所取得收益的指标。其计算公式为:

$$成本费用利润率＝利润总额/成本费用总额$$

通常的成本费用总额是指主营业务成本、营业费用、管理费用、财务费用之和。

成本费用利润率指标表明每付出一元成本费用可获得多少利润,体现了经营耗费所带来的经营成果。该项指标越高,利润就越大,反映企业的经济效益越好。

4.总资产报酬率(ROA)。总资产报酬率是用于衡量企业运用全部资产获利的能力,反映投入和产出的关系,通常指企业息税前利润与平均总资产的比率。其计算公式为:

总资产报酬率＝息税前利润/平均总资产

从资产负债表左边的概念来说,总资产报酬率反映企业整体的投资回报;从资产负债表右边的概念来说,由于总资产等于负债与股东权益的和,所以总资产报酬率是股东和债权人综合的投资回报。总资产来源于投入资本和债务资本两方面,利润的多少与企业资产的结构有密切关系。因此评价该比率要与企业资产结构、经济周期、企业特点、企业战略结合起来进行。一般来说,资产报酬率在0～10%之间视为较低;10%～20%属于中等水平;而一旦超过20%则为较高。

该比率说明,企业要想创造高额利润,就必须重视所得和所费的比例关系,合理使用资金,降低消耗,避免资产闲置、资金沉淀、资产损失、浪费严重、费用开支过大等不合理现象。

5.净资产收益率(ROE)。净资产收益率,又称股东权益报酬率,是净利润与平均净资产的比率。该比率用于衡量企业一定时期运用权益资本获利的能力,反映投入和产出的关系,其计算公式为:

净资产收益率＝净利润/平均净资产

该指标越高,说明给股东(所有者)带来的收益越高;该指标越低,说明企业股东(所有者)的获利能力越弱。该指标体现了自有资本获得净收益的能力。此外,该指标通用性强,适应范围广,不受行业局限,在我国上市公司业绩综合排序中,该指标居于首位。

(二)上市公司的特殊比率

上市公司从资本市场公开募集资金,其盈利能力是利益相关者非常关心的一个方面。对于上市公司盈利能力的分析,同样可以利用前面所述的反映一般企业的盈利能力指标。除此之外,还有其他具有重要意义的指标,例如每股收益、每股经营现金流量、每股股利、市盈率、每股净资产等指标。

1.每股收益(EPS)。每股收益,在会计实务中每股收益有时又称作每股净利、每股盈余,是指净利润扣除应发放的优先股股利后的余额与发行在外的普通股的平均股数之比。其计算公式为:

每股收益＝可供普通股分配的净收益/发行在外的普通股数

每股收益是衡量上市公司盈利能力最重要的财务指标,它反映普通股的获利水平。会计准则中特别重视每股收益这个指标,会计报表使用者往往选择根据该比率选择投资方案。实证研究表明,该指标与公司股票市价表现之间有着一定的相关性,投资者视其为未来现金流量综合指示器。每股收益也是其他比例分析(如市盈率、股利支付率)的基础。

2. 每股经营现金流量。每股经营现金流量是经营现金流量与发行在外的普通股的比率,反映每股创造的经营现金流量。其计算公式为:

每股经营现金流量=经营现金流量净额/发行在外的普通股股数

每股经营现金流量是最具实质性的财务指标,这一指标主要反映平均每股所获得的现金流量,隐含了上市公司在维持期初现金流量情况下,有能力发给股东的最高现金股利金额。公司现金流强劲,很大程度上表明主营业务收入回款力度较大,产品竞争性强,公司信用度高,经营发展前景有潜力。但应该注意的是,经营活动现金净流量并不能完全替代净利润来评价企业的盈利能力,每股现金流量也不能替代每股净利润的作用。

3. 每股股利。每股股利是指现金股利总额与期末普通股股份总数之比。其计算公式为:

每股股利=现金股利总额/普通股股数

公司为了将来的发展,一般不会将所有净利润都以股利形式发放给股东。每股股利反映的是上市公司每一股股票获取现金股利的多少,衡量普通股股东实际得到的净利润。

4. 市盈率。市盈率是指普通股每股市价与每股收益的比率。其计算公式为:

市盈率=普通股每股市价/普通股每股收益

市盈率反映股票持有者对每一元收益所支付的价格,可以用来估计股票的投资报酬和风险。若公司有较高的市盈率,则说明公司具有潜在的成长能力和较好的声誉,对于股票投资者而言有较大吸引力。需要注意的是,市盈率指标不宜用于不同行业公司之间的比较。此外,当每股收益很小时,可能会得到一个没有多少实际意义的高市盈率。

与市盈率相联系的一个指标是市盈率相对盈利增长的比率,简称 PEG,其计算是用公司的市盈率除以公司的盈利增长速度,即:PEG=PE/企业年盈利增长率。PEG 指标是在 PE(市盈率)估值的基础上发展起来的,它弥补了 PE 对企业动态成长性估计的不足。通常来说,市盈率较低而增长速度较高的股票有一个典型特点是 PEG 指标较低。彼得·林奇曾经指出,最理想的投资对象其 PEG 应该低于 0.5。一般来说,PEG 指标适用于成长股。

5. 每股净资产。每股净资产也称每股账面价值或每股权益,该指标反映发行在外的每股普通股所代表的净资产成本即账面权益。其计算公式为：

每股净资产＝年度末股东权益/年度末普通股数

每股净资产是判断企业内在价值最重要的参考指标之一，每股净资产越高，股东拥有的每股资产价值越多；每股净资产越少，股东拥有的每股资产价值越少。但是，该指标只在理论上提供了股票的最低价值，不反映净资产的变现价值，也不反映净资产的产出能力。

三、营运能力分析

营运能力是指企业有效管理资源并充分利用现有资源创造社会财富的能力，其实质就是企业资源的营运效率，即以尽可能少的资产占用和尽可能短的时间周转，生产尽可能多的产品，创造尽可能多的销售收入。

企业的营运能力是影响企业财务状况稳定与否和获利能力强弱的关键环节。通过分析企业的营运能力，了解各项资产的周转速度，以此揭示管理人员对各项资产的管理能力及对资金的使用能力，评价一个企业的经营水平和管理水平。

反映企业营运能力的指标有很多，常用的有存货周转率、应收账款周转率、固定资产周转率、总资产周转率等。

1.存货周转率。存货周转率是企业一定时期销售成本与平均存货的比率。它是衡量和评价企业购入存货、投入生产、销售收回等各环节管理状况的综合性指标，其计算公式为：

存货周转率＝销售成本/存货平均余额

用时间表示的存货周转率即为存货周转天数，表示每一周期存货的占用天数。其计算公式为：存货周转天数＝计算期天数/存货周转率

该指标用于反映存货的周转速度，即存货的流动性及存货资金占用量是否合理，促使企业在保证生产经营连续性的同时，提高资金的使用效率，增强企业的短期偿债能力。一般来讲，存货周转率越高，说明存货周转速度越快，存货的占用水平越低，流动性越强，存货转换为现金或应收账款的速度越快。存货周转率也是一个行业间差异较大的指标。

需要注意的是，由于对发出存货的计价处理存在着不同的会计方法，如先进先出法、个别计价法、加权平均法等，因此与其他企业进行比较时，应考虑到会计处理方法不同而产生的影响。另外，如果对比率的分析不能促进对企业经营更深入的理解，不能促进管理层做出更合理的决策，那么比率本身将意义甚微。使用存货周转率用来分析企业的存货管理水平必须基于两个前提：首先，存货管理

有确定的经济内涵;其次,周转率指标能够度量管理的效果。例如,汽车企业对于产成品的管理、钢铁企业对于铁矿石的管理、电力企业对于燃煤的管理等等都符合这一原则。

反之,当上述原则不复存在时,存货周转率也就失去了分析的价值。假设一个只有单一项目的房地产企业,如果项目开发周期是3年,则前两年营业成本为零,存货不断增加,最后一年实现销售结转成本,存货为零。显然存货周转率对评价房地产企业的资金使用效率意义并不很大。

2.应收账款周转率。应收账款周转率又叫应收账款周转次数,是指企业一定时期内销售(营业)收入净额与平均应收账款余额的比率,它表明年度内应收账款转为现金的平均次数,说明应收账款流动的速度。其计算公式为:

应收账款周转率=销售净收入/应收账款平均余额

用时间表示的周转速度是应收账款周转天数,也叫平均应收账款回收期或平均收现期。其计算公式为:

应收账款周转天数=计算期天数/应收账款周转率

上述公式中,应收账款从理论上来说是由赊销引起的,在计算应收账款周转率时分子应采用赊销收入,但一般外部分析人员无法取得赊销的数据,所以实务中多直接使用销售收入净额计算应收账款周转率。

一般而言,应收账款周转率越高,平均收款期越短,说明企业的应收账款回收得越快,企业资产流动性增强,企业短期清偿能力也强。但是,应收账款周转率并不是越高越好,过高的应收账款周转率可能是由于企业紧缩的信用政策、苛刻的付款条件所导致的,这样会限制企业销售量的扩大,影响企业的长远发展。不同行业的应收账款周转率差异较大。

应收账款周转率指标的不足之处在于:

(1)不能准确地反映年度内收账的进度及均衡情况;

(2)存在高估的倾向;

(3)不易及时提供应收账款周转率的信息,是一个年度指标;

(4)特殊情况下会影响该指标计算的正确性,包括:企业生产经营的季节性变动、企业在产品销售中大量采用分期付款或现金结算的方式、企业年末大量销售或年末销售大幅度下降等特殊情况。

3.固定资产周转率。固定资产周转率,也称固定资产利用率,是企业销售收入与固定资产净值的比率。固定资产周转率表示在一个会计年度内,固定资产周转的次数,或表示每1元固定资产支持的销售收入。其计算公式为:

固定资产周转率=销售收入/平均固定资产净值

固定资产周转率主要用于分析对厂房、设备等固定资产的利用效率,一般来说,固定资产周转率越高,周转天数越少,说明固定资产的利用效率越高,固定资产的管理水平也就越高。

4.总资产周转率。总资产周转率是企业一定时期的销售收入与企业总资产平均余额的比率,反映的是企业全部资产的周转速度,用于衡量企业全部资产的管理质量和利用效率。其计算公式为:

总资产周转率＝销售收入/总资产平均余额

其中,总资产平均余额 ＝(年初资产总额＋年末资产总额)/2

用时间表示的总资产周转率即为总资产周转天数,其计算公式为:

总资产周转天数＝计算期天数/总资产周转率

计算期天数,通常全年按 360 天算,全季度按 90 天算,全月按 30 天算。

总资产周转率总是越高越好。该指标越高,说明同样的资产取得的收益越多,资产的管理水平越高,企业的经营效率高,销售能力强。但是,在实际情况中,可能出现一些特殊情况。例如在企业销售收入与以往各期持平时,企业的总资产周转率却大幅提高,这可能是企业本期处置了大量固定资产所致,并不能表明企业对总资产的利用率提高了。因此在进行总资产周转率分析时,不能简单地依赖指标数据,要与企业以前年度的实际水平、同行业平均水平相比较。

四、现金流量分析

现金流量表是反映企业在一定会计期间的现金和现金等价物流入和流出的会计报表。按照财务性质划分,可以分为经营活动的现金流量、投资活动的现金流量和筹资活动的现金流量。现金流量分析主要从现金流量的角度对企业的财务状况、资产质量和经营业绩做出评价。

企业的各种活动都需要现金流来支持。一个公司若要生存,它必须保证有效地管理其现金收入和现金支出。投资者研究投资回报情况时,需要估算现金充足与否;债权人会关注现金支付情况,确定企业是否能保障他们的权益。通过对企业现金流量表的分析,有助于了解企业盈利质量、运用现金的能力,使投资者预测未来现金流量,构建估值基础。

现金流量分析指标是反映企业运用现金能力的指标,财务报表分析中常见的现金流量分析指标主要有现金与负债总额比率、全部资产现金回收比率、再投资比率、到期债务本息偿付比率、现金购销比率、收入现金比率、盈利现金比率等。

1.现金与负债总额比率。现金与负债总额比率是一定时期经营活动现金净流量(CFO)与负债总额的比率。其计算公式为:

现金与负债总额比率＝经营活动现金净流量/负债总额

现金与负债总额比率反映了企业所能够承担债务规模的大小,该比率越高,能承担的债务规模越大。

2.全部资产现金回收比率。全部资产现金回收比率是经营活动现金净流量与资产总额的比率,其计算公式为:

全部资产现金回收比率＝经营活动现金净流量/资产总额

全部资产现金回收比率反映了企业全部资产整体创造现金的能力,该比率越高,表明企业资产整体质量越好。使用该比率进行分析时,应该与行业平均水准和公司前期比率相对比,用来确定在现金收益和投资之间是否有着强烈的相关性。

3.再投资比率。再投资比率是经营活动现金净流量与资本性支出的比率,其计算公式为:

再投资比率＝经营活动现金净流量/资本性支出

再投资比率反映了企业用当期经营活动现金净流量来支付资本性支出(固定资产投资)的能力。如果该比率过低,表明企业在支付资本性支出时对筹资活动产生的现金流量较为依赖。

4.到期债务本息偿付比率。到期债务本息偿付比率是企业当期经营活动现金净流量与本期到期债务与利息支出之和的比率,其计算公式为:

到期债务本息偿付比率＝经营活动现金净流量/(本期到期债务＋利息支出)

该比率越高,说明企业偿付到期债务的能力就越强。

5.现金购销比率。现金购销比率是购买商品及劳务支付的现金与销售商品及劳务收到的现金的比率,其计算公式为:

现金购销比率＝购买商品及劳务支付的现金/销售商品及劳务收到的现金

该比率应该对应利润表中的营业成本率(成本费用总额/营业收入总额),过高或过低都应该引起注意。

6.收入现金比率。收入现金比率是经营活动现金净流量与营业收入之比,其计算公式为:

收入现金比率＝经营活动现金净流量/营业收入

收入现金比率反映了企业从每一元销售收入中所实现的净现金收入,同时体现了应收款项回收的效率。该比率越高,表示企业的收益质量越好。一般来说,该比率不应出现大幅波动。

7.盈利现金比率。盈利现金比率是经营活动现金净流量与净利润的比率,其计算公式如下：

盈利现金比率＝经营活动现金净流量/净利润

修正盈利现金比率＝经营活动现金净流量/（核心利润＋财务费用－所得税）

盈利现金比率反映了企业当期收益的质量。一般情况下，该比率不应出现大幅波动，比率越大，企业盈利质量也就越强。当比率小于1时，说明企业本期净利润中尚存在没有实现的现金收入，在这种情况下，即使企业盈利，也可能发生现金短缺，严重时会导致破产。

五、财务比率分析方法的局限性

（一）会计报表自身的局限性

会计报表主要存在以下局限性，主要体现在：报表信息并未完全反映企业可以利用的经济资源；受历史成本的制约，企业的报表资料对未来决策的价值受到限制；企业会计政策运用上的差异使企业自身历史与未来的对比、企业间的对比难以有意义；企业对会计信息的人为操纵可能误导信息使用者。

（二）财务比率分析方法的局限性

在财务报表分析实践中，财务比率易于计算，所含信息直观且便于进行公司间的比较，因而被广泛使用。但是，比率分析方法存在一些局限性，主要体现在：比率分析只能对财务数据进行比较，忽视了公司战略和管理体系等信息的综合运用，不能反映出公司经营发展状况的整体情况；不同企业的会计处理方法不同，降低了财务比率的可比性；某些行业季节性因素会扭曲财务比率；企业可能会人为地修饰财务比率，造成对财务信息的歪曲，误导投资者；部分财务比率并不科学，不一定反映经济信息，难以达到分析目的；比率分析往往对小型的业务集中的公司比对规模大、跨行业的多部门公司更有用等等。

第二节　财务报表综合分析

一、财务报表综合分析的含义

财务报表综合分析就是将有关的财务指标作为一个整体，系统全面地对企业财务状况和经营成果进行解释和评价，目前无论是学术方面还是实践方面，评价企业财务状况的指标有很多,而每个单项指标都只能说明问题的某一个方面,但是不同的财务指标之间可能会有一定的矛盾或者不协调性。综上所述,只有将企业的偿债能力、营运能力、盈利能力和发展潜力等各项指标有机地结合起来,才能对企业的财务状况做出系统的综合评价。

二、财务报表综合分析的特点

财务报表综合分析与单项分析相比,具有以下的特点:

1. 分析问题所使用的方法不同。单项分析是把企业财务活动的总体分解为每个具体部分,逐一加以分析考察;而综合分析是通过归纳综合,在分析的基础上从整体的角度把握企业的财务状况,二者是整体与部分的关系。

2. 单项分析具有实务性和实证性,能够真切具体地认识到每一个指标背后的财务现象;而综合分析具有高度的抽象性和概括性,注重从整体上概括和把握财务状况的本质特征。

3. 单项分析最主要的目的是比较企业与财务理论标准或者财务计划的差异,但是综合分析的重点在于分析企业的整体发展趋势,两者考察的重点是有区别的。

4. 单项分析把每个分析的指标视为同等重要的角色来处理,它不太考虑各种指标之间的相互关系;而综合分析的各种指标有主次之分,综合分析的过程中首先要抓住主要指标,在对主要指标分析的基础上,再对其他的辅助指标进行分析,才能分析透彻,准确把握企业的财务实质。

通过以上的对比分析可以看出,综合分析更有利于财务报表的分析者把握企业财务的全面状况。

三、企业财务报表综合分析包含的内容

(一)背景分析

在对企业财务报表进行综合分析时,首先要分析企业的背景,主要包括以下几点:企业的基本情况与行业分析;企业自身对经营活动及经营战略的表述;企业竞争环境与竞争优势;政策法规环境对企业提供的机会或者形成的制约;企业的控制性股东及其状况、企业发展沿革及主要人力资源状况等等。

(二)会计分析

财务报表数据是经过一套复杂的会计程序加工后生成的财务信息,信息质量本身会受到诸如会计原则的制定和执行质量、会计政策的选择质量、审计质

量、信息披露质量等众多因素的影响。

由于不同类型的审计意见蕴含着极为丰富的会计质量信息,因此,可以简单通过分析审计师的措辞和对相关事项的说明,从整体上对企业财务报表的会计质量做出判断,而不必再开展单独的会计分析程序。

(三)财务状况与管理质量分析

1.围绕资产负债表进行分析,评价资产质量

在资产负债表观下,企业的利润是建立在资产真实价值基础上的资产利用效果的最终体现,强调资产在价值转移、处置以及持有过程中的增值质量(计提的资产减值损失可视为该项资产在持有过程中产生的负增值)。因此,有必要分析资产的个体质量和整体质量。具体的评价方法如下:

对于资产负债表中的主要资产项目,可以按照盈利性、周转性、变现性(即保值性)以及与其他资产组合的协同性等几个方面逐项考察其个体质量。而对于企业资产的整体质量,可通过考察资产结构(经营性资产与投资性资产的相对比例)与企业经营战略、经营特点的吻合性,资产整体的增值性和获现性等方面,来加以综合评价。对于资产金额发生重大变化的项目,还要分析其变动的幅度、变动原因以及此项变化对企业财务状况造成的方向性影响,从而对企业的资产管理质量做出判断与分析。

2.围绕资产负债表进行分析,评价资本结构质量

合理的资本结构体现在:第一,企业的资产报酬率应该能够补偿资金成本;第二,企业资金来源的期限结构与企业资产的期限结构应该相适应;第三,企业的财务杠杆状况与企业财务风险、企业未来融资要求以及企业未来发展相适应;第四,企业所有者权益内部的股本及股东持股构成状况与企业未来发展相适应,留存收益体现了企业持续盈利的能力。第五,我们还应关注资本结构中所蕴藏的利益相关者在产权、控制权等方面的博弈过程与结果,是否推动或制约着企业长期发展。

3.围绕利润表进行分析,评价利润质量

评价利润质量主要包括以下几个方面:

第一,分析利润的内在质量,即利润自身结构的协调性。通过分析核心利润与投资收益的比例关系,揭示企业自身经营活动的利润贡献度;分析各项费用开支的合理性,揭示出企业的费用管控能力;通过毛利率、核心利润率等指标来评价企业自身经营活动的盈利能力;通过"资产减值损失"项目的规模大小来揭示企业资产管理质量和盈余管理倾向;通过直接比较营业利润与营业外收支净额的相对规模分析企业利润的持续性;将包括资产减值损失和公允价值变动损益在内的未实现损益与利润表中的已实现损益进行比较分析企业利润的实现性。

第二,分析利润结构的资产增值质量,即利润结构与资产结构的匹配性。资产结构体现了企业的战略部署与安排,而利润结构则揭示了企业的战略遵守与实施情况。具体地说,可以分析经营性资产的增值质量(可通过比较核心利润和经营性资产平均余额,计算经营性资产报酬率来进行评价)和投资性资产的增值质量(可通过比较投资收益和投资性资产平均余额,计算投资性资产报酬率来进行评价)。

第三,分析利润结构的现金获取质量,即利润结构与对应的现金流量结构的趋同性。通过将调整后的核心利润与经营活动产生的现金净流量进行比较来评价核心利润的现金获取质量;通过将扣除金融资产处置收益和长期股权投资转让收益后的投资收益与相应的现金回款金额进行比较来评价投资收益的现金获取质量。

4.围绕现金流量表进行分析,评价现金流量质量

分析经营活动现金流量的充分程度。正常情况下,应大于核心利润,即经营活动的现金流量最好能够完成:补偿固定资产折旧与无形资产摊销费用;支付现金股利;支付利息费用。在经营活动现金流量难以完成上述支付的条件下,企业或者收款出现了问题,或者付款出现了问题,而在这些方面都体现了企业的营运资本管理质量。

分析投资活动的现金流出量与企业发展战略的吻合程度。作为投资性现金流出,除了抓住时机购买交易性金融资产以外,无论是购建固定资产、无形资产,还是对外股权和债权投资支出,都应是企业在充分进行研究与论证后审慎决策的结果。一般来说,投资活动的现金流出量和流出方向代表了企业的扩张规模和扩张途径,由此可以透视出投资活动的现金流出量与企业发展战略的吻合程度,即企业战略部署的实施情况,有助于判断企业未来的变动趋势。

分析筹资活动的现金流量与经营活动、投资活动现金流量之和的适应程度。企业在经营活动和投资活动方面出现的资金缺口,可以考虑通过筹资活动予以补足。若筹资活动的现金流量与经营活动、投资活动现金流量之和不能相互适应,从长期来看,极易出现现金闲置或现金短缺等情况,反映出企业在现金管理质量方面可能存在一定的问题。

5.围绕所有者权益变动表进行分析,关注其中包含的财务状况质量信息

需要关注的方面有:"输血性"变化和"盈利性"变化;所有者权益内部项目互相结转的财务效应;企业股权结构的变化与方向性含义;会计核算因素的影响;企业股利分配方式所包含的财务状况质量信息等等。

6.针对合并报表和母公司报表进行比较分析,评价集团整体财务状况质量

需要关注的方面有:以上市公司为母公司所形成的纳入合并报表编制范围

的企业集团所"存在"的资源规模及其结构;集团内部关联方交易的程度;企业集团内部管理的薄弱环节等等。

（四）综合财务分析

综合财务分析是对企业财务经营状况系统、全面的分析,主要有杜邦分析法和沃尔评分法。

1.杜邦分析法

公司的财务系统是一个完整的系统,可以采用综合财务分析的方法,将一系列具有相互关系的财务比率进行综合,了解企业财务状况内部的各项因素及其相互之间的关系,以全面揭示企业财务状况。杜邦分析法就是这样一种综合分析方法。

杜邦分析法是最先由美国杜邦公司采用的财务分析方法,故因此而得名,它是利用主要财务比率的内在联系,对企业财务状况和经营成果进行综合系统评价的方法。杜邦分析法从净资产收益率(股东权益回报率)出发,分析造成这个结果的因素,清晰找出各个因素对净资产收益率的影响程度,最终推广到企业各方面情况的分析。此外,杜邦分析还可以帮助企业制定预算,也就是先制定盈利目标,然后再确定各方面的指标。主要用来分析造成过去财务结果的原因和提高将来财务成果的方法。

杜邦分析法一般采用"杜邦分析图"来表示。杜邦分析图,也可以称为杜邦分析体系的基本框架,如图 10-1 所示。

杜邦分析是一个多层次的财务比率分解体系。通过对各项财务比率的层层分解,全面了解它们之间的相互关系,并逐步覆盖企业经营活动的每个细节,以全面评价企业经营成果和财务状况。在杜邦分析体系下,有以下几种主要的指标关系:

(1)净资产收益率(ROE)是整个分析体系的起点和核心。该指标的高低反映了投资者的净资产获利能力的大小。依照杜邦等式,净资产收益率由销售净利率、总资产周转率和权益乘数决定。

(2)权益乘数表明了企业财务杠杆的大小,该指标越大,说明企业负债水平越高,其面对的财务风险越大。

(3)总资产收益率是销售净利率与总资产周转率的乘积,是对企业的销售成果和资产运营的综合反映。

(4)总资产周转率解释了企业资产实现销售收入的综合能力。在进行分析时,要结合销售收入来分析企业资产结构的合理性,即流动资产和非流动资产的结构比例关系。同时,还要分析流动资产周转率、存货周转率、应收账款周转率等有关营运能力的指标,逐一分析资产的使用效率,从而分析总资产周转率上下

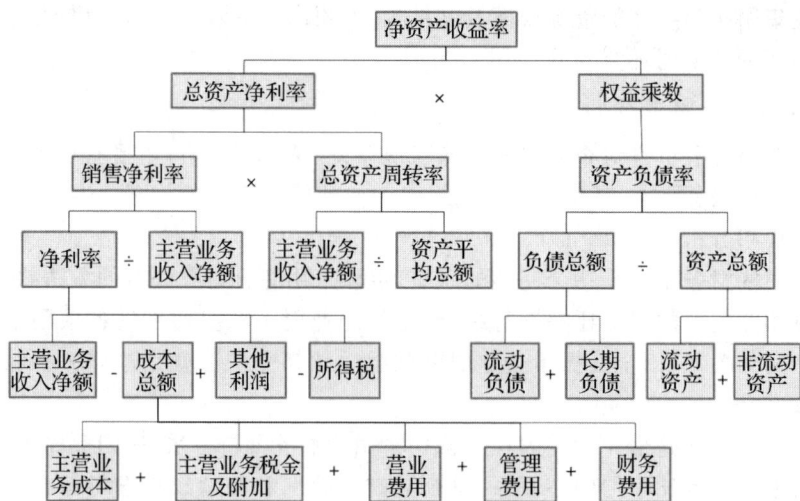

图 10-1　杜邦分析法

文献来源：罗斯《公司理财》第十一版。

波动的真正原因。

　　杜邦分析法的意义，一是，有助于企业财务管理目标的实现。企业的财务管理目标是股东财富最大化，净资产收益率是反映股东财富增值水平最为敏感的内部财务指标。净资产收益率的增长有助于股东财富的增加，实现股东的投资价值，满足其获取利润的预期。因此，将净资产收益率作为杜邦分析体系的核心指标有助于财务管理目标的实现。二是，有利于委托代理关系的和谐。由于存在委托代理关系，委托人和代理人之间就必然会发生一定程度的委托代理冲突。为了降低委托代理成本和缓解委托代理冲突，委托人和代理人之间就会建立有效的机制以实现双方的共赢。此时，经营管理者不得不关注委托人所关注的净资产收益率这一指标，并努力提升这一比率。因此，将净资产收益率作为核心指标的杜邦分析体系有利于委托代理关系的和谐。

　　但是，杜邦分析体系也有其局限性。杜邦分析体系的局限性主要表现在以下几个方面：

　　（1）杜邦分析体系由于分析短期内的财务比率，造成对短期财务结果的过分重视，在绩效评价的压力下，使得公司管理层很有可能进行短期财务管理行为，从而忽视对企业长期价值的创造和挖掘。

　　（2）财务指标反映的是企业过去的经营业绩，而且分析数据来自财务报表。在现代市场竞争中，顾客、供应商、雇员和技术创新等因素对企业经营业绩和企业价值的影响越来越大,而杜邦分析体系并不能充分考虑这些表外因素。

2.沃尔评分法

1928年,亚历山大·沃尔出版的《信用晴雨表研究》和《财务报表比率分析》中提出了信用能力指数的概念,他选择了7个财务比率即流动比率、产权比率、固定资产比率、存货周转率、应收账款周转率、固定资产周转率和股权资本周转率,分别给定各指标的比重,然后确定标准比率(以行业平均数为基础),将实际比率与标准比率相比,得出相对比率,将此相对比率与各指标比重相乘,得出总评分。提出了综合比率评价体系,把若干个财务比率用线性关系结合起来,以此来评价企业的财务状况。

沃尔评分法将选定的财务比率用线性关系结合起来,并分别给定各自的分数比重,然后通过与标准比率进行比较,确定各项指标的得分及总体指标的累计分数,从而对企业的信用水平作出评价的方法。对选中的财务比率给定其在总评价中的比重(比重总和为100分),然后确定标准比率,并与实际比率相比较,评出每项指标的得分,最后得出总评分。

沃尔评分法的步骤如下:(1)选择评价企业财务状况的评价率指标——全面性、代表性、变化方向一致性;(2)确定各项评价指标的标准评分,总分值为100分;(3)确定各项评价指标评分值的上下限;(4)计算这些指标的标准值和实际值;(5)求出评判指标实际值和标准值的关系比率;(6)求出评判指标的评分值和关系比率乘积的实际得分(一般百分制表示)。

(五)前景预测

1.预测经营活动的发展前景

在经营性资产整体结构存在优化空间的情况下,企业是否可能进一步减少不良资产占用、及时处置闲置资产、适量增加企业经营性资产的规模;在经营性资产整体结构较为协调,但盈利能力仍需改善的情况下,企业是否可能进一步改善经营性资产的利用率,提高产品的盈利能力;在企业具备基本的盈利能力,而经营活动产生的现金净流量不太理想的情况下,企业是否可能在商业债权管理、销售回款制度安排以及购货付款谈判等方面进行系统性优化,以改善企业核心利润产生现金净流量的能力;在资产的局部或整体出现失衡的情况下,企业是否可能进行经营性资产置换,以增强与其他资产组合后的增值潜力等等。

2.预测对外投资活动的发展前景

企业控制性的对外投资活动所产生的效益,主要取决于其子公司经营活动的盈利能力;对企业控制性的投资性资产直接占用资源的规模及其潜在的盈利空间进行分析(可以大体上根据长期股权投资项目的"母公司数"与"合并数"之间的差额来确定);对企业控制性的投资性资产间接占用资源的规模及其潜在的盈利空间进行分析(可以大体上根据其他应收款和预付款项等项目的"母公司数"与"合并数"之间的差额来确定)。而对于子公司经营活动所进行的前景预测,可以比照前述对企业自身经营活动的前景预测方法来进行。

3.以重组、并购等方式谋求发展的企业前景预测

企业除了依靠自身的经营走持续发展的道路之外,还可以通过重组、并购等方式谋求迅速地发展壮大。企业可以通过贷款、股东入资、减少现金股利分配、债务重组等手段来满足必要的资金需求。在重组方式的选择上,企业可以通过资产重组、债务重组、资本重组和企业重组等方式来改善企业的资产结构、资本结构,从而为企业盈利能力的进一步提升创造条件。然而,在重组、并购的过程中,必须充分关注不同的融资方式给企业带来的潜在风险。

参考文献

[1] 王文红. 财务报表分析[M].上海:上海财经大学出版社,2020.

[2] 王化成. 财务报表分析[M].北京:北京大学出版社,2014.

[3] 张新民,钱爱民. 财务报表分析[M].北京:中国人民大学出版社,2021.

[4] 格雷厄姆. 证券分析[M].海口:海南出版社,2004.

思考题

1.杜邦分析体系的前三层反映了哪些比率之间的关系?

2.杜邦分析法的综合性体现在何处?

3.如何理解财务状况和财务质量之间的关系?